한끝 초등 사회 용어 카드

사회 4학년 1학기에 나오는 주요 용어들을 모아 두었어요.
배운 용어를 떠올리며 카드를 활용해 보세요.

지도

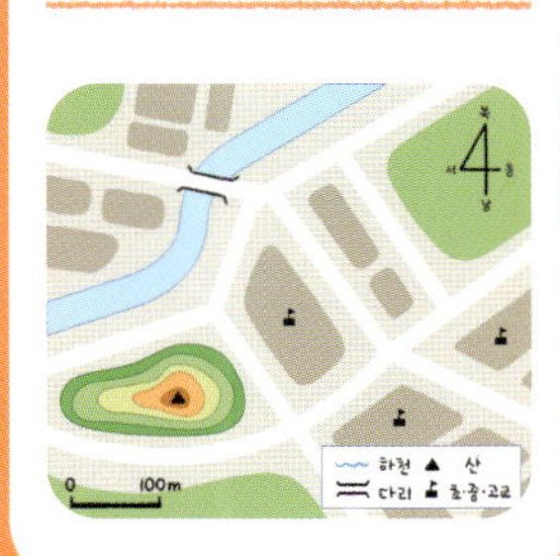

방위표

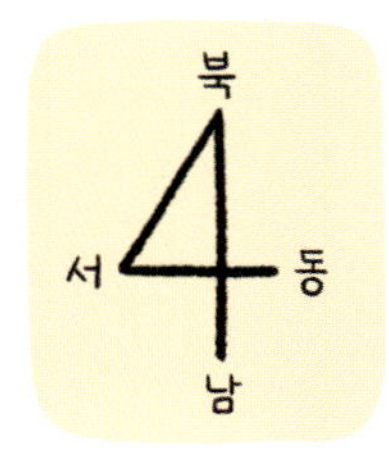

기호

범례

축척

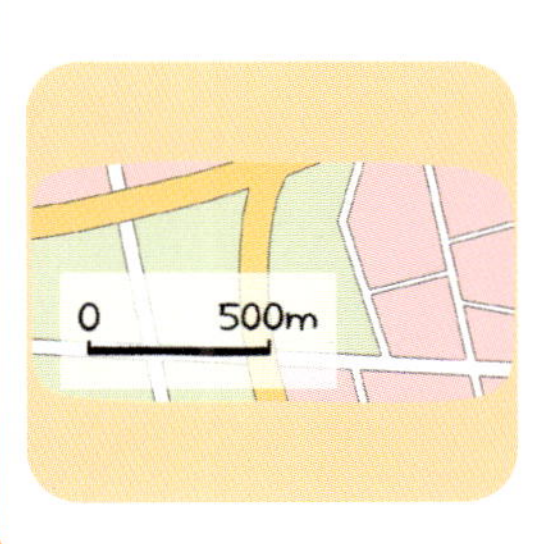

등고선

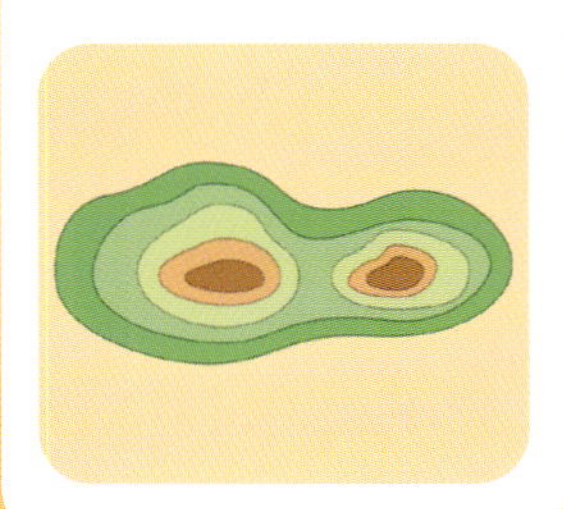

행정구역

지형

지리 정보

문화유산

무형유산

자연유산

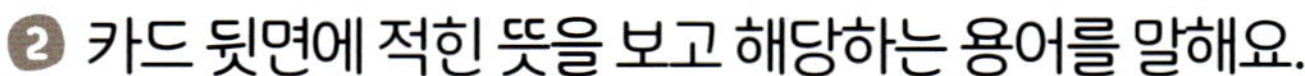

지도에 사용된
여러 가지 기호와
그 뜻을 한곳에
모아 놓은 것

15쪽

땅의 생김새나
건물, 도로 등을
지도에 쉽게 나타
내려고 간단히
그린 그림

15쪽

방위를 나타내는
표시

15쪽

위에서 내려다본
땅의 모습을 일정
하게 줄여 정해진
약속에 따라
나타낸 그림

9쪽

산, 평야, 강,
하천, 바다, 섬과
같은 땅의 생김새

39쪽

우리나라를
효율적으로 관리
하려고 나누어
놓은 지역

33쪽

지도에서 높이가
같은 곳을 연결하여
땅의 높낮이를
나타낸 선

27쪽

지도에서 실제
거리를 줄인 정도

21쪽

자연물, 자연환경과
상호 작용으로
만들어진
국가유산

55쪽

형태가 없는
국가유산

55쪽

형태가 있는
국가유산

55쪽

위치, 면적, 인구,
지형, 기온, 강수량
등 지역에 대한
여러 가지 정보

45쪽

답사

박물관

기념관

유적지

보존

경제활동

희소성

합리적 선택

생산

소비

경제 교류

상호 의존

❶ 카드 위쪽 동그라미 모양에 따라 구멍을 뚫어요.
❷ 카드링이나 실로 카드를 묶어요.
❸ 카드를 넘기며 용어를 확인하고 그 뜻을 익혀요.

옛날 사람들이
만든 건축물이나
싸움터 또는
역사적인 사건이
벌어졌던 곳

73쪽

뜻깊은 일이나
훌륭한 인물 등을
오래도록
기억하기 위해
세운 곳

73쪽

여러 가지
국가유산을 수집·
보존·연구하고
전시하는 곳

73쪽

현장에 가서
직접 보고
조사함.

67쪽

적은 비용과
노력으로 가장 큰
만족감을 얻을 수
있는 선택

107쪽

사람들의 필요나
욕구에 비하여
자원의 양이 상대
적으로 부족한
상태

101쪽

사람들이 생활에
필요한 여러 가지를
만들고 사용하는
것과 관련된
모든 활동

101쪽

잘 보호하고
지켜서 계속 남아
있게 하는 것

91쪽

서로 돕고
교류하며
의지하는 것

143쪽

각 지역이 경제적
이익을 얻으려고
서로 물건이나 자원,
기술, 정보 등을
주고받는 것

131쪽

생활에 필요한
물건이나 서비스를
대가를 지불하고
사용하는 활동

119쪽

생활에 필요한
물건이나 서비스를
만들어 내는
활동

119쪽

비상은
믿습니다

당연한 것을 낯설게 바라보는 시선이
교육을 움직이게 한다는 것을.

현장에서 출발한 고민이
다음 교육의 해답이 될 수 있다는 것을.

배움의 즐거움이
교육의 가장 강력한 연료라는 것을.

다름을 존중하는 태도가
교육의 가치를 더 깊게 만든다는 것을.

그리고,
우리가 선택한 이 가치들이
곧, 우리 교육의 방향이 된다고 믿습니다.

이 믿음 하나하나가 모여,
새로운 콘텐츠와 플랫폼이 되어
교육의 새로운 전형을 만들어갑니다.

상상 그 이상 –

한끝 진도책

초등사회

4·1

구성과 특징

하루 6쪽, 부담 없이 개념을 학습해요.

1 배울 내용 미리 보기

- 오늘 배울 개념을 미리 확인할 수 있어요.
- 오늘 배울 용어의 뜻과 예를 그림과 함께 익힐 수 있어요.

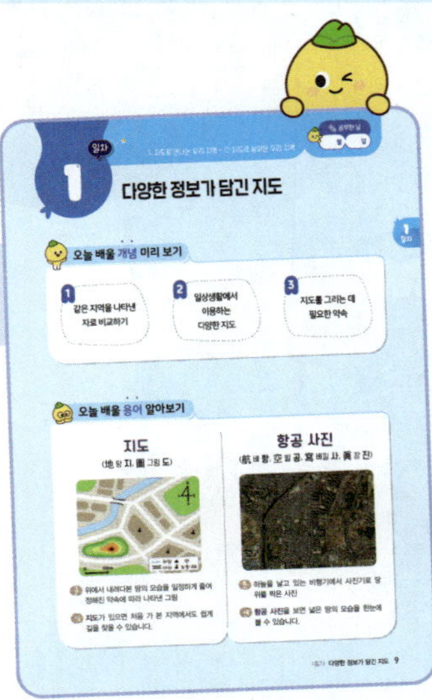

2 시각 자료로 개념 이해하기

- 8종 초등사회 교과서의 내용을 꼼꼼히 분석하여 내용을 구성하였어요.
- 사진과 그림 등 풍부한 시각 자료를 제시하여 교과서 개념을 눈으로 이해할 수 있도록 하였어요.

3 한눈에 개념 정리하기

시각 자료로 익힌 교과서 개념을 한눈에 파악할 수 있도록 콕 집어 정리하였어요.

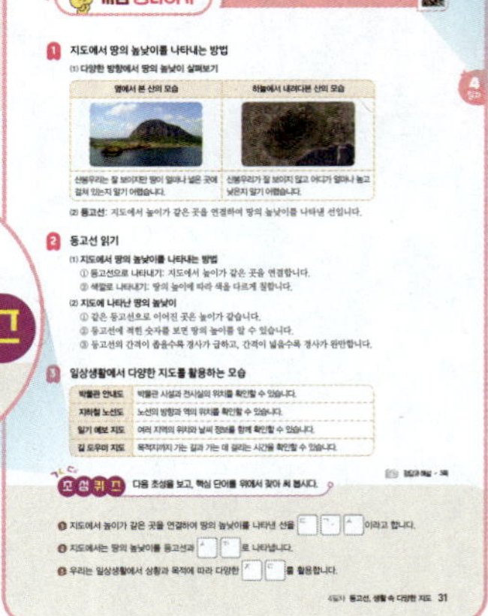

초성 퀴즈로 핵심 개념을 한 번 더 확인할 수 있어요!

QR 코드를 찍으면 오늘 배운 내용을 생각 그물 영상으로 정리해 볼 수 있어요.

4 문제로 확인하기

간단한 문제를 풀어 보며 개념을 잘 이해하고
있는지 바로 확인할 수 있어요.

빈칸을 채우면서 오늘
공부한 핵심 내용을
확인해 봐요!

5 단원 마무리하기

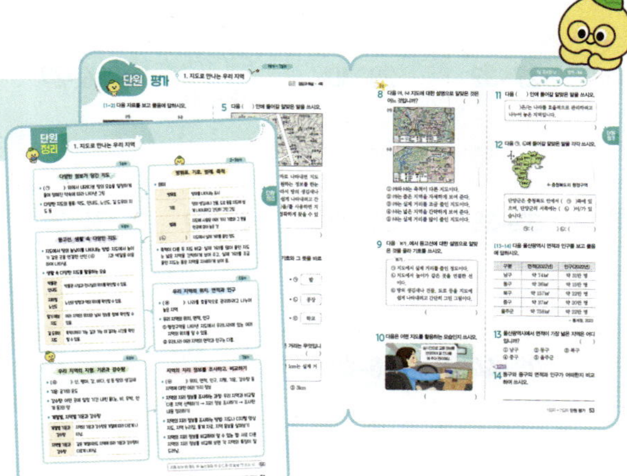

- 단원 정리: 빈칸을 채우면서 학습한 개념을
  정리할 수 있어요.
- 단원 평가: 단원별로 구성된 다양한 유형의
  문제를 풀며 그동안 공부한 내용을 점검할 수
  있어요.

실전책

주제 평가 대비

- 쪽지 시험
- 주제 평가

단원 평가 대비

- 단원 평가
- 서술형 평가
- 수행 평가

일차	쪽수	비상교육	아이스크림 미디어	천재교과서 (김)	천재교과서 (박)	미래엔	지학사	동아출판	와이비엠
1일차	9~14	10~13	13~15	12~13	13~18	14~17	10~13	12~17	12~17
2일차	15~20	14~19	16~21	14~19	19~23	18~21	14~19	18~21	18~21
3일차	21~26	20~22	25~27	20~23	24~26	22~24	20~22	22~25	22~23
4일차	27~32	23~30	22~24, 28~30	24~29	27~32	25~30	23~30	26~30	24~29
5일차	33~38	34~39	35~39	34~39	35~41	34~37	34~37, 42~45	34~35	34~35
6일차	39~44	40~47	35~36, 40~42	40~45	42~47	38~40	38~41	36~39	36~38
7일차	45~50	48~50	43~46	46~47	48~50	41~46	46~48	40~46	39~45
8일차	55~60	60~62	61~62	58~63	61~63	60~64	58~63	58~59	58~61
9일차	61~66	63~67	63~66	64~69	64~67, 74~75	65~69	64~72	60~63	62~65
10일차	67~72	68~76	67~74	-	68~73	70~72	-	64~72	66~69
11일차	73~78	80~83, 92~94	79~80	78~81	79~81	76~79	76~78	76~81	78~85

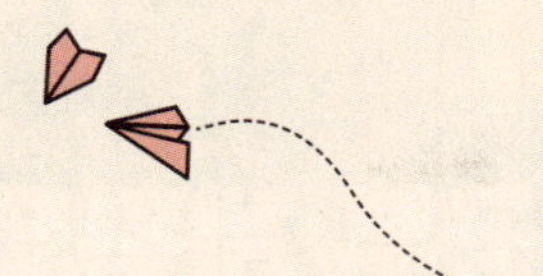

일차	쪽수	비상교육	아이스크림 미디어	천재교과서 (김)	천재교과서 (박)	미래엔	지학사	동아출판	와이비엠
12 일차	79~84	84~91	81~84	82~85	82~84	80~81	79~81	82~85	78~85
13 일차	85~90	84~91	86~89	86~89	85~93	82~89	82~86	86~90	86~89
14 일차	91~96	95~96	90~92	70~73, 90~93	94~96	90~92	87~92	-	70~73
15 일차	101~106	106~110	107~108	104~107	107~113	108~114	105~110	104~109	106~109
16 일차	107~112	111~113	109~112	108~109	114~116	115~117	111~114	110~111	110~113
17 일차	113~118	114~118	113~120	110~113	117~120	118~120	115~118	112~116	114~117
18 일차	119~124	122~128	125~129	118~123	123~127	106~107	102~104, 122~126	102~103, 120~123	104~105, 122~125
19 일차	125~130	129~131	-	-	128~131	-	127~130	124~125	126~127
20 일차	131~136	132~134	130~132	124~125	132~134	124~126	127~130	124~125	128~131
21 일차	137~142	135~139	133~135	126~129	135~138	127~132	131~136	126~134	-
22 일차	143~148	140~142	136~137	130~133	135~138	133~136	-	-	132~137

1. 지도로 만나는 우리 지역

✎ 공부한 날

1일차	다양한 정보가 담긴 지도	9~14쪽	월 일
2일차	방위표, 기호, 범례를 이용하여 지도 읽기	15~20쪽	월 일
3일차	지도에서 축척의 쓰임새	21~26쪽	월 일
4일차	등고선, 생활 속 다양한 지도	27~32쪽	월 일
5일차	우리 지역의 위치, 면적과 인구	33~38쪽	월 일
6일차	우리 지역의 지형, 기온과 강수량	39~44쪽	월 일
7일차	지역의 지리 정보를 조사하고, 비교하기	45~50쪽	월 일
단원 마무리하기	단원 정리, 단원 평가	51~54쪽	월 일

2. 우리 지역의 국가유산

✎ 공부한 날

8일차	국가유산의 의미와 종류	55~60쪽	월 일
9일차	국가유산의 가치	61~66쪽	월 일
10일차	우리 지역의 국가유산을 조사하고, 소개하기	67~72쪽	월 일

11일차	지역의 역사를 알 수 있는 장소	73~78쪽	월	일
12일차	지역의 박물관, 기념관, 유적지 체험 계획 세우기	79~84쪽	월	일
13일차	지역의 박물관, 기념관, 유적지 체험하기	85~90쪽	월	일
14일차	지역의 역사를 보존하려는 노력과 실천	91~96쪽	월	일
단원 마무리하기	단원 정리, 단원 평가	97~100쪽	월	일

3. 경제활동과 지역 간 교류

✎ 공부한 날

15일차	경제활동에서 일어나는 선택의 문제	101~106쪽	월	일
16일차	합리적 선택이 필요한 까닭	107~112쪽	월	일
17일차	합리적 선택의 방법을 알고 실천하기	113~118쪽	월	일
18일차	우리 주변에서 일어나는 생산과 소비의 모습	119~124쪽	월	일
19일차	우리 주변 물건의 생산지	125~130쪽	월	일
20일차	지역 간 경제 교류가 일어나는 까닭	131~136쪽	월	일
21일차	지역 간 다양한 경제 교류 사례	137~142쪽	월	일
22일차	지역 간 경제 교류 모습 조사하기	143~148쪽	월	일
단원 마무리하기	단원 정리, 단원 평가	149~152쪽	월	일

다양한 정보가 담긴 지도

오늘 배울 개념 미리 보기

1 같은 지역을 나타낸 자료 비교하기

2 일상생활에서 이용하는 다양한 지도

3 지도를 그리는 데 필요한 약속

오늘 배울 용어 알아보기

지도
(地 땅 **지**, 圖 그림 **도**)

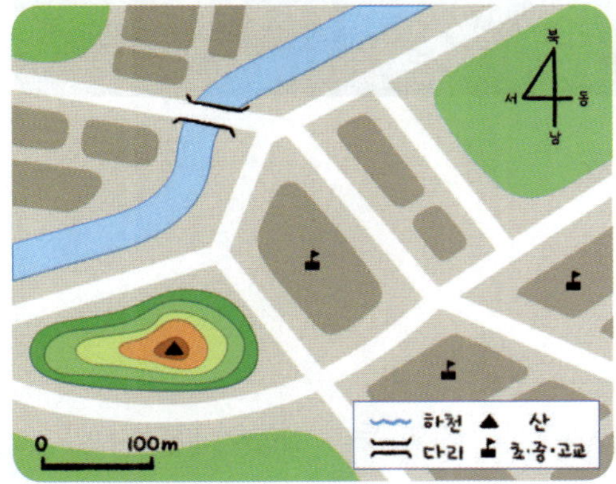

뜻 위에서 내려다본 땅의 모습을 일정하게 줄여 정해진 약속에 따라 나타낸 그림

예 **지도**가 있으면 처음 가 본 지역에서도 쉽게 길을 찾을 수 있습니다.

항공 사진
(航 배 **항**, 空 빌 **공**, 寫 베낄 **사**, 眞 참 **진**)

뜻 하늘을 날고 있는 비행기에서 사진기로 땅 위를 찍은 사진

예 **항공 사진**을 보면 넓은 땅의 모습을 한눈에 볼 수 있습니다.

지도의 의미

지도

위에서 내려다본 땅의 모습을
일정하게 줄여 정해진 약속에 따라
나타낸 그림입니다.

그림, 항공 사진, 지도 비교하기

하늘을 날고 있는 비행기에서
사진기로 땅 위를 찍은 사진

그림

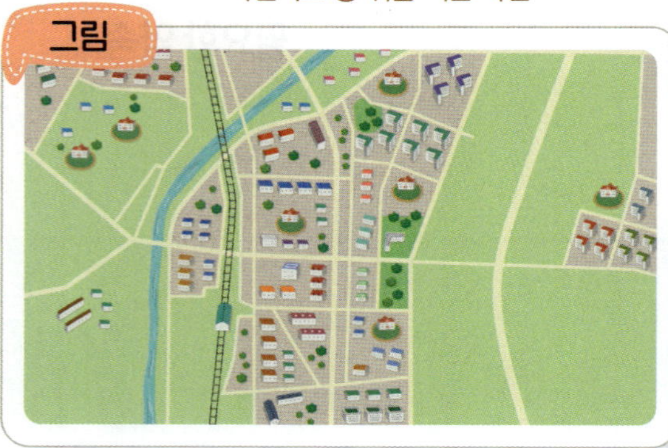

- 그리는 사람에 따라 다르게 표현합니다.
- 그림을 보는 사람마다 지역을 다르게 이해할 수 있습니다.

항공 사진

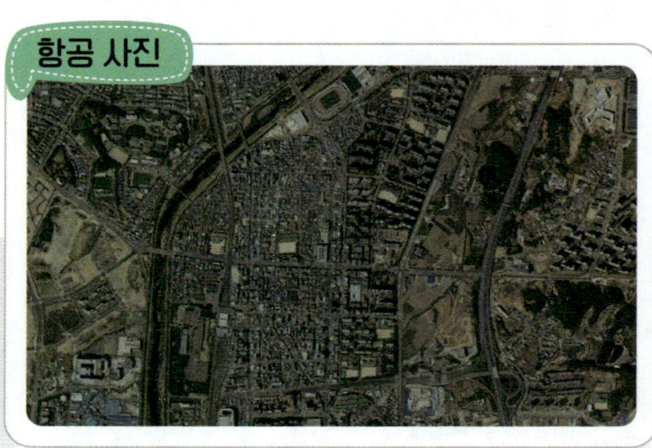

- 땅의 실제 모습이 나타나 있습니다.
- 건물이나 지역 등의 이름이 나타나 있지 않아 필요한 정보를 찾기 어렵습니다.

어떤 자료나 소식을 통해 얻는 지식

지도

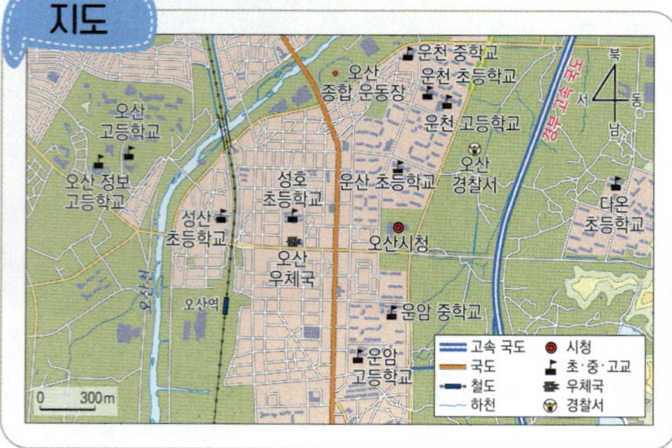

- 땅의 모습과 건물, 지역 등의 이름이 나타나 있습니다.
- 필요한 정보만 보기 쉽게 나타나 있습니다.

핵심 콕!
- 지도는 **위에서 내려다본 땅의 모습을 일정하게 줄여 정해진 약속에 따라** 나타낸 그림입니다.
- 지도에는 땅의 모습과 건물, 지역 등의 이름이 나타나 있어 필요한 **정보**를 찾을 수 있습니다.

약도

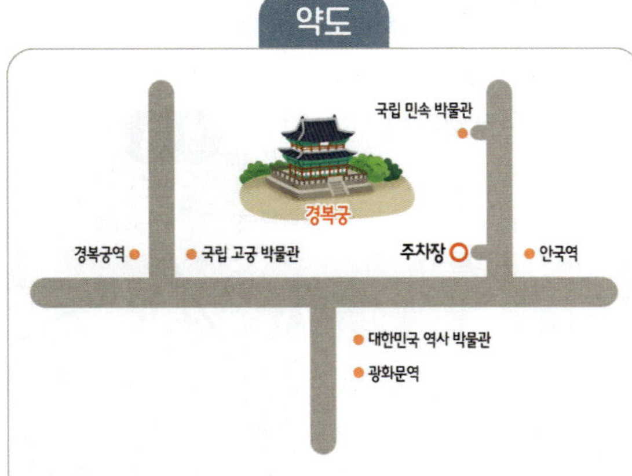

어떤 장소를 찾아갈 때 필요한 정보만 간단하게 그린 지도입니다.

노선도

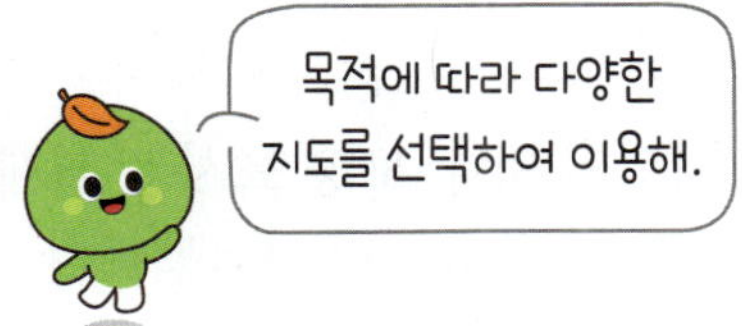

↑ 버스 노선도

버스나 지하철이 다니는 길을 보기 쉽게 나타낸 지도입니다.

안내도

↑ 관광 안내도

알리려는 내용을 자세히 표시한 지도입니다.

↗ 도로 교통 지도라고도 함.

길 도우미 지도

운전할 때 목적지까지 가는 길을 안내해 주는 지도입니다.

핵심 콕!
- 우리는 일상생활에서 **약도, 안내도, 노선도, 길 도우미 지도** 등의 다양한 지도를 이용합니다.
- 우리는 **목적에 따라 다양한 지도를 선택**하여 이용할 수 있습니다.

3 지도를 그리는 데 필요한 약속

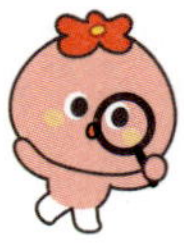

정해진 약속에 따라 나타낸 그림인 지도를 살펴볼까?

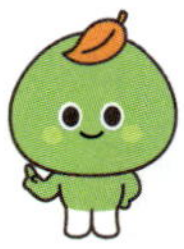

'약속에 따라' 나타냈다는 것은 지도의 선, 색, 숫자, 여러 가지 모양의 표시 등을 약속에 따라 나타냈다는 뜻이야.

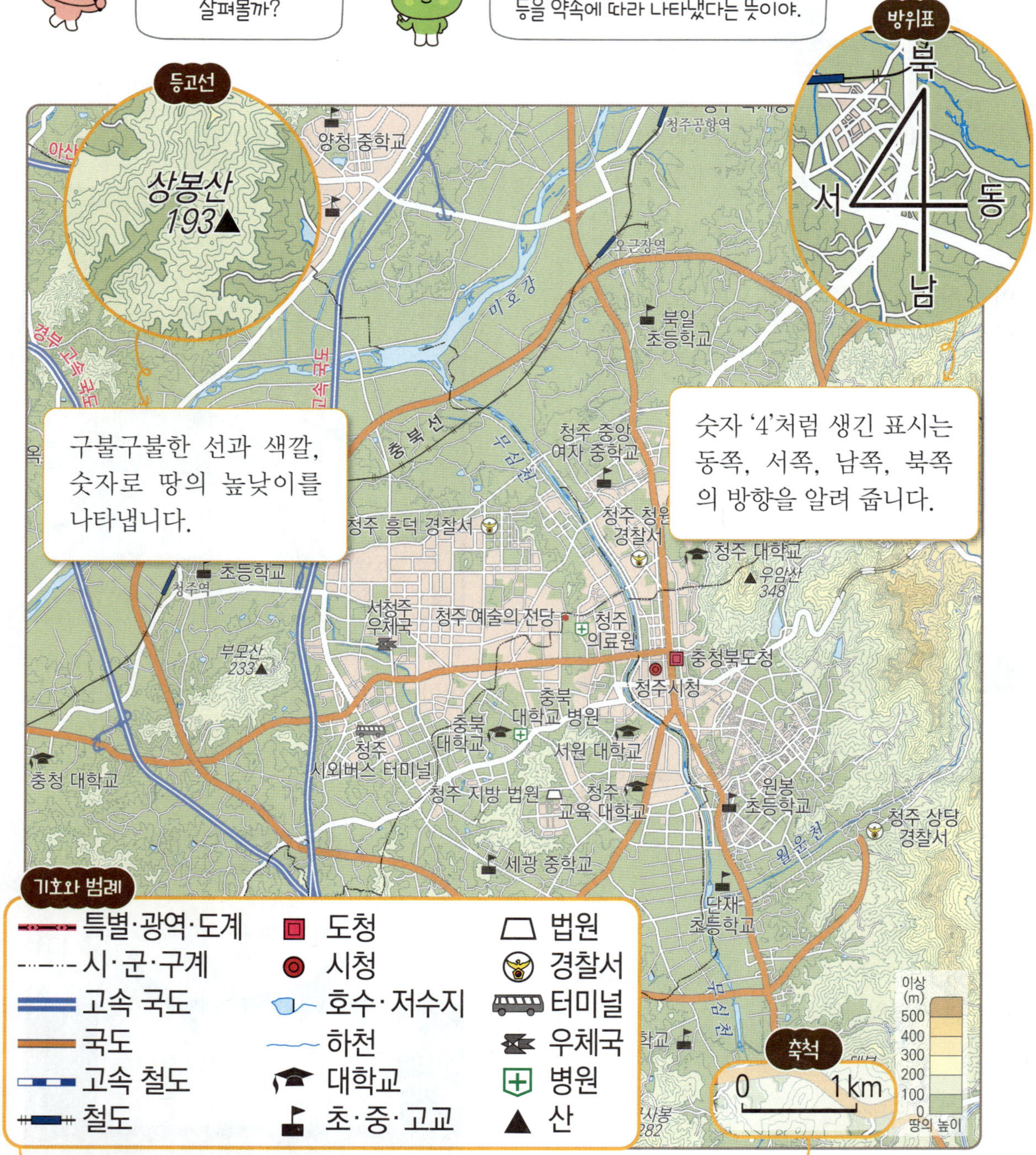

구불구불한 선과 색깔, 숫자로 땅의 높낮이를 나타냅니다.

숫자 '4'처럼 생긴 표시는 동쪽, 서쪽, 남쪽, 북쪽의 방향을 알려 줍니다.

지도에 사용된 그림들을 모아 놓고, 각각의 그림의 의미를 알려 줍니다.

지도의 막대 모양 표시는 실제 거리를 얼마나 줄였는지 나타냅니다.

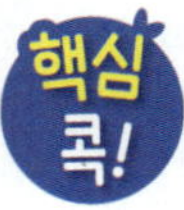

핵심 콕!

- 지도는 **정해진 약속**에 따라 그려야 합니다.
- 지도의 약속을 알면 지도에 담긴 **다양한 정보**를 쉽고 정확하게 읽을 수 있습니다.

1 같은 지역을 나타낸 자료 비교하기

(1) **지도**: 위에서 내려다본 땅의 모습을 일정하게 줄여 정해진 약속에 따라 나타낸 그림입니다.

(2) **그림, 항공 사진, 지도 비교하기**

공통점	위에서 내려다본 모습으로, 땅의 모습을 한눈에 볼 수 있습니다.	
차이점	그림	그리는 사람에 따라 다르게 표현합니다.
	항공 사진	• 땅의 실제 모습이 나타나 있습니다. • 건물이나 지역 등의 이름이 나타나 있지 않습니다.
	지도	• 땅의 모습과 건물, 지역 등의 이름이 나타나 있습니다. • 필요한 정보만 보기 쉽게 나타나 있습니다.

2 일상생활에서 이용하는 다양한 지도

약도	어떤 장소를 찾아갈 때 필요한 정보만 간단하게 그린 지도입니다.
안내도	알리려는 내용을 자세히 표시한 지도입니다.
노선도	버스나 지하철이 다니는 길을 보기 쉽게 나타낸 지도입니다.
길 도우미 지도	운전할 때 목적지까지 가는 길을 안내해 주는 지도입니다.

3 지도를 그리는 데 필요한 약속

(1) **지도를 그리는 방법**: 지역의 모습을 지도에 정확하게 표현하려면 정해진 약속에 따라 그려야 합니다.

방위표	지도의 동쪽, 서쪽, 남쪽, 북쪽의 방향을 알려 줍니다.
기호와 범례	지도에 사용된 그림들을 모아 놓고, 각각의 그림의 의미를 알려 줍니다.
축척	지도에서 실제 거리를 얼마나 줄였는지 나타냅니다.
등고선	구불구불한 선과 숫자로 땅의 높낮이를 나타냅니다.

(2) **지도를 약속에 따라 만들면 좋은 점**: 지도에 담긴 다양한 정보를 지도에서 쉽게 얻을 수 있고, 정확하게 읽을 수 있습니다.

📖 정답과 해설 • 2쪽

ㅊㅅㅇㅈ 초성 퀴즈 다음 초성을 보고, 핵심 단어를 위에서 찾아 써 봅시다.

❶ 지도는 위에서 내려다본 땅의 모습을 일정하게 줄여 정해진 ⃞ㅇ ⃞ㅅ 에 따라 나타낸 그림입니다.

❷ 지도는 약속에 따라 만들기 때문에 지도에서 다양한 ⃞ㅈ ⃞ㅂ 를 얻을 수 있습니다.

1 다음 (   ) 안에 들어갈 알맞은 말을 쓰시오.

> (   )은/는 위에서 내려다본 땅의 모습을 일정하게 줄여 정해진 약속에 따라 나타낸 그림입니다.

(   )

2 그림, 항공 사진, 지도에 대한 설명으로 알맞지 <u>않은</u> 것은 어느 것입니까? (   )

① 그림 – 그리는 사람마다 모두 같게 표현한다.
② 지도 – 필요한 정보만 보기 쉽게 나타나 있다.
③ 지도 – 땅의 모습과 건물, 지역 등의 이름이 나타나 있다.
④ 항공 사진 – 땅의 실제 모습이 나타나 있다.
⑤ 항공 사진 – 건물이나 지역 등의 이름이 나타나 있지 않다.

3 다음에서 설명하는 지도는 무엇입니까? (   )

> 일상생활에서 이용하는 지도로, 어떤 장소를 찾아갈 때 필요한 정보만 간단하게 그린 것입니다.

① 약도   ② 노선도   ③ 안내도   ④ 항공 사진   ⑤ 길 도우미 지도

4 다음 〔보기〕에서 지도를 그릴 때 필요한 약속을 모두 골라 기호를 쓰시오.

> **보기**
> ㉠ 동쪽, 서쪽, 남쪽, 북쪽의 방향을 알려 주는 것
> ㉡ 지도에 나타난 지역의 생활 모습을 알려 주는 것
> ㉢ 지도에 사용된 그림들을 모아 놓고, 각각의 그림의 의미를 알려 주는 것

(   )

 **1** 일차 **핵심**

❶ 지도는 (위 , 옆) 에서 내려다본 땅의 모습을 일정하게 줄여 정해진 약속에 따라 나타낸 그림입니다.

❷ 지도에 나타난 여러 가지 약속을 알면 지도에 담긴 정보를 쉽고 정확하게 읽을 수 있습니다. (O , X)

2 일차

방위표, 기호, 범례를 이용하여 지도 읽기

오늘 배울 개념 미리 보기

1 방위와 방위표

2 지도에서 정보를 나타내는 방법

3 기호와 범례

오늘 배울 용어 알아보기

방위표	기호	범례
(方 방향 **방**, 位 자리 **위**, 表 겉 **표**)	(記 기록할 **기**, 號 부호 **호**)	(凡 무릇 **범**, 例 방식 **례**)

방위표

(方 방향 **방**, 位 자리 **위**, 表 겉 **표**)

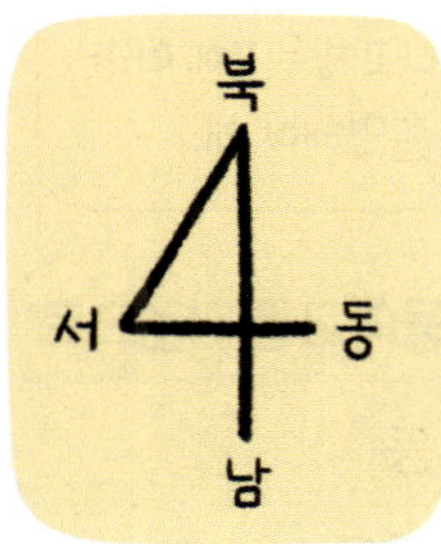

뜻 방위를 나타내는 표시

예 지도에 **방위표**가 없을 때는 위쪽이 북쪽입니다.

기호

(記 기록할 **기**, 號 부호 **호**)

뜻 땅의 생김새나 건물, 도로 등을 지도에 쉽게 나타내려고 간단히 그린 그림

예 지도에서 학교를 나타내는 **기호**는 ▟입니다.

범례

(凡 무릇 **범**, 例 방식 **례**)

뜻 지도에 사용된 여러 가지 기호와 그 뜻을 한곳에 모아 놓은 것

예 지도에 **범례**가 없으면 지도에 나타난 기호를 알기 어렵습니다.

방위의 필요성

오른쪽, 왼쪽과 같은 방향은 사람이나 건물이 향한 쪽에 따라 달라집니다.

방위와 방위표

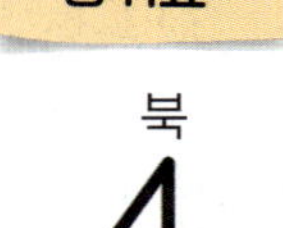
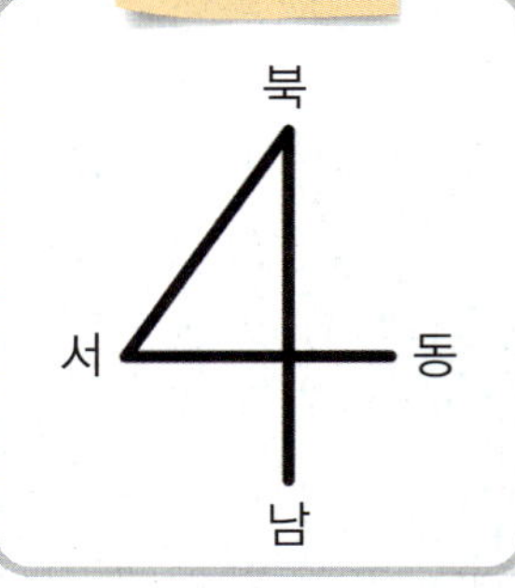

방위는 방위표를 이용하여 나타냅니다.

방위표를 이용하여 지도 읽기

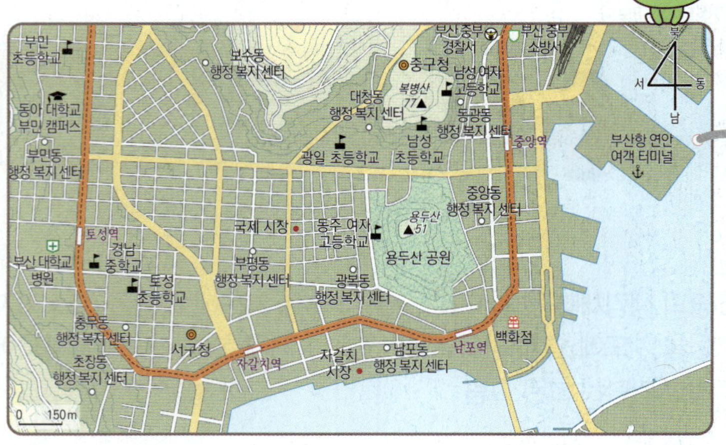

• 방위는 **방향의 위치**로 동서남북이 있으며, **방위표로 나타냅니다.**
• 장소의 위치를 말할 때는 먼저 **기준을 정하고 방위표에 따라 장소의 위치를 설명**해야 합니다.

그림으로 나타낸 지도

건물을 모두 그림으로만 그리면 어떤 건물이 어디에 있는지 알아보기 어렵습니다.

글자로 나타낸 지도

지도에 글자가 너무 많고 빼곡해서 원하는 정보를 한눈에 찾기 어렵습니다.

기호를 사용하여 나타낸 지도

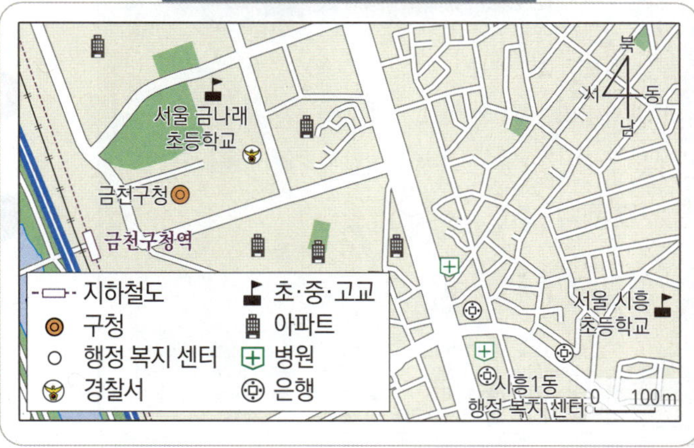

기호를 사용하면 어떤 장소가 어디에 있는지 기호를 보고 쉽게 찾을 수 있습니다.

- 그림으로 나타낸 지도, 글자로 나타낸 지도는 원하는 정보를 한눈에 찾기 어렵기 때문에 기호가 필요합니다.
- **기호를 사용**하면 지도에 담긴 정보를 쉽고 정확하게 찾을 수 있습니다.

기호와 범례

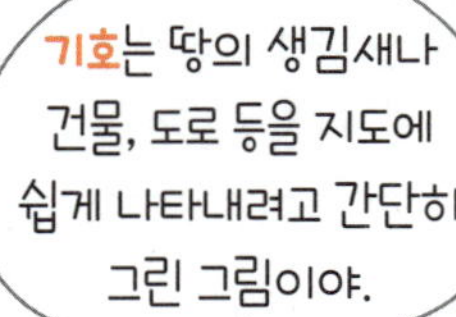

모습을 본떠 만든 기호

약속을 정해 만든 기호

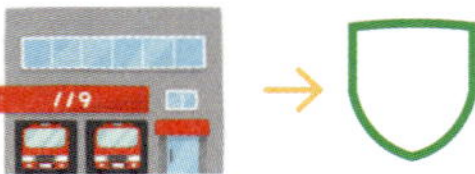

기호와 범례를 이용하여 지도 읽기

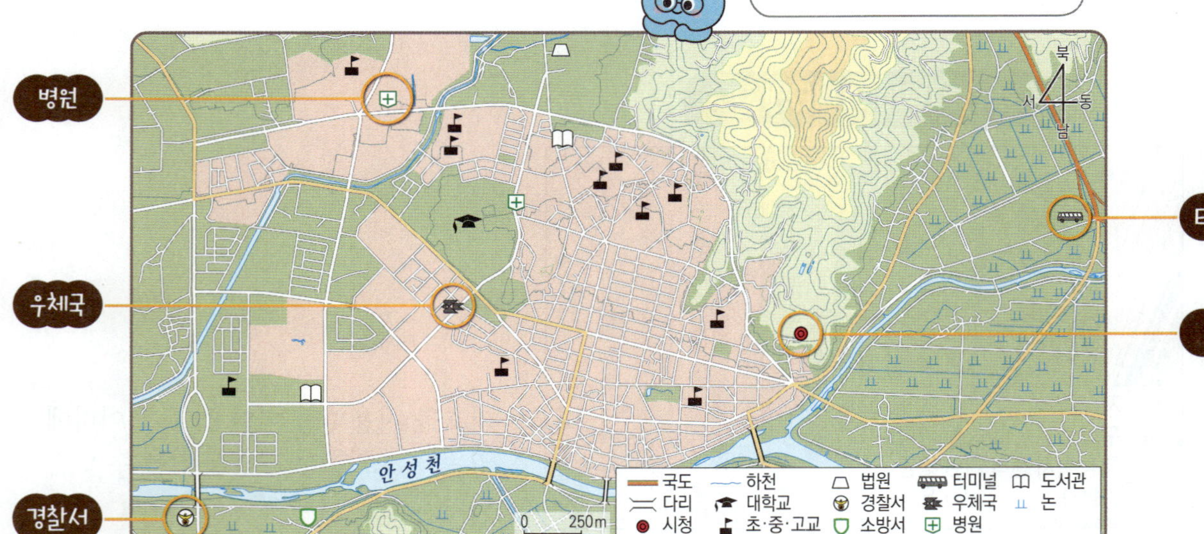

핵심 콕!
- 기호는 땅의 생김새나 건물, 도로 등을 지도에 쉽게 나타내려고 **간단히 그린 그림**입니다.
- 범례는 지도에 사용된 여러 가지 **기호와 그 뜻을 한곳에 모아 놓은 것**입니다.
- 기호와 범례를 사용하면 건물이나 도로 등의 **정보를 지도에 간단히 나타낼 수 있습니다**.

1 방위와 방위표

(1) 방위

의미	방향의 위치로 동서남북이 있습니다.
필요한 까닭	사람이나 건물이 향한 방향과 관계없이 장소의 정확한 위치를 표현하려고 방위를 이용합니다.
나타내는 방법	• 지도에서 방위는 방위표로 나타냅니다. • 지도에 방위표가 없을 때에는 지도의 오른쪽이 동쪽, 왼쪽이 서쪽, 아래쪽이 남쪽, 위쪽이 북쪽이 됩니다.

↑ 방위표

(2) 방위표를 이용하여 지도 읽기

① 방위표를 이용하여 위치를 표현하더라도 기준이 달라지면 방위가 달라질 수 있습니다.

② 지도에서 어떤 장소의 위치를 말할 때에는 먼저 기준을 정하고 방위표에 따라 장소의 위치를 설명해야 합니다.

2 지도에서 정보를 나타내는 방법

지도에 땅의 실제 모습을 그림이나 글자로만 나타내면 지도에서 정보를 찾기 어렵습니다.  지도에 담긴 정보를 쉽게 알아볼 수 있도록 복잡한 땅의 모습을 지도에 나타낼 때는 약속된 기호를 사용해야 합니다.

3 기호와 범례

구분	기호	범례
의미	땅의 생김새나 건물, 도로 등을 지도에 쉽게 나타내려고 간단히 그린 그림입니다.	지도에 사용된 여러 가지 기호와 그 뜻을 한곳에 모아 놓은 것입니다.
활용하면 좋은 점	땅 위의 건물이나 도로 등의 정보를 지도에 간단히 기호로 나타낼 수 있고, 범례를 활용하면 지도에서 나타내는 정보를 쉽고 정확하게 알 수 있습니다.	

📖 정답과 해설 • 2쪽

초성 퀴즈 다음 초성을 보고, 핵심 단어를 위에서 찾아 써 봅시다.

❶ [ㅂ] [ㅇ] 는 방향의 위치로 동서남북이 있습니다.

❷ [ㄱ] [ㅎ] 와 범례를 사용하면 지도에서 나타내는 정보를 쉽고 정확하게 알 수 있습니다.

1 동서남북을 알려 주는 다음과 같은 표시를 무엇이라고 하는지 쓰시오.

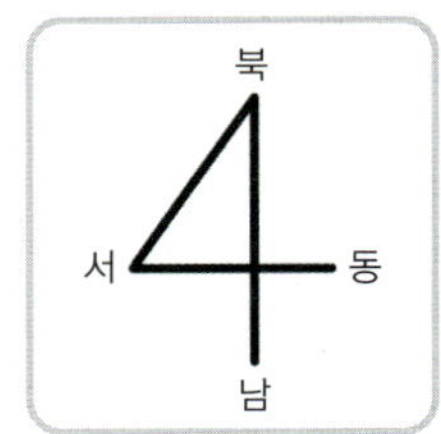

(   )

2 다음 지도에서 동주 여자 고등학교를 기준으로 동쪽에 있는 것은 무엇입니까? (   )

① 용두산
② 국제 시장
③ 광일 초등학교
④ 부산 대학교 병원
⑤ 광복동 행정 복지 센터

3 지도에서 사용하는 다음 기호는 무엇을 뜻하는지 각각 쓰시오.

(1)　　　　　　(2)　　　　　　(3)　　　　　　(4)

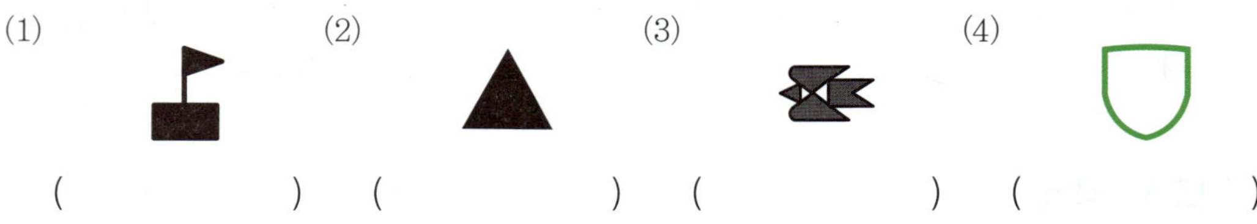

(   ) (   ) (   ) (   )

4 다음 (   ) 안에 들어갈 알맞은 말을 쓰시오.

> (   )은/는 지도에 사용된 여러 가지 기호와 그 뜻을 한곳에 모아 놓은 것을 말합니다.

(   )

2 일차　**핵심**

❶ 사람이나 건물이 향한 방향과 관계없이 장소의 정확한 위치를 표현하려고 방위를 이용합니다.　(O , X)

❷ 지도에서 방위표가 없을 때는 지도의 위쪽이 (남 , 북) 쪽입니다.

❸ 땅의 생김새나 건물, 도로 등을 지도에 쉽게 나타내려고 간단히 그린 그림을 (기호 , 범례) 라고 합니다.

3 일차

지도에서 축척의 쓰임새

 오늘 배울 개념 미리 보기

1 축척 알아보기

2 축척이 다른 두 지도 비교하기

3 축척 막대자를 이용하여 실제 거리 알아보기

 오늘 배울 용어 알아보기

축척
(縮 줄일 **축**, 尺 길이 **척**)

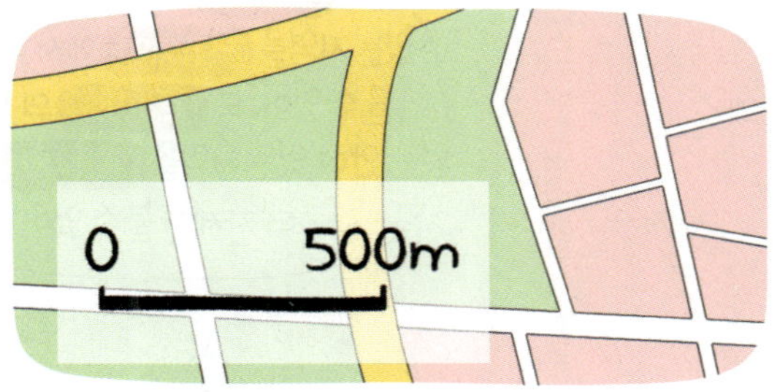

 **뜻** 지도에서 실제 거리를 줄인 정도

예 **축척**을 이용하면 실제 장소 사이의 거리를 알 수 있습니다.

디지털 영상지도

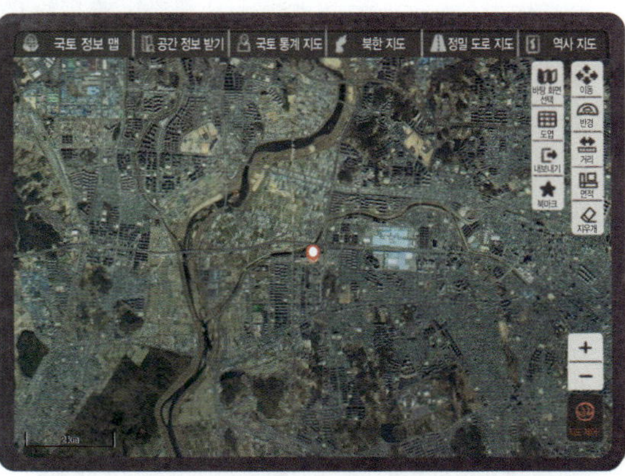

뜻 우주에 떠 있는 인공위성이나 하늘을 나는 비행기에서 찍은 사진을 이용해 만든 지도

예 **디지털 영상지도**를 이용하면 우리 지역의 위치를 쉽게 알 수 있습니다.

축척의 의미

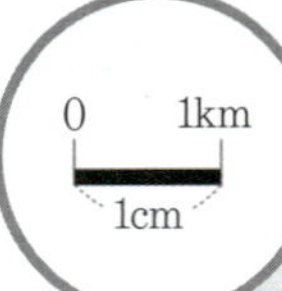

실제 거리 1km를 지도에서는 1cm로 줄여 나타냈다는 의미입니다.

디지털 영상지도의 확대 및 축소 기능을 이용하여 지역의 모습 살펴보기

→ 우주에 떠 있는 인공위성이나 하늘을 나는 비행기에서 찍은 사진을 이용해 만든 지도

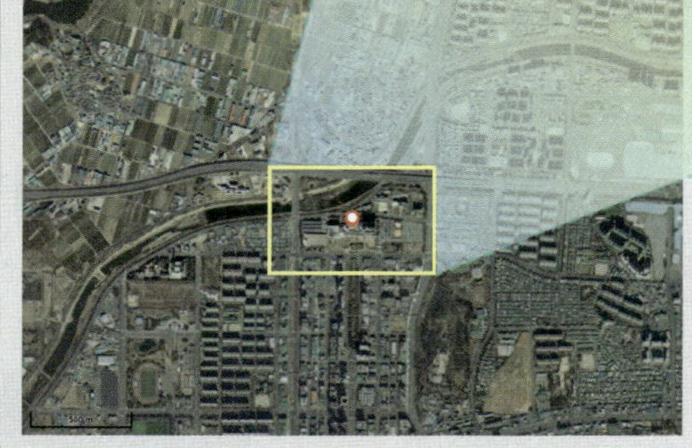

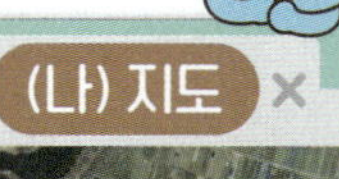

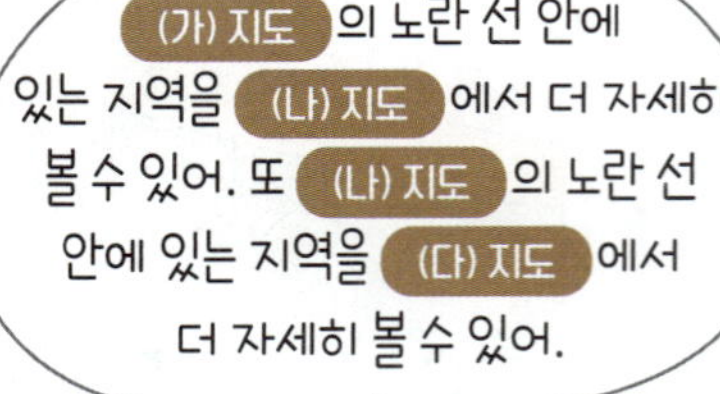

핵심 콕!
- 지도에서 **실제 거리를 줄인 정도**를 축척이라고 합니다.
- 디지털 영상지도의 확대 및 축소 기능을 이용하여 **축척에 따라 지도에 나타나는 지역의 범위와 자세한 정도가 달라지는 것**을 확인할 수 있습니다.

2 축척이 다른 두 지도 비교하기

지도에서 1cm는 실제 거리 2km를 뜻합니다.

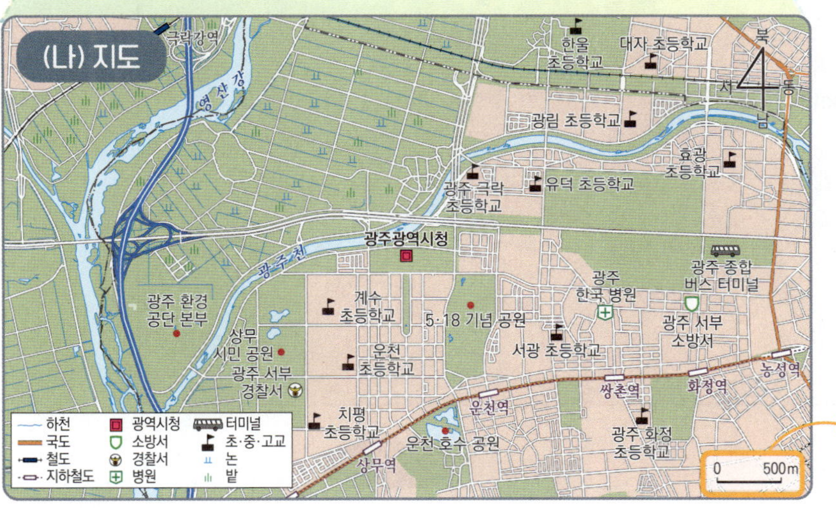

지도에서 1cm는 실제 거리 500m를 뜻합니다.

핵심 콕!
- 같은 크기의 지도라도 축척에 따라 지도에 표현되는 **지역의 범위와 자세한 정도**가 다릅니다.
- 실제 거리를 많이 줄인 지도는 넓은 지역을 간략하게 보여 주고, 실제 거리를 조금 줄인 지도는 좁은 지역을 자세하게 보여 줍니다.

▶ 축척에 따른 실제 거리가 표시된 자

축척 막대자를 이용하여 실제 거리를 알아보는 방법
① 거리를 알고 싶은 지점을 두 곳 정하여 선으로 연결합니다.
② 축척 막대자를 이용하여 두 지점 사이의 거리를 재어 실제 거리를 알아봅니다.

축척 막대자

핵심 콕!
• 축척 막대자를 이용하면 지도에 있는 **두 지점 사이의 실제 거리**를 쉽게 알 수 있습니다.

개념 정리하기

1 축척의 의미

(1) **축척**: 지도에서 실제 거리를 줄인 정도를 말합니다.

(2) **디지털 영상지도의 확대 및 축소 기능을 이용하여 지역의 모습 살펴보기**

  ① 디지털 영상지도에서 + 단추를 누르면 확대 기능을, − 단추를 누르면 축소 기능을 이용할 수 있습니다.

  ② 디지털 영상지도의 확대 및 축소 기능을 이용하여 축척에 따라 지도에 나타나는 지역의 범위와 자세한 정도가 달라지는 것을 확인할 수 있습니다.

2 축척이 다른 두 지도 비교하기

(1) 축척에 따라 지도에 표현되는 지역의 범위와 자세한 정도가 다릅니다.

(2) 실제 거리를 많이 줄인 지도는 넓은 지역을 간략하게 보여 주고, 실제 거리를 조금 줄인 지도는 좁은 지역을 자세하게 보여 줍니다.

(3) **축척이 다른 두 지도 비교**

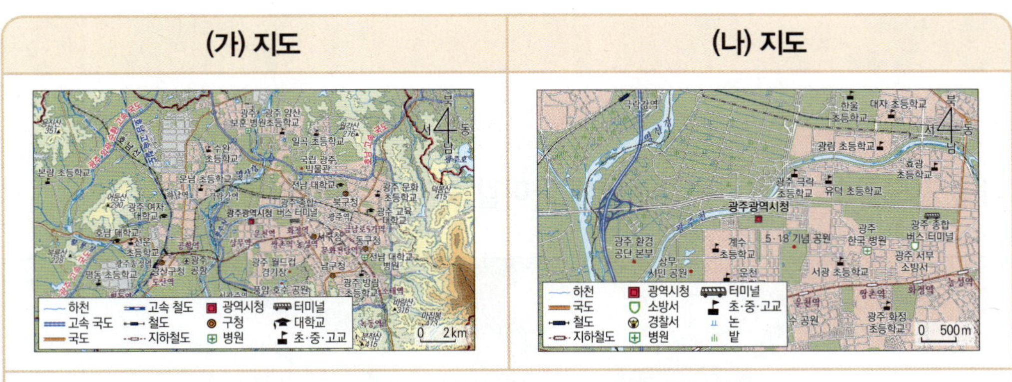

- (가) 지도는 (나) 지도보다 실제 거리를 많이 줄여 넓은 지역을 간략하게 볼 수 있습니다.
- (나) 지도는 (가) 지도보다 실제 거리를 조금 줄여 좁은 지역을 자세하게 볼 수 있습니다.

3 축척 막대자를 이용하여 실제 거리 알아보기

거리를 알고 싶은 지점을 두 곳 정하여 선으로 연결합니다. → 축척 막대자를 이용하여 두 지점 사이의 거리를 재어 실제 거리를 알아봅니다.

📖 정답과 해설 • 2쪽

초성퀴즈 다음 초성을 보고, 핵심 단어를 위에서 찾아 써 봅시다.

❶ ㅊ ㅊ 은 지도에서 실제 거리를 줄인 정도를 말합니다.

❷ 축척에 따라 지도에 나타나는 지역의 범위와 ㅈ ㅅ ㅎ 정도가 다릅니다.

1 지도에서 실제 거리를 줄인 정도를 무엇이라고 합니까? ( )

① 기호   ② 범례   ③ 축척   ④ 등고선   ⑤ 방위표

2 다음 (가), (나) 지도 중 좁은 지역을 자세하게 보여 주는 지도를 골라 기호를 쓰시오.

(가)   (나)

( )

3 다음 지도를 보고, ( ) 안에 들어갈 숫자는 무엇인지 쓰시오.

> 지도의 삼화 초등학교와 북삼 초등학교 사이를 축척 막대자로 재면 3cm이므로 실제 거리는 ( )km입니다.

( )

3 일차 **핵심**

❶ 축척에 따라 지도에 표현되는 지역의 범위와 자세한 정도가 다릅니다. (O , X)

❷ 실제 거리를 많이 줄인 지도는 넓은 지역을 (간략 , 자세) 하게 보여 줍니다.

4 일차

등고선, 생활 속 다양한 지도

오늘 배울 개념 미리 보기

1 지도에서 땅의 높낮이를 나타내는 방법

2 일상생활에서 다양한 지도를 활용하는 모습

오늘 배울 용어 알아보기

등고선

(等 같을 **등**, 高 높을 **고**, 線 선 **선**)

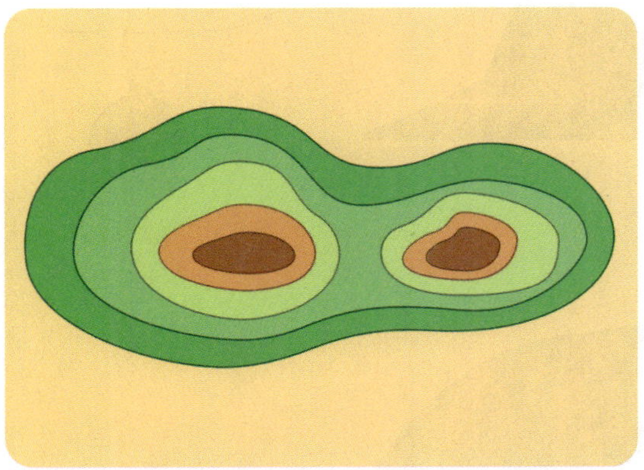

뜻 지도에서 높이가 같은 곳을 연결하여 땅의 높낮이를 나타낸 선

예 지도에 표시된 **등고선**을 보니, 우리 지역에서 가장 높은 곳은 관악산입니다.

길 도우미 지도

뜻 자동차로 가는 길과 가는 데 걸리는 시간을 확인할 수 있는 지도

예 **길 도우미 지도**를 보고 할머니 댁에 찾아갔습니다.

다양한 방향에서 땅의 높낮이 살펴보기 예 제주특별자치도 산방산

옆에서 바라본 산의 모습

하늘에서 내려다본 산의 모습

등고선의 의미

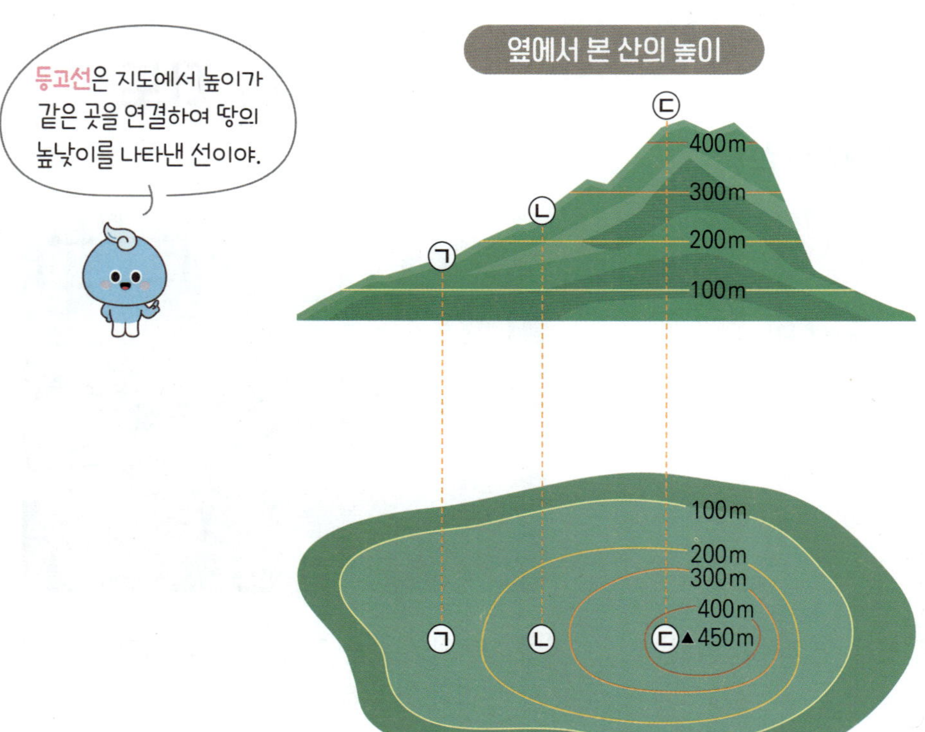

4일차

핵심 콕!

- 등고선은 지도에서 **높이가 같은 곳을 연결하여 땅의 높낮이를 나타낸 선**입니다.
- 지도에서는 **등고선과 색깔을 이용**하여 땅의 높낮이를 나타냅니다.
- 등고선의 간격이 **좁을수록 경사가 급하고**, 등고선의 간격이 **넓을수록 경사가 완만**합니다.

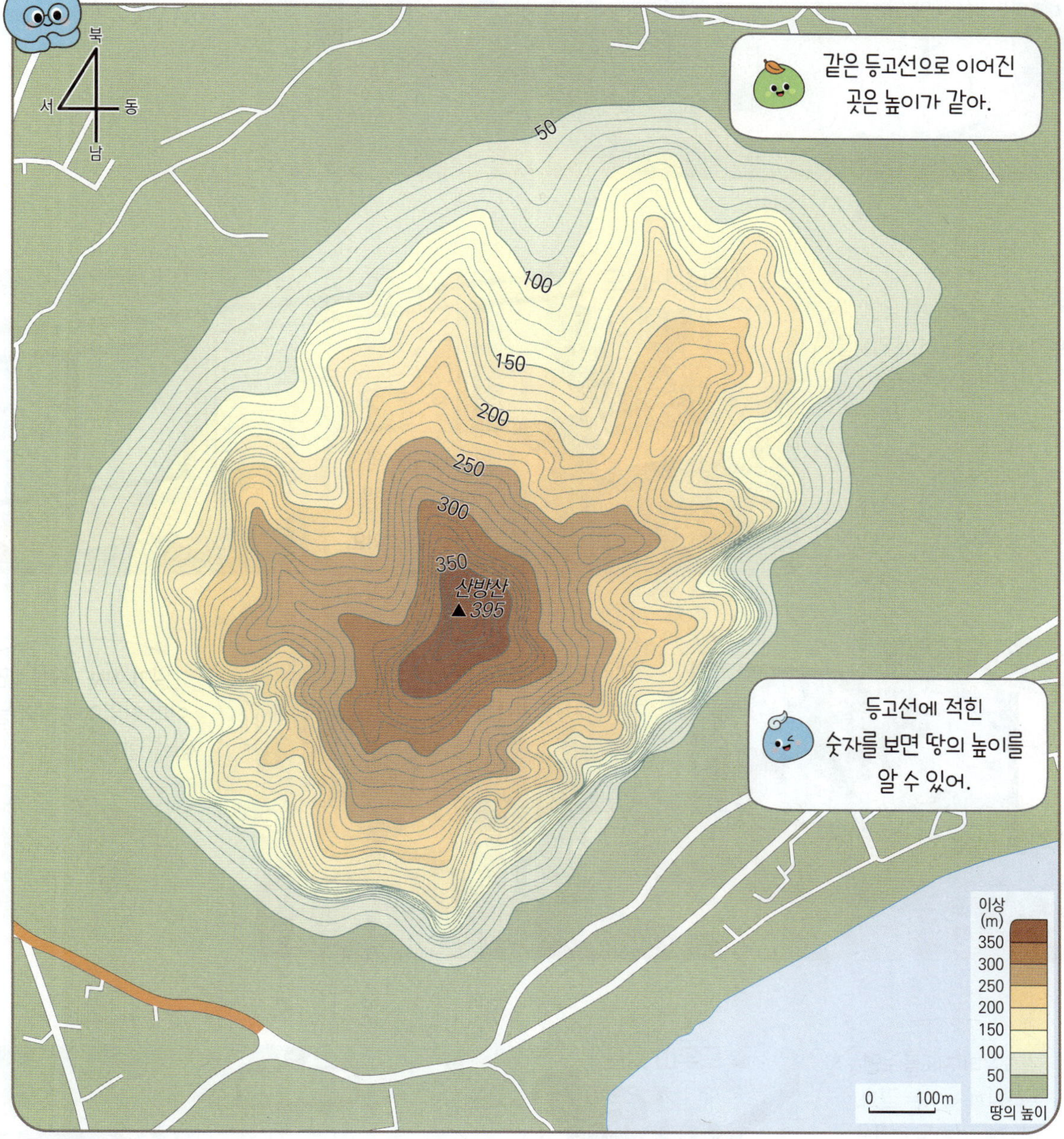

핵심 콕!
- 우리는 상황과 목적에 따라 다양한 지도를 활용합니다.
- **안내도, 노선도, 일기 예보 지도, 길 도우미 지도** 등은 일상생활에서 자주 활용하는 지도입니다.

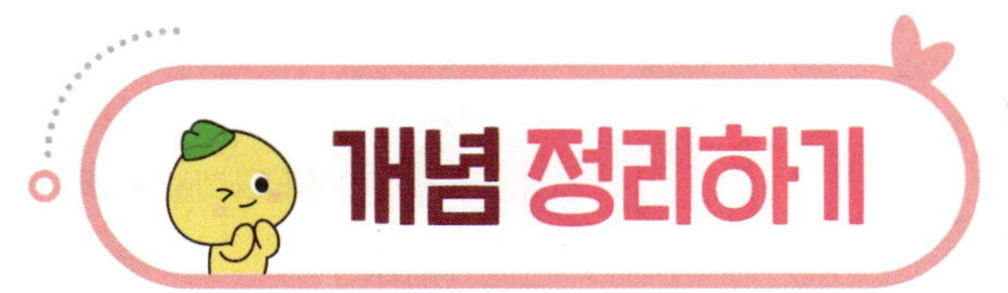

1 지도에서 땅의 높낮이를 나타내는 방법

(1) 다양한 방향에서 땅의 높낮이 살펴보기

옆에서 본 산의 모습	하늘에서 내려다본 산의 모습
산봉우리는 잘 보이지만 땅이 얼마나 넓은 곳에 걸쳐 있는지 알기 어렵습니다.	산봉우리가 잘 보이지 않고 어디가 얼마나 높고 낮은지 알기 어렵습니다.

(2) 등고선: 지도에서 높이가 같은 곳을 연결하여 땅의 높낮이를 나타낸 선입니다.

(3) 지도에서 땅의 높낮이를 나타내는 방법

① 등고선으로 나타내기: 지도에서 높이가 같은 곳을 연결합니다.

② 색깔로 나타내기: 땅의 높이에 따라 색을 다르게 칠합니다.

(4) 지도에 나타난 땅의 높낮이

① 같은 등고선으로 이어진 곳은 높이가 같습니다.

② 등고선에 적힌 숫자를 보면 땅의 높이를 알 수 있습니다.

③ 등고선의 간격이 좁을수록 경사가 급하고, 간격이 넓을수록 경사가 완만합니다.

2 일상생활에서 다양한 지도를 활용하는 모습

박물관 안내도	박물관 시설과 전시실의 위치를 확인할 수 있습니다.
지하철 노선도	노선의 방향과 역의 위치를 확인할 수 있습니다.
일기 예보 지도	여러 지역의 위치와 날씨 정보를 함께 확인할 수 있습니다.
길 도우미 지도	목적지까지 가는 길과 가는 데 걸리는 시간을 확인할 수 있습니다.

📖 정답과 해설 • 3쪽

초성 퀴즈 다음 초성을 보고, 핵심 단어를 위에서 찾아 써 봅시다.

❶ 지도에서 높이가 같은 곳을 연결하여 땅의 높낮이를 나타낸 선을 [ㄷ][ㄱ][ㅅ]이라고 합니다.

❷ 지도에서는 땅의 높낮이를 등고선과 [ㅅ][ㄲ]로 나타냅니다.

❸ 우리는 일상생활에서 상황과 목적에 따라 다양한 [ㅈ][ㄷ]를 활용합니다.

문제로 확인하기

1 다음 자료의 ㉠~㉢에서 가장 높은 곳을 골라 기호를 쓰시오.

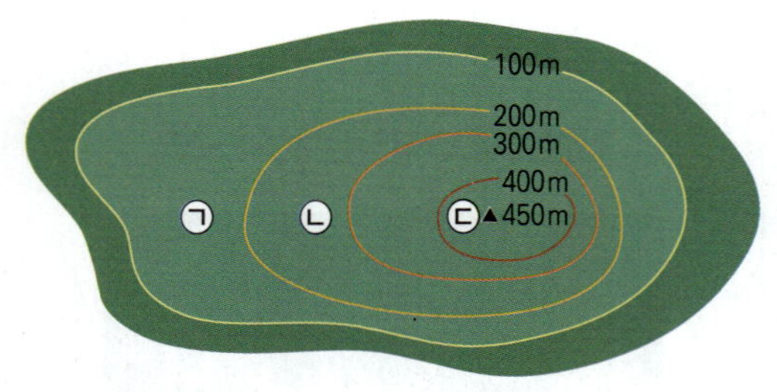

(   )

2 지도에서 땅의 높낮이를 나타내는 방법을 <u>두 가지</u> 고르시오. (   )

① 기호   ② 범례   ③ 색깔   ④ 등고선   ⑤ 방위표

3 다음과 같은 지도를 활용하는 모습으로 알맞은 것은 어느 것입니까? (   )

① 박물관 시설과 전시실의 위치를 확인하고 싶을 때
② 주요 관광지의 위치와 관광 경로 등을 알고 싶을 때
③ 여러 지역의 위치와 날씨 정보를 함께 확인하고 싶을 때
④ 목적지까지 가는 길과 가는 데 걸리는 시간을 알고 싶을 때
⑤ 어떤 장소를 찾아갈 때 필요한 정보만 간단하게 알고 싶을 때

4 일차 **핵심**

❶ 등고선은 지도에서 높이가 (같은 , 다른) 곳을 연결하여 땅의 높낮이를 나타낸 선입니다.

❷ 목적지까지 가는 길과 가는 데 걸리는 시간을 확인하고 싶을 때 길 도우미 지도를 활용합니다. (O , X)

5 일차

우리 지역의 위치, 면적과 인구

오늘 배울 개념 미리 보기

1 우리나라의
행정구역

2 우리 지역의
위치 찾기

3 우리 지역의
면적과 인구

오늘 배울 용어 알아보기

행정구역
(行 다닐 **행**, 政 정사 **정**,
區 구역 **구**, 域 지경 **역**)

뜻 우리나라를 효율적으로
관리하려고 나누어 놓은
지역

예 주소를 보면 우리 지역의
행정구역을 알 수 있습니다.

면적
(面 낯 **면**, 積 쌓을 **적**)

뜻 어떤 장소가 차지하는 넓
이의 크기

예 우리나라는 지역마다 **면적**
이 서로 다릅니다.

인구
(人 사람 **인**, 口 입 **구**)

뜻 일정한 지역에 사는 사람
의 수

예 **인구**가 많은 지역도 있고,
적은 지역도 있습니다.

핵심 콕!

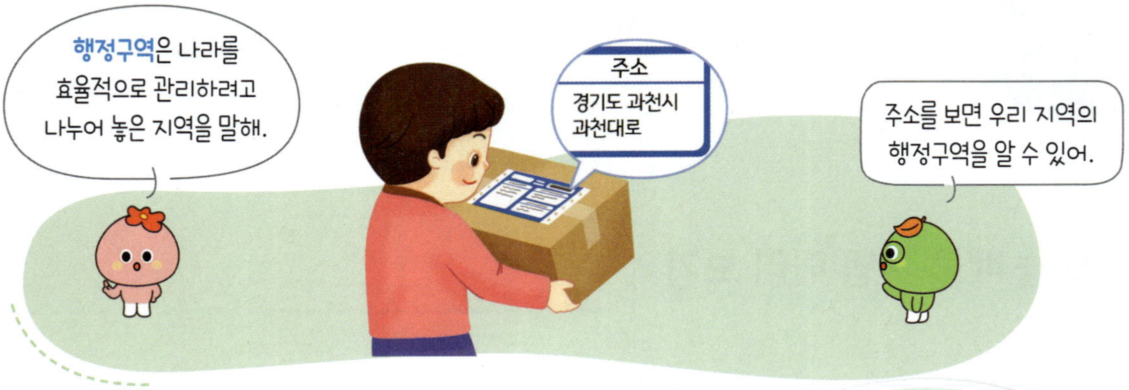

- 행정구역은 **나라를 효율적으로 관리하려고 나누어 놓은 지역**입니다.
- 우리나라는 **특별시·광역시·특별자치시·도·특별자치도** 등 넓은 범위의 행정구역과 **시·군·구** 등 좁은 범위의 행정구역을 사용하여 지역을 구분합니다.

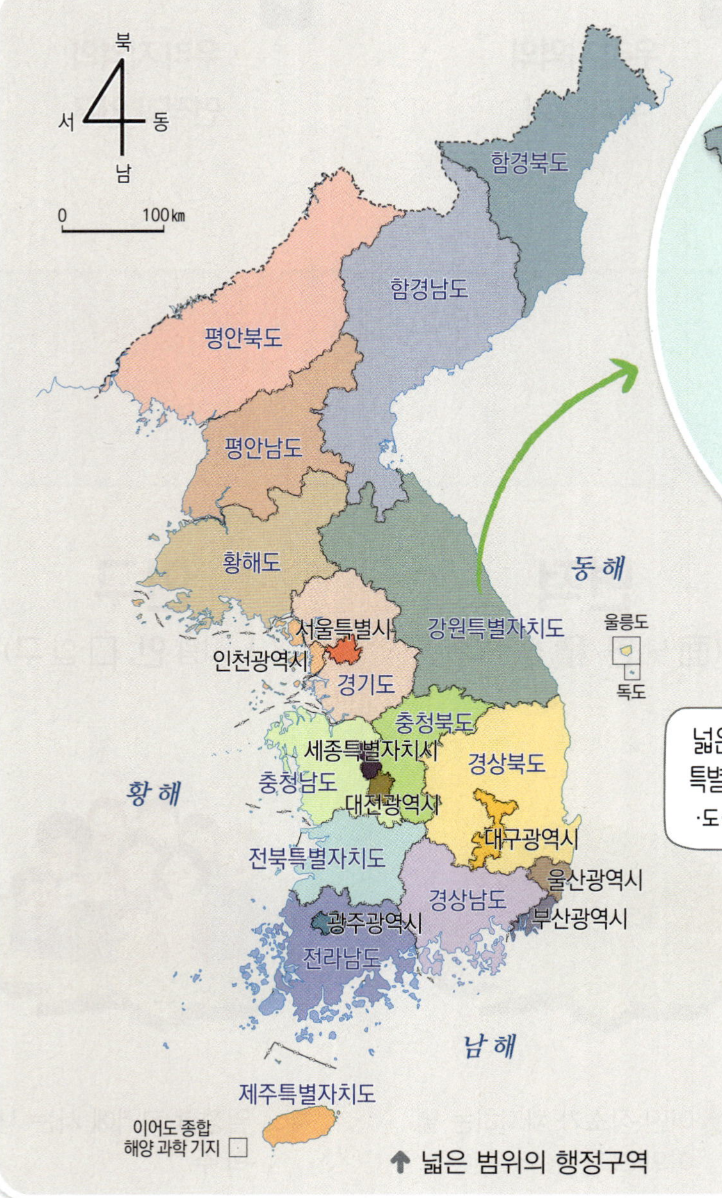

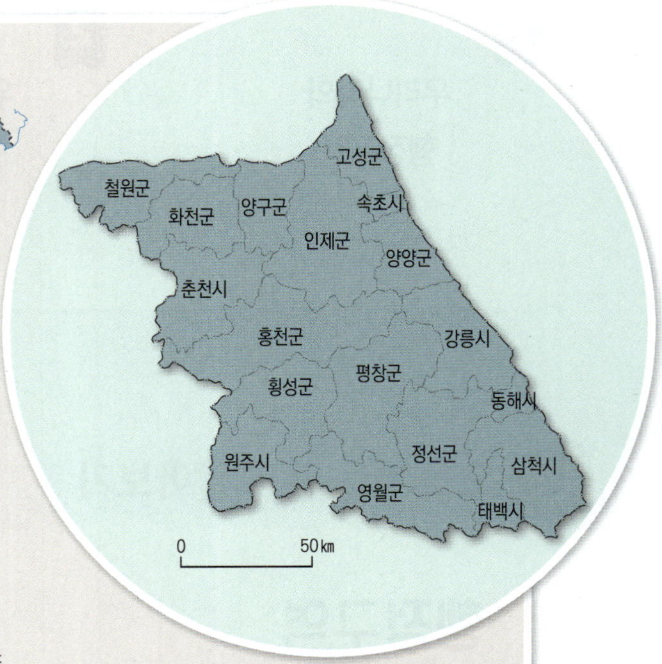

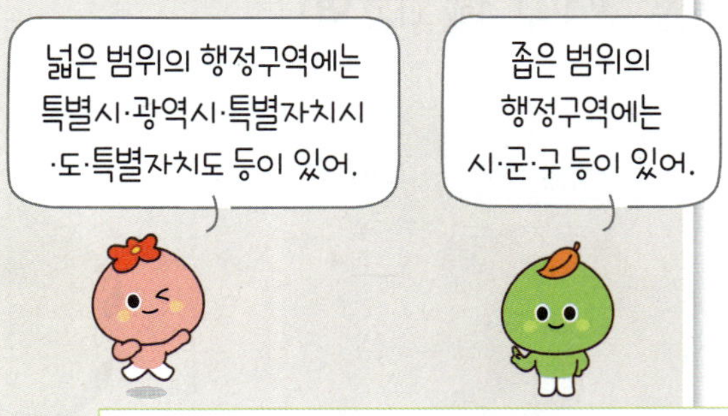

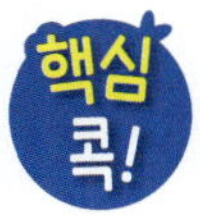

2 우리 지역의 위치 찾기

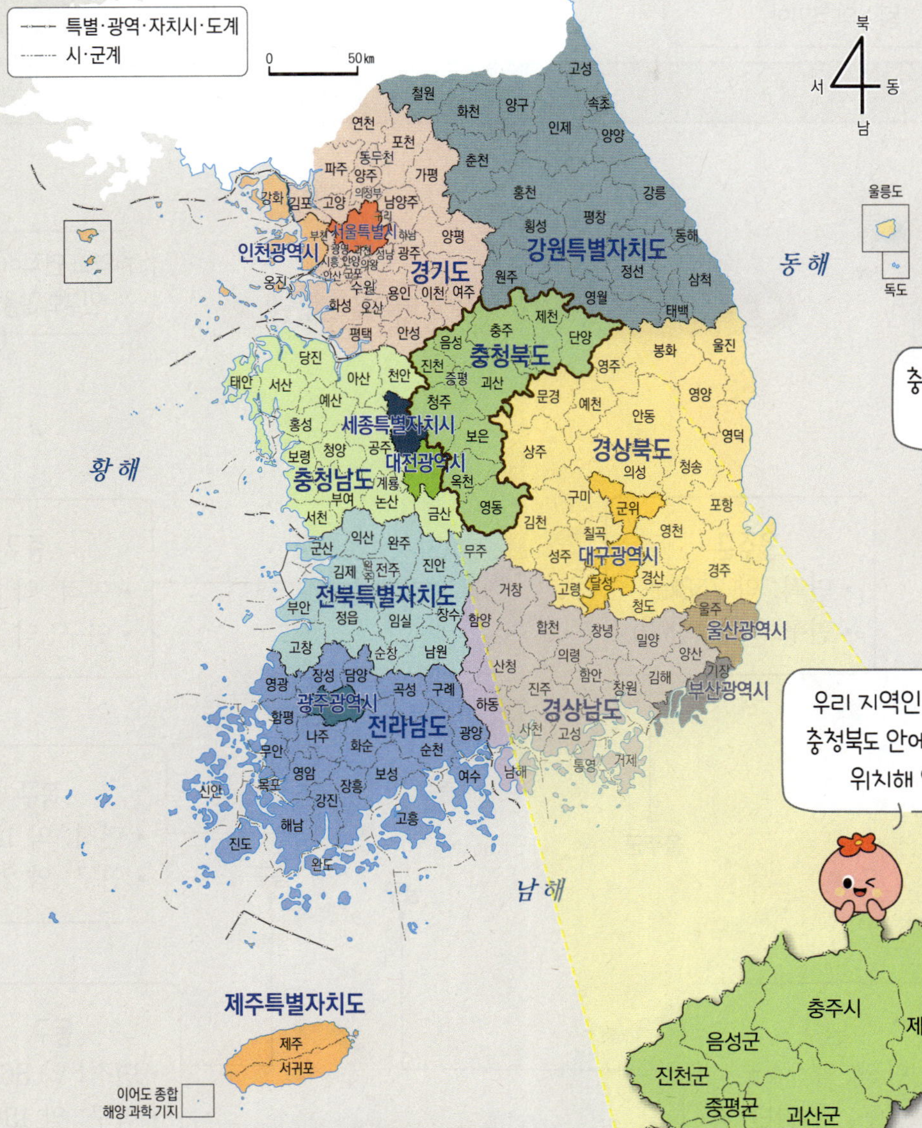

↑ 우리나라의 행정구역

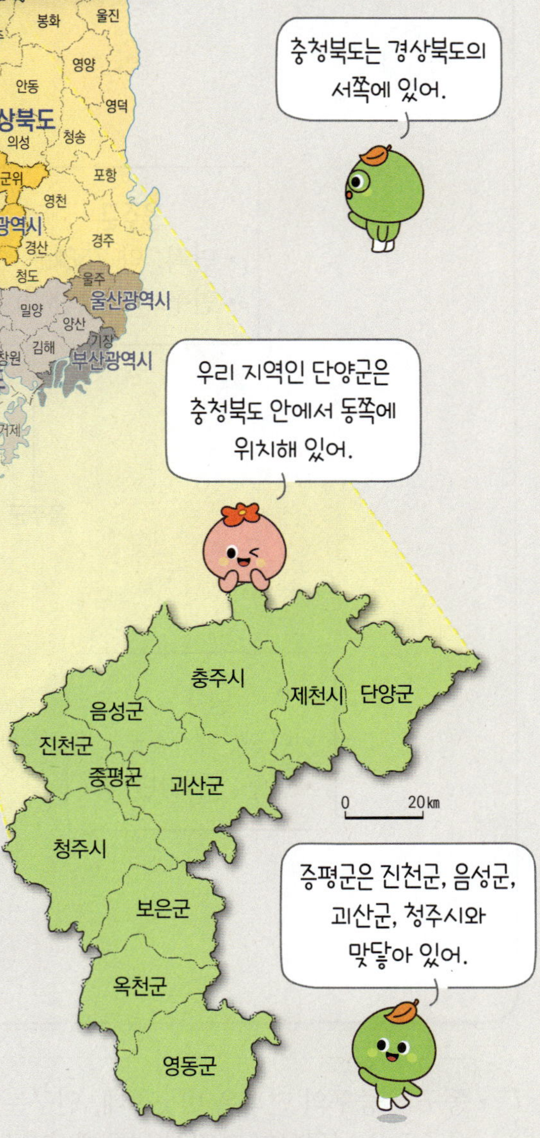

↑ 충청북도의 행정구역

행정구역을 나타낸 지도를 이용하면 좋은 점

우리 지역이 어디에 있는지 알 수 있고, 우리 지역의 주변에 어떤 지역이 있는지 알 수 있습니다.

핵심 콕!

- 우리나라의 행정구역을 나타낸 지도에서 **우리 지역의 위치**를 쉽게 찾을 수 있습니다.
- 방위를 이용하여 우리 지역과 주변에 있는 지역의 위치를 설명할 수 있습니다.

울산광역시의 지역별 면적과 인구(2022년)

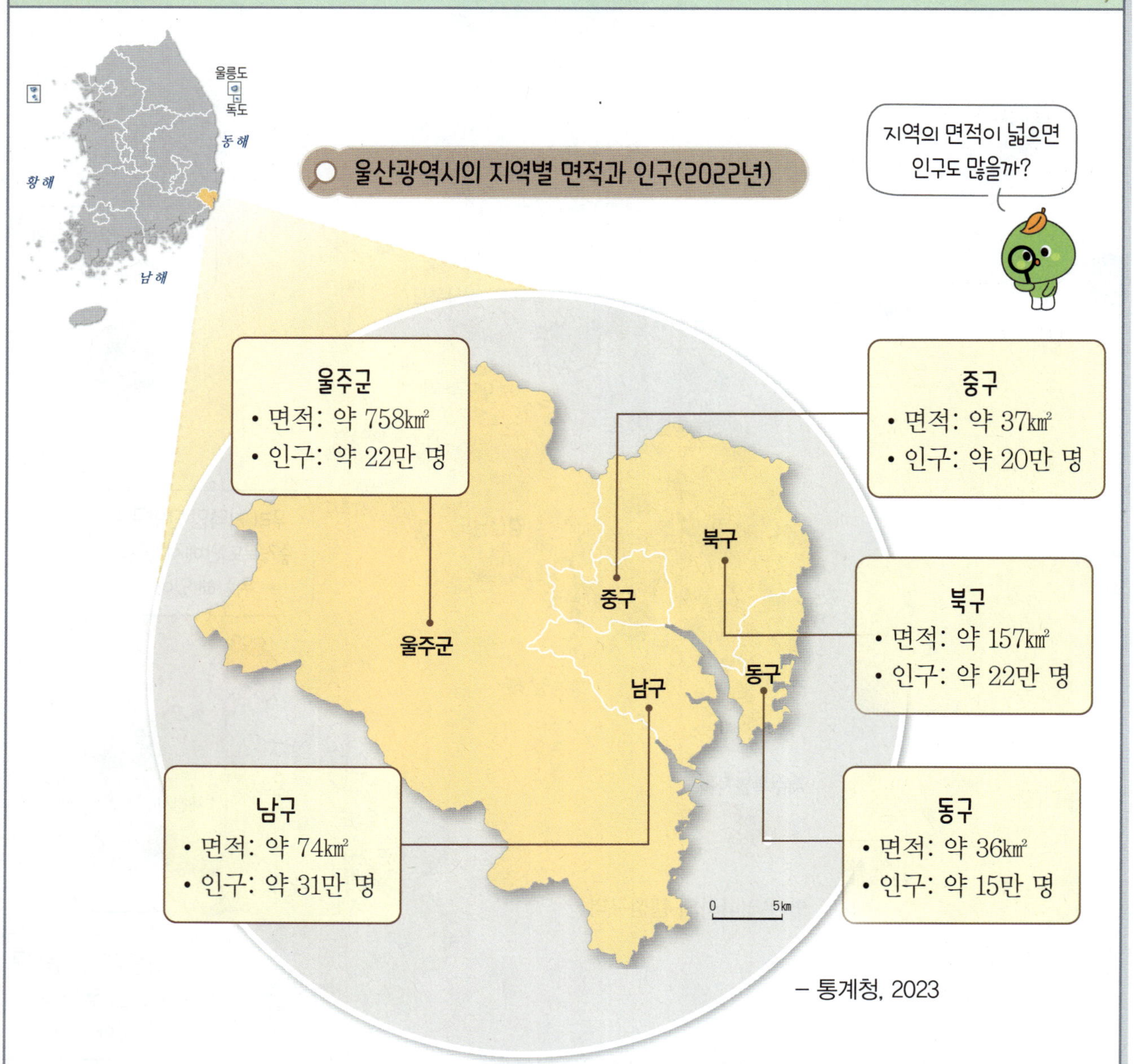

– 통계청, 2023

• 동구와 중구의 면적은 비슷한데, 인구는 중구가 많습니다.
• 울주군은 남구보다 면적이 넓은데, 인구는 남구가 많습니다.
• 면적은 울주군이 가장 넓고, 인구는 남구가 가장 많습니다.

핵심 콕!
• 우리나라 여러 지역의 **면적과 인구는 다릅니다.**
• 면적이 넓은 지역도 있지만 좁은 지역도 있으며, 면적이 서로 비슷한 지역도 있습니다.
• 인구가 많은 지역도 있지만 적은 지역도 있으며, 인구가 서로 비슷한 지역도 있습니다.

개념 정리하기

1 우리나라의 행정구역

행정구역의 의미	나라를 효율적으로 관리하려고 나누어 놓은 지역입니다.
우리나라의 행정구역 구분	• 특별시·광역시·특별자치시·도·특별자치도 등 넓은 범위의 행정구역이 있습니다. • 넓은 범위의 행정구역 안에는 시·군·구 등 좁은 범위의 행정구역이 있습니다. • 북한 지역을 제외하고 우리나라의 행정구역은 특별시 1곳, 광역시 6곳, 특별자치시 1곳, 도 6곳, 특별자치도 3곳으로 이루어져 있습니다.

2 우리 지역의 위치 찾기

(1) 우리나라의 행정구역을 나타낸 지도에서 우리 지역의 위치를 찾을 수 있습니다.

(2) 방위를 이용하여 우리 지역과 주변에 있는 지역의 위치를 설명할 수 있습니다.

(3) **행정구역을 나타낸 지도를 이용하면 좋은 점**
　① 우리 지역이 어디에 있는지 알 수 있습니다.
　② 우리 지역의 주변에는 어떤 지역들이 있는지 알 수 있습니다.

3 우리 지역의 면적과 인구

(1) **면적과 인구의 의미**

면적	어떤 장소가 차지하는 넓이의 크기입니다.
인구	일정한 지역에 사는 사람의 수를 말합니다.

(2) **울산광역시의 면적과 인구 특징** 예
　① 동구와 중구의 면적은 비슷한데, 인구는 중구가 많습니다.
　② 울주군은 남구보다 면적이 넓은데, 인구는 남구가 많습니다.
　③ 면적은 울주군이 가장 넓고, 인구는 남구가 가장 많습니다.

(3) **우리나라 여러 지역의 면적과 인구 특징**
　① 우리나라 여러 지역의 면적과 인구는 다릅니다.
　② 지역별로 다양하게 나타나는 면적: 면적이 넓은 지역도 있지만 좁은 지역도 있으며, 면적이 서로 비슷한 지역도 있습니다.
　③ 지역별로 다양하게 나타나는 인구: 인구가 많은 지역도 있지만 적은 지역도 있으며, 인구가 서로 비슷한 지역도 있습니다.

📖 정답과 해설 • 3쪽

초성퀴즈 다음 초성을 보고, 핵심 단어를 위에서 찾아 써 봅시다.

❶ ［ㅎ］［ㅈ］［ㄱ］［ㅇ］ 은 나라를 효율적으로 관리하려고 나누어 놓은 지역입니다.

❷ 우리나라 여러 지역의 ［ㅁ］［ㅈ］ 과 인구는 다릅니다.

1 다음에서 설명하는 것은 무엇인지 쓰시오.

> 나라를 효율적으로 관리하려고 나누어 놓은 지역입니다.

(   )

2 다음은 우리나라 행정구역을 나타낸 지도입니다. 우리나라 여러 지역의 위치에 관한 설명으로 알맞지 <u>않은</u> 것은 어느 것입니까? (   )

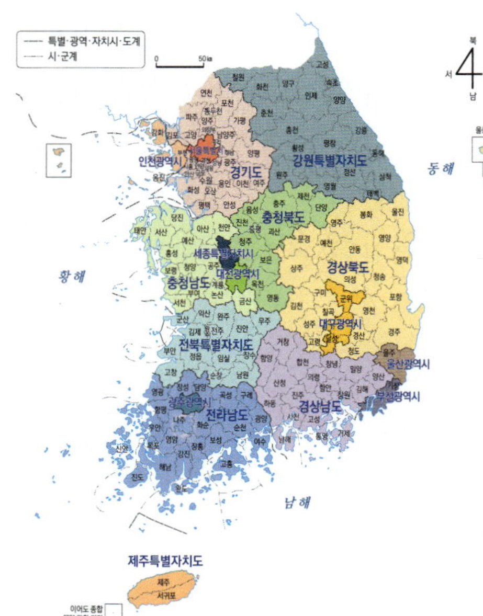

① 충청북도는 경상북도의 서쪽에 있다.
② 강원특별자치도는 경상북도의 북쪽에 있다.
③ 전라남도는 전북특별자치도의 북쪽에 있다.
④ 서울특별시는 경기도, 인천광역시와 맞닿아 있다.
⑤ 대구광역시는 경상북도, 경상남도와 맞닿아 있다.

3 지역의 면적과 인구 특징에 대해 바르게 말한 어린이는 누구인지 쓰시오.

> • **지민**: 지역의 면적이 넓으면 인구도 많아.
> • **서아**: 우리나라 여러 지역의 면적은 모두 같아.
> • **주호**: 인구가 많은 지역도 있고, 적은 지역도 있어.

(   )

5 일차 핵심

❶ (넓은 , 좁은) 범위의 행정구역에는 특별시·광역시·특별자치시·도·특별자치도 등이 있습니다.

❷ 지역의 면적이 넓으면 인구도 많습니다. (O , X)

공부한 날   월   일

6 일차

우리 지역의 지형, 기온과 강수량

오늘 배울 개념 미리 보기

1 우리 지역의 지형

2 계절별 기온과 강수량

3 지역별 기온과 강수량

오늘 배울 용어 알아보기

지형
(地 땅 **지**, 形 모양 **형**)

뜻 산, 평야, 강, 바다, 섬과 같은 땅의 생김새

예 **지형**은 지역마다 다르게 나타납니다.

기온
(氣 기운 **기**, 溫 따뜻할 **온**)

뜻 공기의 온도

예 여름에는 **기온**이 높아 덥습니다.

강수량
(降 내릴 **강**, 水 물 **수**, 量 헤아릴 **량**)

뜻 어떤 곳에 일정 기간 내린 물(눈, 비, 우박, 안개 등)의 양

예 지역에 따라 **강수량**이 다릅니다.

↑ 내장산(전북특별자치도 정읍시)

↑ 김해 평야(경상남도 김해시)

↑ 금강(충청남도 공주시)

↑ 사근진 해변(강원특별자치도 강릉시)

↑ 독도(경상북도 울릉군)

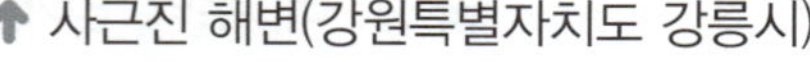

핵심 콕!
- 산, 평야, 강, 바다, 섬 등과 같은 **땅의 생김새**를 지형이라고 합니다.
- 지형은 **지역마다 다양하게** 나타납니다.

**6
일차**

그래프 읽는 방법

① 제목을 보고 그래프가 어떤 정보를 담고 있는지 확인합니다.	② 그래프의 가로와 세로가 각각 무엇을 나타내는지 살펴봅니다.	③ 그래프에서 눈금 한 칸의 크기가 얼마인지 확인합니다.	④ 각각의 막대가 나타내는 양이 얼마인지 읽습니다.

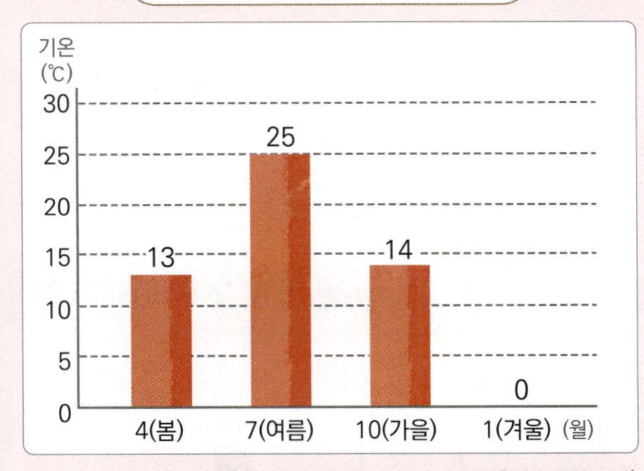

– 기상청(1991~2020년 의령군 월별 평균값)

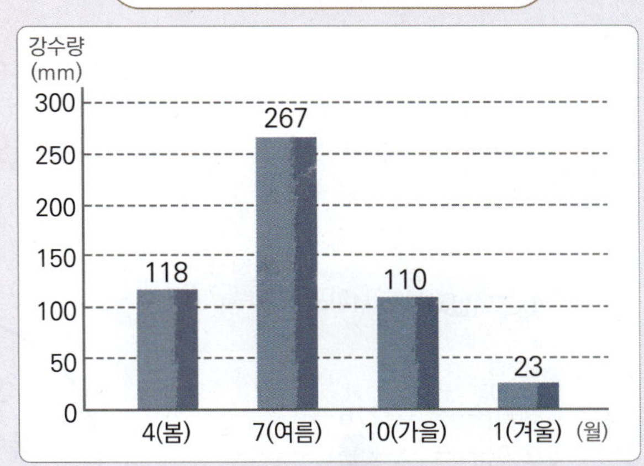

– 기상청(1991~2020년 의령군 월별 평균값)

- 평균 기온이 가장 높은 달은 7월이고, 25℃입니다.
- 평균 기온이 가장 낮은 달은 1월이고, 0℃입니다.

- 평균 강수량이 가장 많은 달은 7월이고, 267mm입니다.
- 평균 강수량이 가장 적은 달은 1월이고, 23mm입니다.

핵심 콕!
- 우리가 사는 지역의 **기온과 강수량은 계절에 따라 다르게 나타납니다.**
- 우리나라는 대체로 여름에는 기온이 높고 강수량이 많으며, 겨울에는 기온이 낮고 강수량이 적습니다.

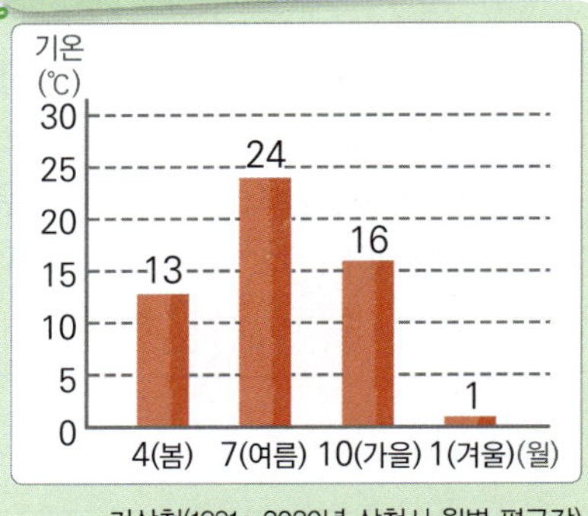

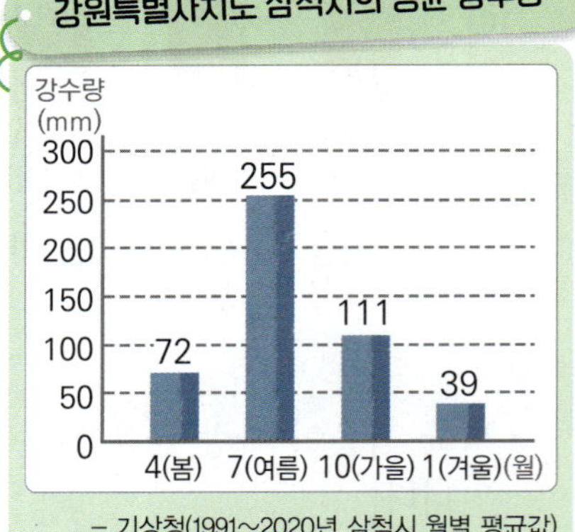

핵심 콕!
- 강원특별자치도 삼척시와 제주특별자치도 서귀포시는 모두 여름에 기온이 가장 높고 겨울에 기온이 가장 낮습니다.
- 강원특별자치도 삼척시와 제주특별자치도 서귀포시는 모두 여름에 강수량이 가장 많고, 겨울에 강수량이 가장 적습니다.
- 같은 계절이라도 **지역에 따라 기온과 강수량이 다르게 나타납니다.**

1 우리 지역의 지형

(1) 지형의 의미: 땅의 생김새를 말합니다.

(2) 지형의 종류

↑ 산

↑ 평야

↑ 강

↑ 바다

↑ 섬

2 계절별 기온과 강수량

(1) 기온과 강수량의 의미

기온	공기의 온도를 말합니다.
강수량	어떤 곳에 일정 기간 내린 물(눈, 비, 우박, 안개 등)의 양을 말합니다.

(2) 우리가 사는 지역의 기온과 강수량은 계절에 따라 다르게 나타납니다.

(3) 우리나라는 대체로 여름에는 기온이 높고 강수량이 많으며, 겨울에는 기온이 낮고 강수량이 적습니다.

3 지역별 기온과 강수량

(1) 강원특별자치도 삼척시와 제주특별자치도 서귀포시의 기온과 강수량 예
　① 두 지역 모두 여름에 기온이 가장 높고 겨울에 기온이 가장 낮습니다.
　② 두 지역 모두 여름에 강수량이 가장 많고, 겨울에 강수량이 가장 적습니다.

(2) 같은 계절이라도 지역에 따라 기온과 강수량이 다르게 나타납니다.

📖 정답과 해설 • 3쪽

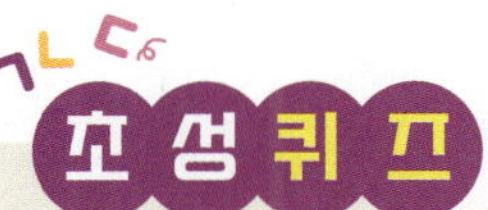

다음 초성을 보고, 핵심 단어를 위에서 찾아 써 봅시다.

❶ 산, 평야, 강, 바다, 섬 등과 같은 땅의 생김새를 ⬚ᄌ ⬚ᄒ 이라고 합니다.

❷ 같은 계절이라도 ⬚ᄌ ⬚ᄋ 에 따라 기온과 강수량이 다르게 나타납니다.

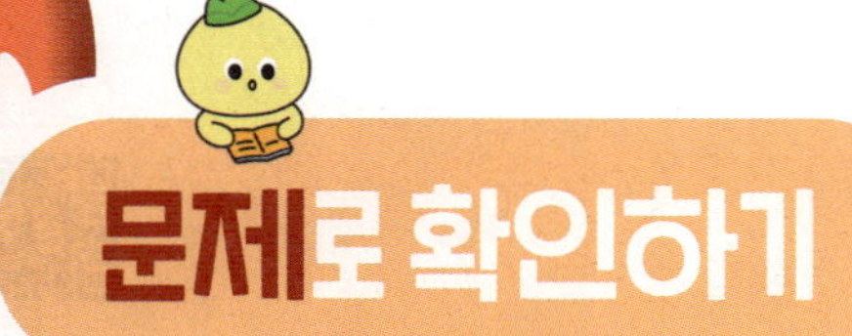

문제로 확인하기

정답과 해설 • 3쪽

1 **다음 사진에 나타난 지형의 이름을 각각 쓰시오.**

(1) 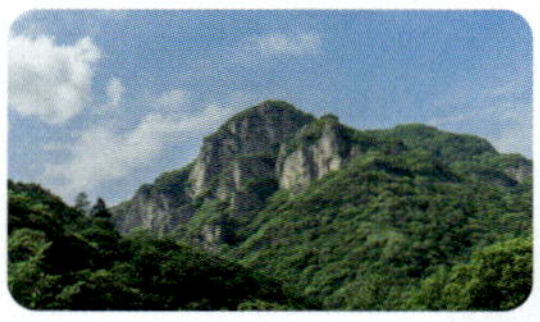
(   )

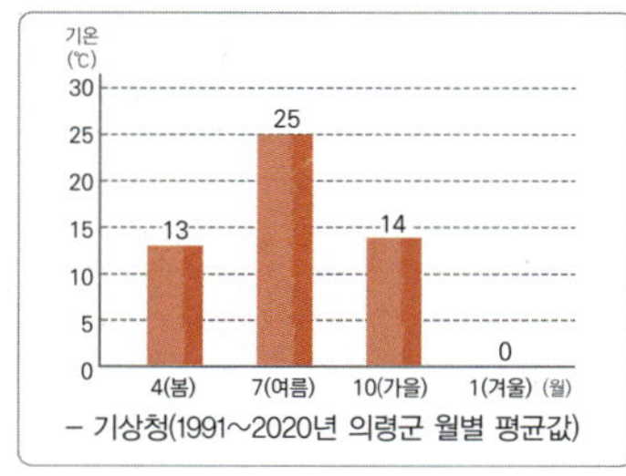

(2) 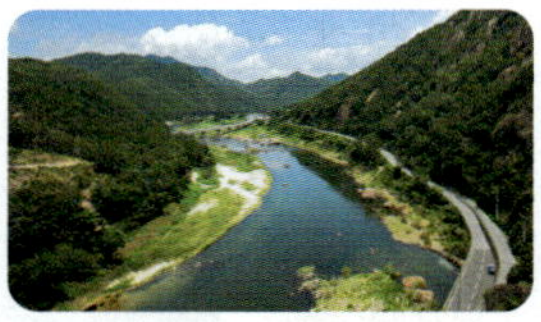
(   )

(3) 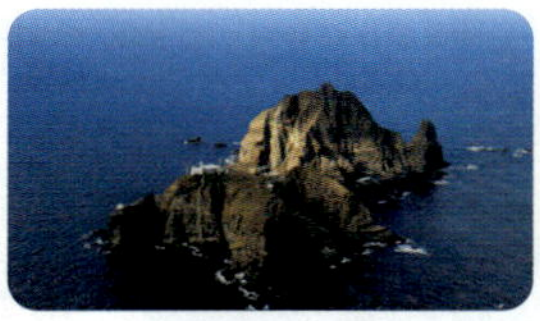
(   )

2 **다음 그래프를 보고 알 수 있는 경상남도 의령군의 기온과 강수량 특징으로 알맞지 않은 것은 어느 것입니까?** (   )

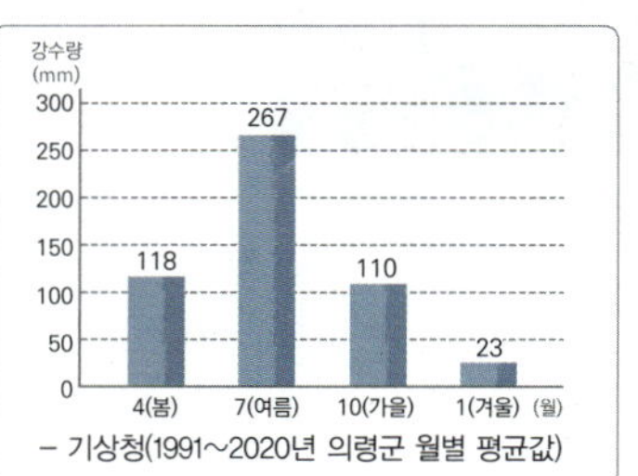

↑ 경상남도 의령군의 평균 기온

↑ 경상남도 의령군의 평균 강수량

① 여름에는 기온이 높다.
② 겨울에는 기온이 낮다.
③ 여름에는 강수량이 매우 적다.
④ 경상남도 의령군의 기온은 계절에 따라 다르게 나타난다.
⑤ 경상남도 의령군의 강수량은 계절에 따라 다르게 나타난다.

3 **다음 두 지역의 평균 기온 그래프를 보고, 겨울에 기온이 더 낮은 지역을 골라 기호를 쓰시오.**

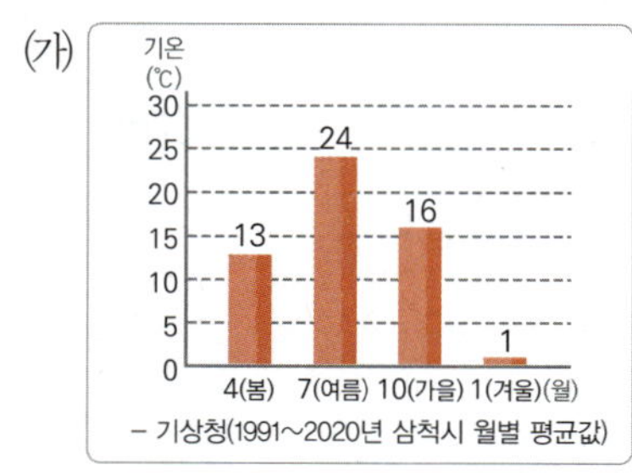

(가)

↑ 강원특별자치도 삼척시

(나) 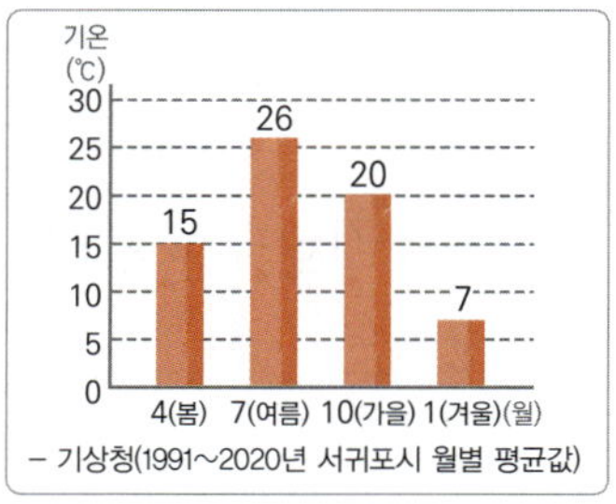

↑ 제주특별자치도 서귀포시

(   )

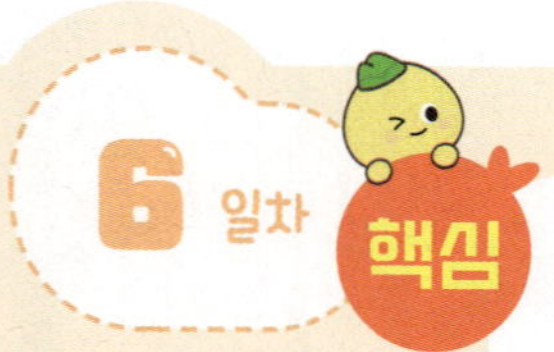

6일차 핵심

❶ 땅의 생김새를 지형이라고 합니다. (○ , X)

❷ 우리가 사는 지역의 기온과 강수량은 계절에 따라 (같게 , 다르게) 나타납니다.

7 일차

지역의 지리 정보를 조사하고, 비교하기

오늘 배울 개념 미리 보기

1 지역의 지리 정보를 조사하는 과정

2 지역의 지리 정보를 조사하는 방법

3 지리 정보를 비교하여 우리 지역의 특징 이해하기

오늘 배울 용어 알아보기

지리 정보

(地 땅 **지**, 理 다스릴 **리**, 情 뜻 **정**, 報 갚을 **보**)

뜻 위치, 면적, 인구, 지형, 기온, 강수량 등 지역에 대한 여러 가지 정보

예 우리 지역의 **지리 정보**는 우리 지역의 특징을 나타냅니다.

비교

(比 견줄 **비**, 較 비교할 **교**)

뜻 둘 이상의 사물을 견주어 서로 간의 공통점이나 차이점 따위를 밝히는 일

예 서로 다른 지역의 지리 정보를 **비교**해 보면 각 지역의 특징이 잘 드러납니다.

지역의 지리 정보를 조사하는 과정

❶ 우리 지역과 비교할 다른 지역 선택하기

우리 지역과 비교할 다른 지역을 선택합니다.

❷ 지리 정보 조사하기

다양한 자료를 이용하여 위치, 면적, 인구, 지형, 기온, 강수량 등 지역의 지리 정보를 조사합니다.

❸ 조사한 내용 정리하기

조사한 지역의 지리 정보를 정리합니다.

핵심 콕! • 지역의 지리 정보를 조사하려면 **우리 지역과 비교할 다른 지역을 선택**하고, **지리 정보를 조사**한 후 **조사한 내용을 정리**합니다.

2 지역의 지리 정보를 조사하는 방법

지도나 디지털 영상지도 살펴보기

국토 정보 플랫폼의 '국토 정보 맵'이나 인터넷 누리집의 지도 서비스에서 지역의 지도나 디지털 영상지도를 살펴봅니다.

지역 누리집 살펴보기

지역 누리집에 접속하여 '지역 소개', '지역 안내' 등의 게시판을 찾아 지역에 관한 정보를 알아봅니다.

통계 자료 살펴보기

국가 통계 포털(KOSIS) 누리집에 접속하여 다양한 통계 자료를 살펴봅니다.

지역에서 만든 홍보물 살펴보기

지역에서 만든 홍보 책자, 영상 등을 살펴봅니다.

핵심 콕! · **지도나 디지털 영상지도, 지역의 누리집, 통계 자료, 지역에서 만든 홍보물** 등 다양한 자료를 이용하여 지역의 지리 정보를 조사할 수 있습니다.

단양군과 울릉군의 지리 정보 비교

위치

울릉군은 바다로 둘러싸인 섬에 자리 잡고 있고, 단양군은 바다와 떨어져 있습니다.

지형

단양군과 울릉군 두 지역 모두 산이 많습니다. 단양군은 울릉군과 다르게 큰 하천이 구불구불 흐르고 있습니다.

강수량

울릉군은 눈이 많이 내려서 겨울에도 강수량이 많습니다. 단양군은 겨울에 강수량이 적은 편입니다.

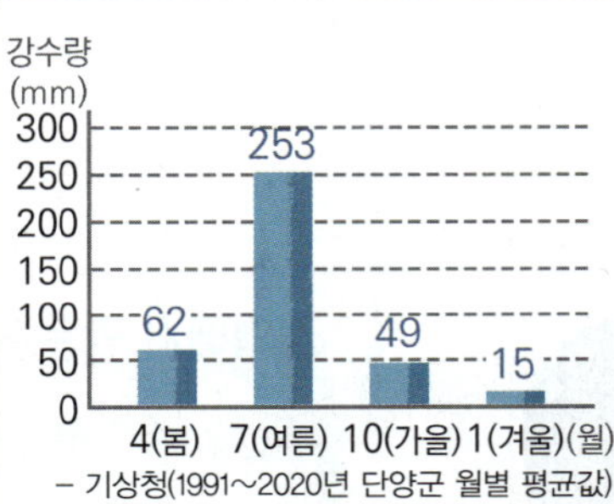

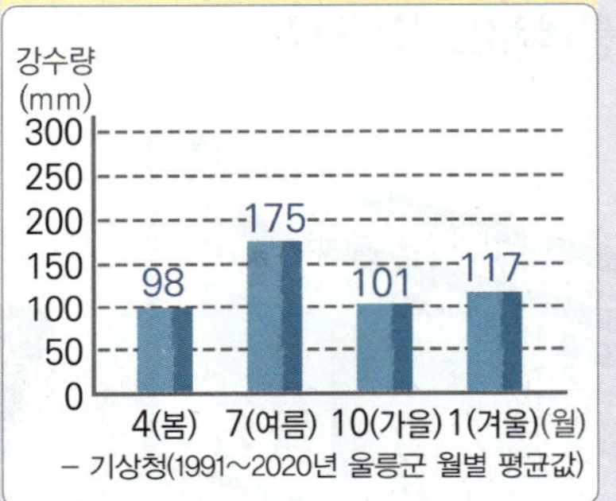

면적과 인구

구분	단양군	울릉군
면적	약 780 ㎢	약 73 ㎢
인구	약 2만 6천 명	약 8천 명

– 통계청, 2023

단양군이 울릉군보다 면적이 넓고 인구가 많습니다.

핵심 콕!

- 우리 지역의 **지리 정보를 다른 지역과 비교**해 보면 **우리 지역의 특징을 알 수 있습니다.**
- 서로 다른 지역의 지리 정보를 비교해 보면 각 지역의 특징이 잘 드러납니다.
- 지역마다 특징이 다르기 때문에 지역들은 서로 **교류**하면서 필요한 도움을 주고받을 수 있습니다.

1 지역의 지리 정보를 조사하는 과정

(1) **지리 정보**: 위치, 면적, 인구, 지형, 기온, 강수량 등 지역에 대한 여러 가지 정보입니다.

(2) **지역의 지리 정보를 조사하는 과정**

| 우리 지역과 비교할 다른 지역 선택하기 | → | 지리 정보 조사하기 | → | 조사한 내용 정리하기 |

2 지역의 지리 정보를 조사하는 방법

(1) 지도나 디지털 영상 지도를 살펴봅니다.

(2) 지역의 누리집을 살펴봅니다.

(3) 통계 자료를 살펴봅니다.

(4) 지역에서 만든 홍보물을 살펴봅니다.

3 지리 정보를 비교하여 우리 지역의 특징 이해하기

(1) **단양군과 울릉군의 지리 정보 비교 예**

위치	울릉군은 바다로 둘러싸인 섬에 자리 잡고 있지만, 단양군은 바다와 떨어져 있습니다.
지형	단양군은 울릉군과 다르게 큰 하천이 구불구불 흐르고 있습니다.
강수량	울릉군은 눈이 많이 내려서 겨울에 강수량이 많지만, 단양군은 겨울에 강수량이 적은 편입니다.
면적과 인구	단양군이 울릉군보다 면적이 넓고 인구가 많습니다.

(2) **지역의 지리 정보를 비교하며 알 수 있는 점**

① 서로 다른 지역의 지리 정보를 비교해 보면 각 지역의 특징이 잘 드러납니다.

② 지역마다 특징이 다르기 때문에 지역들은 서로 교류하면서 필요한 도움을 주고받을 수 있습니다.

초성 퀴즈 다음 초성을 보고, 핵심 단어를 위에서 찾아 써 봅시다.

📖 정답과 해설 • 4쪽

❶ 지도나 디지털 영상지도, 지역의 누리집, 통계 자료, 지역에서 만든 홍보물 등 다양한 자료를 이용하여 지역의 ［ ㅈ ］［ ㄹ ］［ ㅈ ］［ ㅂ ］를 조사할 수 있습니다.

❷ 우리 지역의 지리 정보를 다른 지역과 ［ ㅂ ］［ ㄱ ］해 보면 우리 지역의 특징을 알 수 있습니다.

1 지역의 지리 정보를 조사하는 과정에 맞게 순서대로 기호를 나열한 것은 어느 것입니까? (   )

> ㉠ 지리 정보 조사하기
> ㉡ 조사한 내용 정리하기
> ㉢ 우리 지역과 비교할 다른 지역 선택하기

① ㉠ → ㉡ → ㉢ ② ㉠ → ㉢ → ㉡ ③ ㉡ → ㉠ → ㉢
④ ㉢ → ㉠ → ㉡ ⑤ ㉢ → ㉡ → ㉠

2 지역의 지리 정보를 조사하는 방법이 <u>아닌</u> 것은 무엇입니까? (   )

① 통계 자료 살펴보기 ② 학교 게시판 찾아보기
③ 지역의 누리집 살펴보기 ④ 지역에서 만든 홍보물 살펴보기
⑤ 지도나 디지털 영상지도 살펴보기

3 단양군과 울릉군의 면적과 인구를 정리한 표를 보고 바르게 말한 어린이의 이름을 쓰시오.

구분	단양군	울릉군
면적	약 780㎢	약 73㎢
인구	약 2만 6천 명	약 8천 명

− 통계청, 2023

> • **지호**: 단양군이 울릉군보다 면적이 넓어.
> • **누리**: 단양군이 울릉군보다 인구가 적어.
> • **선우**: 단양군 인구는 울릉군 인구의 약 2배야.

(   )

4 다음 (   ) 안에 들어갈 알맞은 말을 쓰시오.

> 지역마다 특징이 다르기 때문에 지역들은 서로 (   )하면서 필요한 도움을 주고받을 수 있습니다.

(   )

❶ 지도, 지역의 누리집, 통계 자료, 지역에서 만든 홍보물 등 다양한 자료를 이용하여 지역의 지리 정보를 조사할 수 있습니다. (O , X)

❷ 우리 지역의 지리 정보를 다른 지역과 비교해 보면 우리 지역의 특징을 알 수 있습니다. (O , X)

1일차

다양한 정보가 담긴 지도

- (㉠   ): 위에서 내려다본 땅의 모습을 일정하게 줄여 정해진 약속에 따라 나타낸 그림
- **다양한 지도의 종류**: 약도, 안내도, 노선도, 길 도우미 지도 등

2~3일차

방위표, 기호, 범례, 축척

- **의미**

방위표	방위를 나타내는 표시
기호	땅의 생김새나 건물, 도로 등을 지도에 쉽게 나타내려고 간단히 그린 그림
범례	지도에 사용된 여러 가지 기호와 그 뜻을 한곳에 모아 놓은 것
(㉡)	지도에서 실제 거리를 줄인 정도

- **축척이 다른 두 지도 비교**: 실제 거리를 많이 줄인 지도는 넓은 지역을 간략하게 보여 주고, 실제 거리를 조금 줄인 지도는 좁은 지역을 자세하게 보여 줌.

4일차

등고선, 생활 속 다양한 지도

- **지도에서 땅의 높낮이를 나타내는 방법**: 지도에서 높이가 같은 곳을 연결한 선인 (㉢   )과 색깔을 이용하여 나타냄.
- **생활 속 다양한 지도를 활용하는 모습**

박물관 안내도	박물관 시설과 전시실의 위치를 확인할 수 있음.
지하철 노선도	노선의 방향과 역의 위치를 확인할 수 있음.
일기 예보 지도	여러 지역의 위치와 날씨 정보를 함께 확인할 수 있음.
길 도우미 지도	목적지까지 가는 길과 가는 데 걸리는 시간을 확인할 수 있음.

5일차

우리 지역의 위치, 면적과 인구

- (㉣   ): 나라를 효율적으로 관리하려고 나누어 놓은 지역
- **우리 지역의 위치, 면적, 인구**
  ① 행정구역을 나타낸 지도에서 우리나라에 있는 여러 지역의 위치를 알 수 있음.
  ② 우리나라 여러 지역의 면적과 인구는 다름.

6일차

우리 지역의 지형, 기온과 강수량

- (㉤   ): 산, 평야, 강, 바다, 섬 등 땅의 생김새
- **기온**: 공기의 온도
- **강수량**: 어떤 곳에 일정 기간 내린 물(눈, 비, 우박, 안개 등)의 양
- **계절별, 지역별 기온과 강수량**

계절별 기온과 강수량	지역의 기온과 강수량은 계절에 따라 다르게 나타남.
지역별 기온과 강수량	같은 계절이라도 지역에 따라 기온과 강수량이 다르게 나타남.

7일차

지역의 지리 정보를 조사하고, 비교하기

- (㉥   ): 위치, 면적, 인구, 지형, 기온, 강수량 등 지역에 대한 여러 가지 정보
- **지역의 지리 정보를 조사하는 과정**: 우리 지역과 비교할 다른 지역 선택하기 → 지리 정보 조사하기 → 조사한 내용 정리하기
- **지역의 지리 정보를 조사하는 방법**: 지도나 디지털 영상 지도, 지역 누리집, 통계 자료, 지역 홍보물 살펴보기
- **지역의 지리 정보를 비교하며 알 수 있는 점**: 서로 다른 지역의 지리 정보를 비교해 보면 각 지역의 특징이 잘 드러남.

정답 ㉠ 지도 ㉡ 축척 ㉢ 등고선 ㉣ 행정구역 ㉤ 지형 ㉥ 지리 정보

단원 평가

1. 지도로 만나는 우리 지역

정답과 해설 • 4쪽

[1~2] 다음 자료를 보고 물음에 답하시오.

(가)

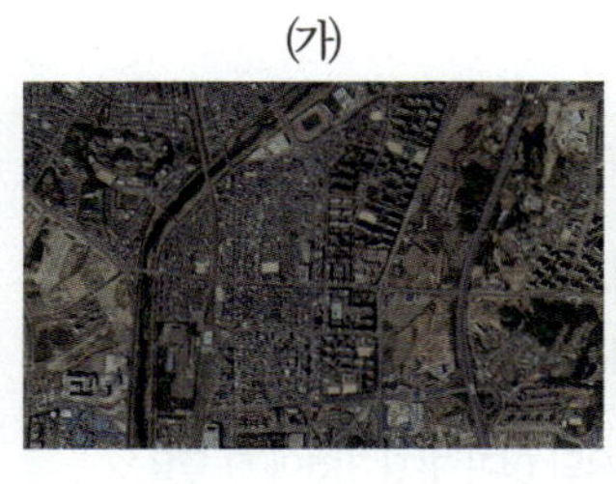

(나)

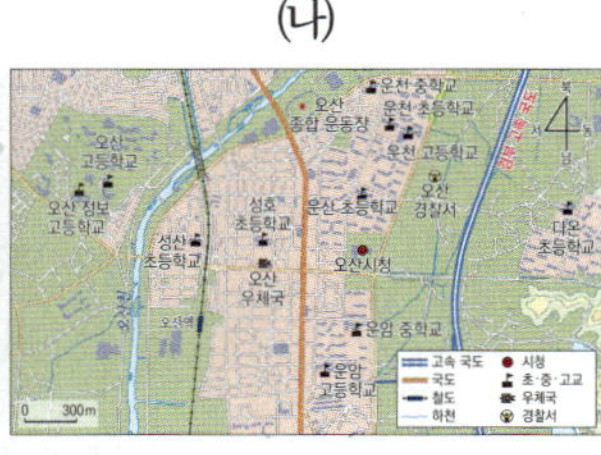

1 (가), (나) 중 땅의 실제 모습이 나타나 있는 것의 기호를 쓰시오.

(   )

서술형

2 (나)의 특징을 한 가지만 쓰시오.

____

____

3 지도에 나타난 여러 가지 정보를 <u>잘못</u> 말한 어린이는 누구입니까? (   )

① 소은: 숫자 '4'처럼 생긴 표시는 동서남북 방향을 알려 줘.

② 성민: 지도에 쓰여 있는 숫자를 보면 그 지역의 인구를 알 수 있어.

③ 여름: 지도의 막대 모양 표시는 실제 거리를 얼마나 줄였는지 알려 줘.

④ 선우: 구불구불한 선과 색깔, 숫자로 땅의 높이가 높은 곳과 낮은 곳을 알 수 있어.

⑤ 지훈: 지도에 사용된 그림들을 모아 놓은 것을 살펴보면 각 그림의 의미를 알 수 있어.

중요

4 다음 ㉠, ㉡에 들어갈 알맞은 말을 각각 쓰시오.

(㉠)은/는 방향의 위치로, 동서남북이 있습니다. (㉡)은/는 방향을 나타내는 표시입니다.

㉠: (   ) ㉡: (   )

5 다음 (   ) 안에 들어갈 알맞은 말을 쓰시오.

위 지도처럼 정보를 글자로 나타내면 지도에 글자가 너무 많아서 원하는 정보를 한눈에 찾기 어렵습니다. 따라서 땅의 생김새나 건물, 도로 등을 지도에 쉽게 나타내려고 간단히 그린 그림인 (   )을/를 사용하면 지도에 담긴 정보를 쉽고 정확하게 찾을 수 있습니다.

(   )

6 다음 지도에서 나타내는 기호와 그 뜻을 바르게 선으로 연결하시오.

(1) [깃발 기호]   •   • ㉠ 밭

(2) [벼 기호]   •   • ㉡ 공장

(3) [톱니바퀴 기호]   •   • ㉡ 학교

7 다음 (   )에 들어갈 알맞은 거리는 무엇입니까? (   )

축척이 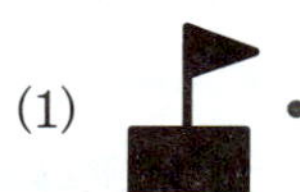인 지도에서 1cm는 실제 거리 (   )입니다.

① 1km   ② 2km   ③ 3km

④ 4km   ⑤ 5km

8 다음 ⑦, ⑭ 지도에 대한 설명으로 알맞은 것은 어느 것입니까? ( )

(가)

(나)

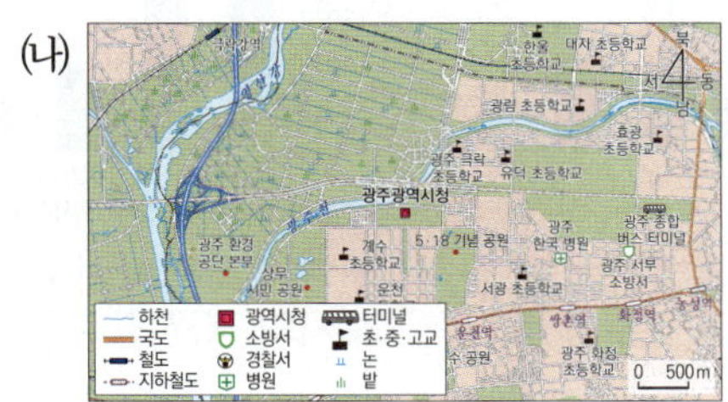

① ㈎와 ㈏는 축척이 다른 지도이다.
② ㈎는 좁은 지역을 자세하게 보여 준다.
③ ㈎는 실제 거리를 조금 줄인 지도이다.
④ ㈏는 넓은 지역을 간략하게 보여 준다.
⑤ ㈏는 실제 거리를 많이 줄인 지도이다.

9 다음 보기 에서 등고선에 대한 설명으로 알맞은 것을 골라 기호를 쓰시오.

보기
㉠ 지도에서 실제 거리를 줄인 정도이다.
㉡ 지도에서 높이가 같은 곳을 연결한 선이다.
㉢ 땅의 생김새나 건물, 도로 등을 지도에 쉽게 나타내려고 간단히 그린 그림이다.

( )

10 다음은 어떤 지도를 활용하는 모습인지 쓰시오.

( )

11 다음 ( ) 안에 들어갈 알맞은 말을 쓰시오.

( )은/는 나라를 효율적으로 관리하려고 나누어 놓은 지역입니다.

( )

12 다음 ㉠, ㉡에 들어갈 알맞은 말을 각각 쓰시오.

← 충청북도의 행정구역

단양군은 충청북도 안에서 (㉠)쪽에 있으며, 단양군의 서쪽에는 (㉡)이/가 있습니다.

㉠: ( ) ㉡: ( )

[13~14] 다음 울산광역시 면적과 인구를 보고 물음에 답하시오.

구분	면적(2022년)	인구(2022년)
남구	약 74㎢	약 31만 명
동구	약 36㎢	약 15만 명
북구	약 157㎢	약 22만 명
중구	약 37㎢	약 20만 명
울주군	약 758㎢	약 22만 명

– 통계청, 2023

13 울산광역시에서 면적이 가장 넓은 지역은 어디입니까? ( )

① 남구   ② 동구   ③ 북구
④ 중구   ⑤ 울주군

◀ 서술형

14 동구와 중구의 면적과 인구가 어떠한지 비교하여 쓰시오.

중요
15 다음 (   ) 안에 들어갈 알맞은 말은 무엇입니까? (   )

> 산, 평야, 강, 바다, 섬 등과 같은 땅의 생김새를 (   )(이)라고 합니다.

① 면적　　② 인구　　③ 지도
④ 지형　　⑤ 행정구역

[16~17] 다음 그래프를 보고 물음에 답하시오.

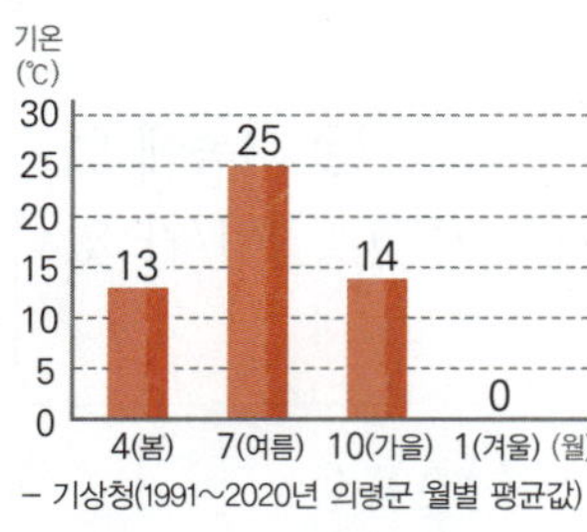

↑ 경상남도 의령군의 평균 기온

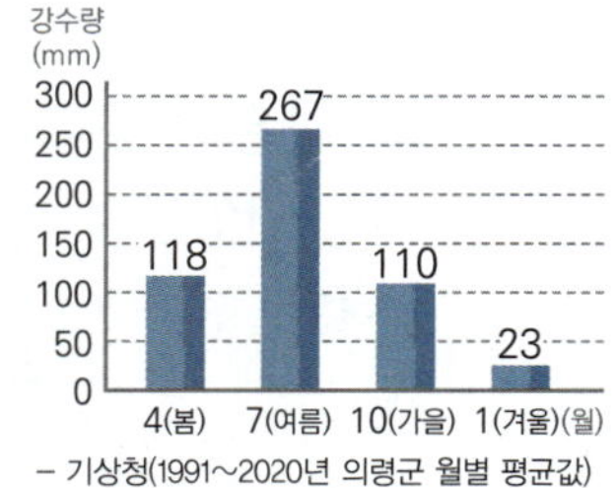

↑ 경상남도 의령군의 평균 강수량

16 위 그래프를 보고 알 수 있는 의령군의 평균 기온과 강수량에 대한 설명으로 알맞은 것은 어느 것입니까? (   )

① 평균 기온이 가장 높은 달은 1월이다.
② 평균 기온이 가장 낮은 달은 7월이다.
③ 평균 강수량이 가장 적은 달은 4월이다.
④ 평균 강수량이 가장 많은 달은 7월이다.
⑤ 의령군은 일 년 내내 평균 기온과 평균 강수량이 비슷하게 나타난다.

17 위 그래프를 보고 계절별 기온과 강수량에 대해 <u>잘못</u> 말한 어린이는 누구인지 쓰시오.

> • 선아: 여름에는 기온이 높아.
> • 재희: 겨울에는 강수량이 많아.
> • 수지: 기온과 강수량은 계절에 따라 다르게 나타나.

(   )

18 다음 ㈎, ㈏ 그래프를 보고, 겨울 강수량이 더 많은 지역의 그래프를 골라 기호를 쓰시오.

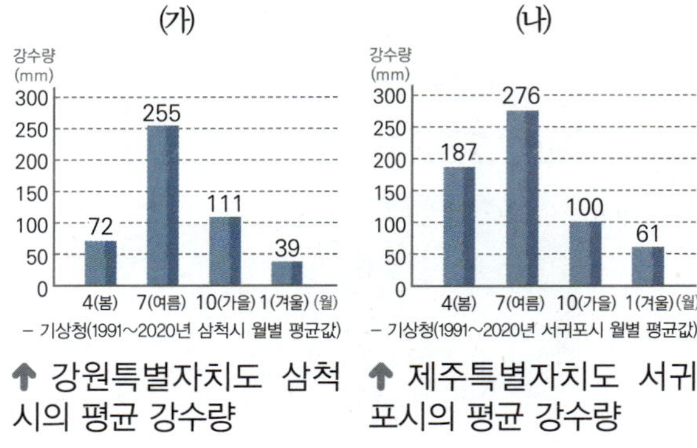

↑ 강원특별자치도 삼척시의 평균 강수량　↑ 제주특별자치도 서귀포시의 평균 강수량

(   )

19 다음은 지리 정보를 조사하는 과정 중 어느 단계에 해당하는지 다음 보기 에서 골라 기호를 쓰시오.

> 보기
> ㉠ 지리 정보 조사하기
> ㉡ 조사한 내용 정리하기
> ㉢ 우리 지역과 비교할 다른 지역 선택하기

(   )

서술형
20 지역의 지리 정보를 비교하며 알 수 있는 점을 두 가지 쓰시오.

____

____

8 일차 국가유산의 의미와 종류

오늘 배울 개념 미리 보기

1 국가유산의 의미

2 문화유산과 무형유산

3 자연유산

오늘 배울 용어 알아보기

문화유산
(文 글자 **문**, 化 될 **화**, 遺 남길 **유**, 産 낳을 **산**)

뜻 형태가 있는 국가유산

예 건축물이나 그림, 책, 공예품 등은 형태가 있는 **문화유산**입니다.

무형유산
(無 없을 **무**, 形 형태 **형**, 遺 남길 **유**, 産 낳을 **산**)

뜻 형태가 없는 국가유산

예 음악이나 무용, 연극, 기술 등은 형태가 없는 **무형유산**입니다.

자연유산
(自 저절로 **자**, 然 그러할 **연**, 遺 남길 **유**, 産 낳을 **산**)

뜻 자연물, 자연환경과 상호 작용으로 만들어진 국가유산

예 국가유산에는 문화유산과 무형유산, **자연유산**이 있습니다.

문화유산 + 무형유산 + 자연유산

남한산성

조선 시대에 수도인 한성을 지키기 위해 지은 산성입니다.

↳ 적을 방어하기 위하여 높고 험한 산 위에 쌓은 성

봉산 탈춤

여러 가지 탈을 쓰고 춤을 추는 서민들의 놀이입니다.

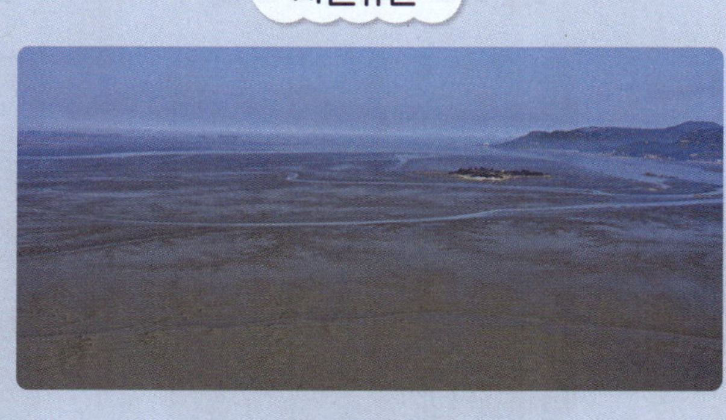

갯벌

우리나라의 서·남해안에 위치한 지형으로, 철새를 포함한 다양한 생물이 살고 있습니다.

↳ 계절을 따라 이리저리 옮겨 다니며 사는 새

핵심 콕!

- 옛날부터 전해 내려오는 것 중에서 **후손에게 물려줄 만한 가치가 있는 것**을 국가유산이라고 합니다.
- 국가유산에는 **문화유산**과 **무형유산**, **자연유산**이 있습니다.

8일차

문화유산

창덕궁 인정전
약 600년 전 조선 시대에 지어진 궁궐입니다.

청자 상감 운학문 매병
고려 시대에 만든 푸른 빛의 도자기입니다.

실용적이면서 예술적 가치가 있게 만든 물건

『동의보감』
조선 시대에 의사였던 허준이 지은 의학 책입니다.

부여 정림사지 오층 석탑
돌을 깎아 아름답게 만든 백제 시대의 탑입니다.

무형유산

종묘 제례악
조선 시대 역대 왕의 제사를 지낼 때 연주하던 음악입니다.

강강술래
여러 사람이 손을 잡고 돌면서 노래를 부르는 민속놀이입니다.

한산 모시 짜기
모시풀의 줄기에서 뽑은 실로 옷감을 짜는 기술입니다.

더운 여름철에 입으면 시원하고 쾌적한 느낌을 주는 우리나라 전통 옷감

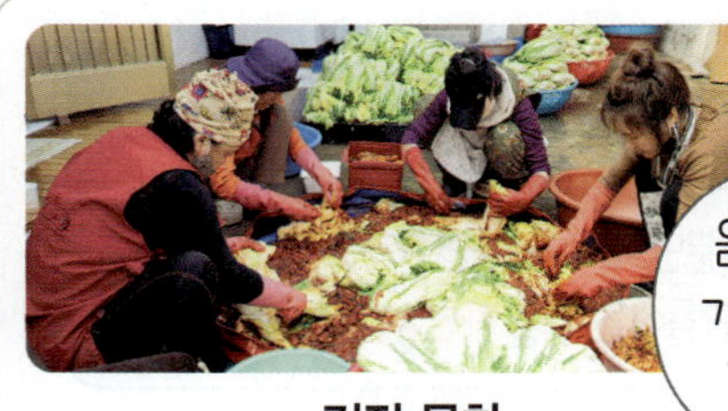

김장 문화
겨울에 미리 김치를 많이 담가 보관하는 전통문화입니다.

핵심 콕!
- 문화유산은 **건축물, 그림, 책, 공예품 등**과 같이 **형태가 있는 것**입니다.
- 무형유산은 **음악이나 무용, 연극, 놀이, 기술 등**과 같이 **형태가 없는 것**입니다.

담양 소쇄원(전라남도 담양군)

옛날 사람들이 자연환경과 조화롭게 만든 아름다운 정원입니다.

제주 화산섬과 용암 동굴(제주특별자치도)

화산 활동으로 만들어진 제주도와 여러 개의 오름, 용암 동굴을 말합니다.

▶ 둘레의 땅보다 높이 솟아 있는 땅덩이

부안 채석강·적벽강(전북특별자치도 부안군)

강한 파도에 깎여 만들어진 바닷가 절벽으로, 책을 가지런히 쌓아놓은 것과 같은 모습을 하고 있습니다.

핵심 콕! · 자연유산은 그 가치를 인정하고 보호해야 할 동물, 식물, 지형 등 **자연물뿐만 아니라 자연환경과 상호 작용으로 만들어진 문화적 유산**입니다.

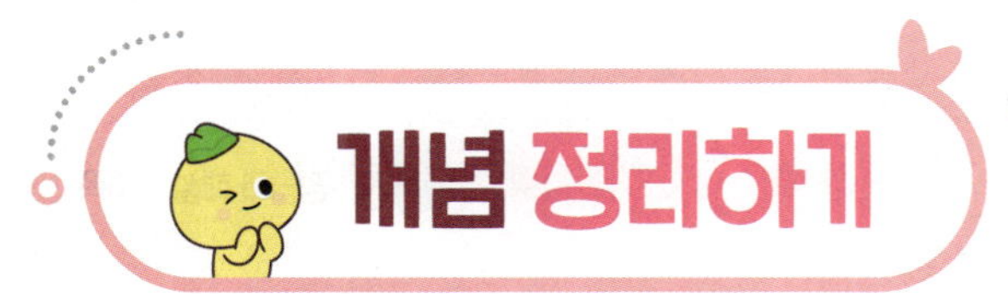
개념 정리하기

1 국가유산의 의미

(1) **국가유산**: 옛날부터 전해 내려오는 것 중에서 후손에게 물려줄 만한 가치가 있는 것입니다.

(2) **국가유산의 종류**: 문화유산, 무형유산, 자연유산이 있습니다.

2 문화유산과 무형유산

구분	문화유산	무형유산
의미	건축물, 그림, 책, 공예품 등과 같이 형태가 있는 것입니다.	음악이나 무용, 연극, 놀이, 기술 등과 같이 형태가 없는 것입니다.
종류	남한산성, 창덕궁 인정전, 청자 상감 운학문 매병, 『동의보감』, 부여 정림사지 오층 석탑 등이 있습니다.	봉산 탈춤, 종묘 제례악, 강강술래, 한산 모시 짜기, 김장 문화 등이 있습니다.

↑ 창덕궁 인정전

↑ 종묘 제례악

3 자연유산

구분	
의미	자연물뿐만 아니라 자연환경과 상호 작용으로 만들어진 것입니다.
종류	갯벌, 제주 화산섬과 용암 동굴, 담양 소쇄원, 부안 채석강과 적벽강 등이 있습니다.

↑ 제주 화산섬과 용암 동굴

초성 퀴즈 다음 초성을 보고, 핵심 단어를 위에서 찾아 써 봅시다.

📖 정답과 해설 • 5쪽

❶ 옛날부터 전해 내려오는 것 중에서 후손에게 물려줄 만한 ⌐ᄎ 가 있는 것을 국가유산이라고 합니다.

❷ 국가유산에는 문화유산, ᄆᄒᄋᄉ , 자연유산이 있습니다.

문제로 확인하기

1 다음 (   ) 안에 들어갈 알맞은 말을 쓰시오.

> (   )은/는 옛날부터 전해 내려오는 것 중에서 후손에게 물려줄 만한 가치가 있는 것입니다.

(   )

2 다음 보기 에서 문화유산에 해당하는 것을 모두 골라 기호를 쓰시오.

보기

㉠ 김장 문화

㉡ 창덕궁 인정전

㉢ 청자 상감 운학문 매병

(   )

3 다음에서 설명하는 국가유산은 무엇입니까? (   )

> 조선 시대 역대 왕의 제사를 지낼 때 연주하던 음악입니다.

① 강강술래 ② 김장 문화 ③ 봉산 탈춤
④ 종묘 제례악 ⑤ 한산 모시 짜기

4 국가유산에 대한 설명으로 알맞지 <u>않은</u> 것은 어느 것입니까? (   )

① 형태가 있는 것을 문화유산이라고 한다.
② 후손에게 물려줄 만한 가치가 있는 것이다.
③ 문화유산과 무형유산, 자연유산으로 구분할 수 있다.
④ 형태가 없는 음악이나 기술은 국가유산이 될 수 없다.
⑤ 자연물이나 자연환경과 상호 작용으로 만들어진 것도 국가유산이다.

8 일차 핵심

❶ 옛날부터 전해 내려오는 것은 모두 국가유산입니다. (O , X)

❷ 건축물, 그림, 책, 공예품 등과 같이 형태가 있는 것을 (문화유산 , 무형유산) 이라고 합니다.

9 일차

국가유산의 가치

오늘 배울 개념 미리 보기

1 역사적 가치가 담긴 국가유산

2 과학적 가치가 담긴 국가유산

3 예술적 가치가 담긴 국가유산

4 생태적 가치가 담긴 국가유산

오늘 배울 용어 알아보기

가치
(價 값 **가**, 値 걸맞을 **치**)

뜻 사물이나 대상이 지니고 있는 중요성

예 국가유산에는 다양한 **가치**가 담겨 있습니다.

역사
(歷 지날 **역**, 史 기록된 문서 **사**)

뜻 과거에 일어났던 사실이나 과거 사실의 기록

예 국가유산에는 지역의 **역사**와 특징이 담겨 있습니다.

달성 도동 서원

조선 시대의 교육 기관인 달성 도동 서원은 옛날 학교의 모습과 서원을 거쳐간 학자들의 업적, 기록물 등을 오늘날까지 이어 오고 있습니다.

서울 북한산 신라 진흥왕 순수비

신라의 진흥왕이 오늘날 서울 지역을 차지한 뒤 이곳에 방문한 것을 기념하여 세운 비석입니다. 순수비를 통해 지역의 역사를 알 수 있습니다.

『조선왕조실록』

『조선왕조실록』은 조선의 역대 왕별로 일어난 일을 기록한 역사책입니다. 과거에 있었던 일을 알려 주는 자료로서 역사적인 의미가 있습니다.

종묘

조선의 왕들이 조상에게 제사를 지내던 곳인 종묘는 오랜 시간 동안 잘 보존되어 예전의 모습을 이어 오고 있습니다.

핵심 콕!
- 국가유산에는 우리 **지역의 역사와 특징**이 담겨 있습니다.
- 국가유산은 **과거와 현재를 이어 주는 귀중한 자료**가 됩니다.

2 과학적 가치가 담긴 국가유산

경주 석빙고

얼음을 저장하려고 만든 창고입니다. 얼음을 오랫동안 차갑게 보관할 수 있었던 석빙고의 구조에는 옛날 사람들의 지혜가 담겨 있습니다.

합천 해인사 장경판전

대장경판을 보관하려고 만든 건물입니다. 바람이 잘 통하고, 습도를 조절하도록 과학적으로 만들어졌습니다.

수원 화성

조선 시대에 거중기와 녹로 등 새로운 과학 기술을 활용하여 지은 성곽입니다. 당시의 우수한 과학 기술을 알 수 있습니다.

무거운 물건을 들어 올리는 데에 쓰던 기계

높은 곳으로 물건을 올리거나 끌어당길 때 쓰던 기계

온돌

우리나라의 전통적 난방 방법인 온돌은 뜨거운 공기가 이동하는 방향을 생각하여 만들었습니다. 온돌의 구조에는 과학적 가치가 담겨 있습니다.

핵심 콕!  국가유산은 **옛날 사람들의 지혜와 과학 기술**을 담고 있어 과학적 가치가 있습니다.

3 예술적 가치가 담긴 국가유산

경상북도 경주시 황남동에
있는 신라 왕의 무덤

경주 성덕 대왕 신종

정교한 조각과 화려한 무늬
가 새겨져 있습니다.

정선의 금강산 그림

금강산의 모습을 생생하고
세밀하게 표현하였습니다.

금관(황남대총 북분)

정교한 조각과 화려한 장식
이 돋보입니다.

핵심 콕!
- 국가유산에는 **옛날 사람들의 뛰어난 예술 감각**이 담겨 있어 예술적으로 가치를 인정받기도 합니다.

동물이나 식물이 살아가는 모양이나 상태

4 생태적 가치가 담긴 국가유산

숨을 참고 바닷속에 들어가 전복, 미역 등 해산물을 따는 것을 직업으로 하는 사람

해녀

바다 환경을 보호하기 위해 노력
하고, 자연 친화적인 방법으로 해
산물을 얻습니다.

남원 광한루

경치 좋은 곳에서 쉴 수 있도록 지은
건물로, 정원과 주변 자연환경이 잘
어우러지는 특징이 있습니다.

핵심 콕!
- 국가유산에는 **자연환경과 더불어 살아온 옛날 사람들의 모습**이 담겨 있어 생태적 가치가 있습니다.

개념 정리하기

1 역사적 가치가 담긴 국가유산

달성 도동 서원 (대구광역시 달성군)	옛날 학교의 모습과 학자들의 업적, 기록물 등을 오늘날까지 이어 오고 있습니다.
『조선왕조실록』	조선의 역대 왕별로 일어난 일을 기록하고 있어, 과거에 있었던 일을 알려 주는 자료로서 역사적인 의미가 있습니다.
서울 북한산 신라 진흥왕 순수비 (서울특별시)	신라의 진흥왕이 오늘날 서울 지역을 차지한 뒤 이곳에 방문한 것을 기념하여 세운 비석으로, 순수비를 통해 지역의 역사를 알 수 있습니다.

2 과학적 가치가 담긴 국가유산

경주 석빙고 (경상북도 경주시)	얼음을 오랫동안 차갑게 보관할 수 있었던 석빙고의 구조에는 옛날 사람들의 지혜가 담겨 있습니다.
수원 화성 (경기도 수원시)	조선 시대에 새로운 과학 기술을 활용하여 지은 성곽으로, 당시의 우수한 과학 기술을 알 수 있습니다.
온돌	우리나라의 전통적 난방 방법으로, 뜨거운 공기가 이동하는 방향을 생각하여 만든 온돌의 구조에는 과학적 가치가 담겨 있습니다.

3 예술적 가치가 담긴 국가유산

경주 성덕 대왕 신종 (경상북도 경주시)	종에 새겨진 정교한 조각과 화려한 무늬에서 조상들의 예술 감각을 볼 수 있습니다.
정선의 금강산 그림	금강산의 모습을 생생하고 세밀하게 표현하였습니다.

4 생태적 가치가 담긴 국가유산

해녀	바다 환경을 보호하기 위해 노력하고, 자연 친화적인 방법으로 해산물을 얻습니다.
남원 광한루 (전북특별자치도 남원시)	경치 좋은 곳에서 쉴 수 있도록 지은 건물로, 정원과 주변 자연환경이 잘 어우러지는 특징이 있습니다.

초성 퀴즈 다음 초성을 보고, 핵심 단어를 위에서 찾아 써 봅시다.

📖 정답과 해설 • 6쪽

❶ 우리나라의 전통적 난방 방법인 [ㅇ] [ㄷ] 의 구조에는 과학적 가치가 담겨 있습니다.

❷ 화려한 무늬가 새겨져 있는 경주 성덕 대왕 신종은 [ㅇ] [ㅅ] 적 가치가 담긴 국가유산입니다.

1 다음 (　　　) 안에 들어갈 알맞은 말을 쓰시오.

> 『조선왕조실록』은 조선의 역대 왕별로 일어난 일을 기록한 역사책으로, 과거에 있었던 일을 알려 주는 자료로서 (　　　　　)인 의미가 있습니다.

(　　　　　　　)

2 다음에서 설명하는 국가유산의 가치는 무엇인지 쓰시오.

> • 석빙고는 얼음을 오랫동안 차갑게 보관하기 위해 만들었습니다.
> • 온돌은 뜨거운 공기가 이동하는 방향을 생각하여 만들었습니다.

(　　　　　　　)

3 다음 국가유산에 대한 설명으로 알맞지 <u>않은</u> 것은 어느 것입니까?　(　　)

↑ 경주 성덕 대왕 신종

① 금강산의 모습이 담겨 있다.
② 경상북도 경주시에 있는 종이다.
③ 예술적 가치가 담긴 국가유산이다.
④ 정교한 조각과 화려한 무늬가 새겨져 있다.
⑤ 옛날 사람들의 뛰어난 예술 감각을 알 수 있다.

4 생태적 가치가 담긴 국가유산을 두 가지 고르시오.　(　　,　　)

① 해녀　　　　　② 온돌　　　　　③ 경주 석빙고
④ 남원 광한루　　⑤ 정선의 금강산 그림

9 일차　**핵심**

❶ 국가유산을 살펴보면 우리 조상들의 생활 모습과 지혜, 우리 지역의 역사와 특징 등을 알 수 있습니다.　（ O , X ）

❷ 국가유산에는 옛날 사람들의 과학 기술, 예술 감각 등이 담겨 있습니다.　（ O , X ）

10일차

우리 지역의 국가유산을 조사하고, 소개하기

오늘 배울 개념 미리 보기

1 지역의 국가유산 조사하기

2 지역의 국가유산 소개하기

오늘 배울 용어 알아보기

면담
(面 얼굴 **면**, 談 이야기 **담**)

뜻 궁금한 점을 알려고 직접 만나서 이야기를 나눔.

예 지역의 국가유산을 조사하려면 국가유산을 잘 아는 사람과 **면담**합니다.

답사
(踏 밟을 **답**, 査 조사할 **사**)

뜻 현장에 가서 직접 보고 조사함.

예 지역의 국가유산을 조사하기 위해 모둠 친구들과 **답사**를 갑니다.

지역의 국가유산을 조사하는 방법

누리집에서 검색하기

국가유산과 관련된 기관의 누리집에서 국가유산을 검색합니다.

책이나 기록물 찾아보기

국가유산과 관련이 있는 책이나 신문, 소식지 등 기록물을 찾아봅니다.

└ 어떤 단체의 새로운 소식을 알리는 인쇄물

면담하기

국가유산을 자세히 아는 사람이나 무형유산 보유자를 만나 여쭈어봅니다.

└ 어떤 것을 가지고 있거나 간직하고 있는 사람

답사하기

국가유산이 있는 장소에 직접 찾아가 살펴봅니다.

지역의 국가유산 조사하기

1. 조사 계획 세우기 예) 조사 계획서

조사 대상	경기도 광주시에 있는 남한산성		조사 날짜	20□□년 ○○월 △△일
조사 방법	어린이·청소년 국가유산청 누리집 검색		조사할 내용	국가유산의 특징, 국가유산에 담긴 가치 등
역할 나누기	**이름** / 이수아 / 김하진 / 박준서	**역할** / 누리집을 검색하여 자료 정리하기 / 도서관에서 책을 찾아 내용 정리하기 / 관련 사진 찾기	주의할 점	• 인터넷에서 찾은 내용과 사진의 출처를 함께 적어 둘 것 • 누리집에 제시된 많은 자료 가운데 중요한 자료만 수집할 것

 예 누리집에서 검색하기

'어린이·청소년 국가유산청' 누리집에 방문하여 '지식' → '우리 지역 국가유산'을 선택합니다.

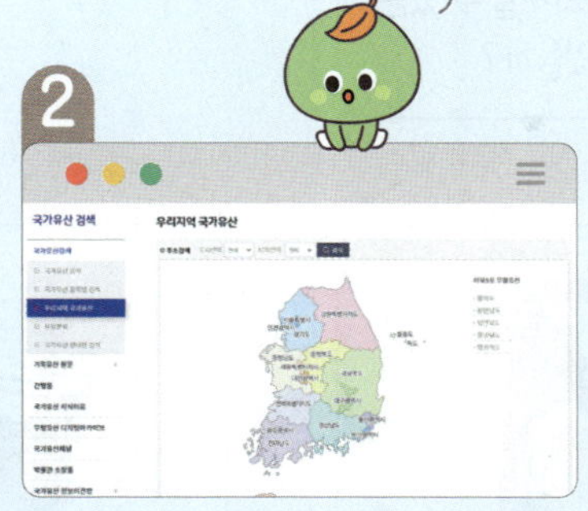

지도에서 우리 지역을 누르거나 주소 검색에서 '도시', '지역'을 차례로 선택합니다.

우리 지역의 국가유산 중에서 조사할 국가유산을 정한 뒤 사진과 설명 등 정보를 확인합니다.

3. 조사한 내용 정리하기

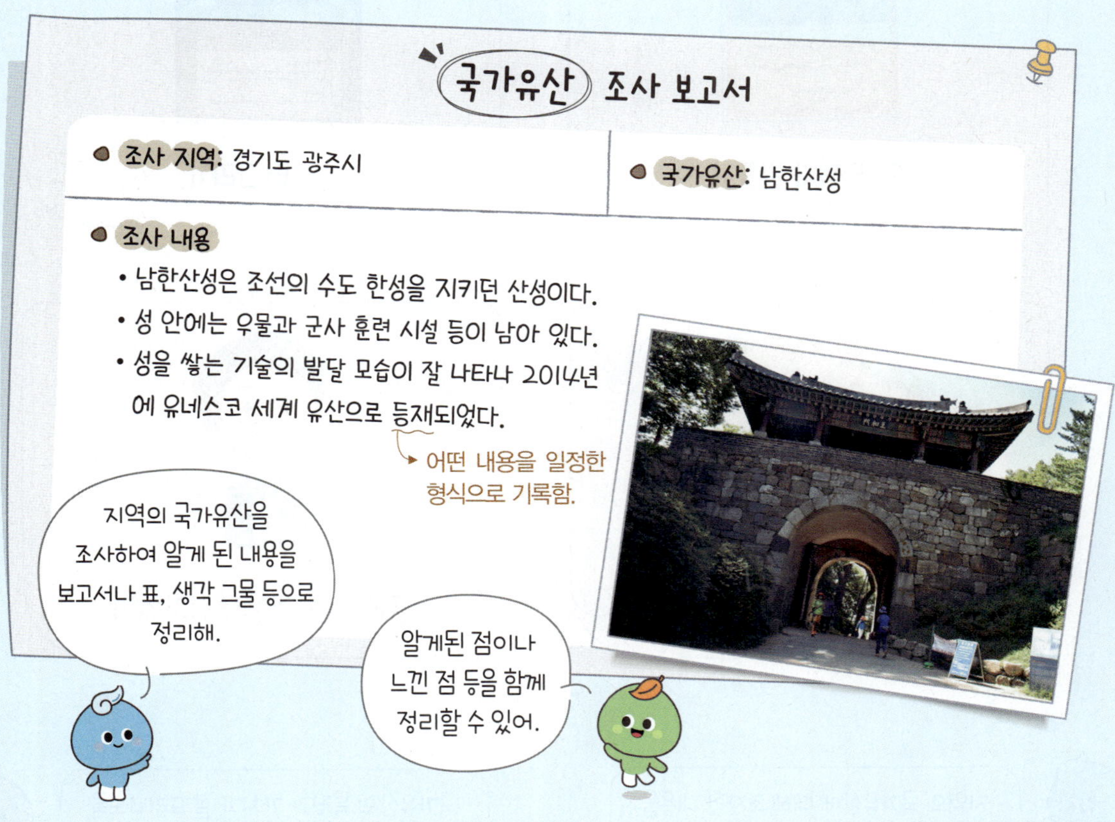

• 지역의 국가유산을 조사하는 방법으로는 **누리집에서 검색하기, 책이나 기록물 찾아보기, 면담하기, 답사하기** 등이 있습니다.
• 지역의 국가유산을 조사할 때에는 먼저 **조사 계획**을 세웁니다.

사진 전시하기

신문이나 책 만들기

안내 책자 만들기

포스터 그리기

기념품 만들기

문화 관광 해설사 되어 보기

핵심 콕!
- 지역의 국가유산을 소개할 때는 **국가유산의 특징과 가치가 잘 드러나도록** 자료나 물건을 만들어 소개합니다.

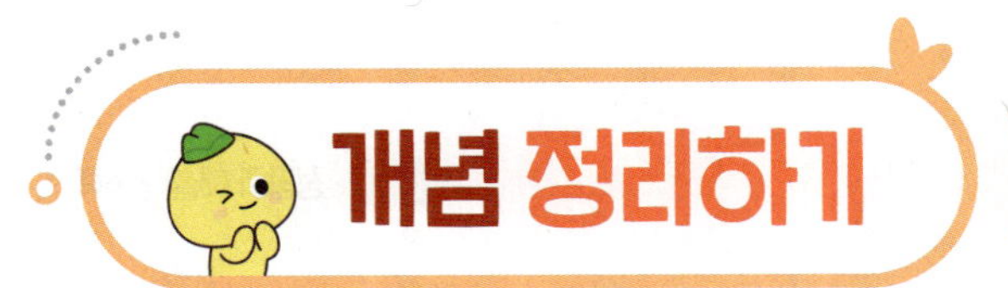

개념 정리하기

1 지역의 국가유산 조사하기

(1) 지역의 국가유산을 조사하는 방법

누리집에서 검색하기	국가유산과 관련된 기관의 누리집에서 국가유산을 검색합니다.
책이나 기록물 찾아보기	국가유산과 관련이 있는 책이나 신문, 소식지 등 기록물을 찾아봅니다.
면담하기	국가유산을 자세히 아는 사람이나 무형유산 보유자를 만나 여쭈어봅니다.
답사하기	국가유산이 있는 장소에 직접 찾아가 살펴봅니다.

(2) 지역의 국가유산 조사하기

① 조사 계획 세우기: 조사할 우리 지역의 국가유산을 정하고, 조사 방법과 조사할 내용을 정합니다.

② 국가유산 조사하기 ⑩ 누리집에서 검색하기

❶ '어린이·청소년 국가유산청' 누리집에 방문하여 '지식' → '우리 지역 국가유산'을 선택합니다. → ❷ 지도에서 우리 지역을 누르거나 주소 검색에서 '도시', '지역'을 차례로 선택합니다. → ❸ 우리 지역의 국가유산 중에서 조사할 국가유산을 정한 뒤 사진과 설명 등 정보를 확인합니다.

③ 조사한 내용 정리하기: 지역의 국가유산을 조사하여 알게 된 내용을 보고서나 표, 생각 그물 등으로 정리합니다.

2 지역의 국가유산 소개하기

소개하는 방법	사진 전시하기, 신문이나 책 만들기, 안내 책자 만들기, 포스터 그리기, 기념품 만들기, 문화 관광 해설사 되어 보기 등이 있습니다.
주의할 점	지역의 국가유산을 소개할 때는 국가유산의 특징과 가치가 잘 드러나도록 자료나 물건을 만들어 소개합니다.

초성 퀴즈

다음 초성을 보고, 핵심 단어를 위에서 찾아 써 봅시다.

정답과 해설 • 6쪽

❶ 국가유산을 자세히 아는 사람을 만나 여쭈어보는 조사 방법은 ㅁ ㄷ 하기입니다.

❷ 지역의 국가유산을 조사할 때는 먼저 조사 ㄱ ㅎ 을 세워야 합니다.

❸ 지역의 국가유산을 조사하여 알게 된 내용은 보고서나 표, 생각 그물 등으로 ㅈ ㄹ 합니다.

1 다음에서 설명하는 국가유산 조사 방법을 쓰시오.

> 국가유산을 자세히 아는 사람이나 무형유산 보유자를 직접 만나 여쭈어보는 조사 방법입니다.

(   )

2 다음 그림과 같이 국가유산을 조사하는 방법은 무엇입니까? (   )

① 국가유산을 답사한다.
② 박물관을 찾아가 국가유산을 조사한다.
③ 국가유산을 자세히 아는 사람과 면담한다.
④ 국가유산과 관련이 있는 책이나 기록물을 찾아본다.
⑤ 국가유산과 관련된 기관의 누리집에서 국가유산을 검색한다.

3 국가유산 조사 계획서에 들어갈 내용으로 알맞지 <u>않은</u> 것은 어느 것입니까? (   )

① 느낀 점   ② 조사 대상   ③ 조사 방법
④ 주의할 점   ⑤ 조사할 내용

4 국가유산 조사 과정에 대한 다음 대화를 읽고, 조사 순서에 맞게 이름을 쓰시오.

(→   →   )

핵심

❶ (면담 , 답사)은/는 국가유산이 있는 장소에 직접 찾아가 살펴보는 조사 방법입니다.

❷ 지역의 국가유산을 소개할 때는 국가유산의 특징과 가치를 잘 알릴 수 있는 소개 방법을 선택합니다. (O , X)

11 일차

지역의 역사를 알 수 있는 장소

오늘 배울 개념 미리 보기

1 지역의 박물관

2 지역의 기념관

3 지역의 유적지

오늘 배울 용어 알아보기

박물관
(博 많을 **박**, 物 물건 **물**, 館 집 **관**)

뜻 여러 가지 국가유산을 수집·보존·연구하고 전시하는 곳

예 지역의 역사를 알아보기 위해 **박물관**으로 체험 활동을 갔습니다.

기념관
(記 기록할 **기**, 念 생각할 **념**, 館 집 **관**)

뜻 뜻깊은 일이나 훌륭한 인물 등을 오래도록 기억하기 위해 세운 곳

예 우리 지역에는 훌륭한 인물을 기억하기 위한 **기념관**이 있습니다.

유적지
(遺 남길 **유**, 跡 발자취 **적**, 地 장소 **지**)

뜻 옛날 사람들이 만든 건축물이나 싸움터 또는 역사적인 사건이 벌어졌던 곳

예 우리 지역에는 역사적 사실을 알 수 있는 **유적지**가 많이 있습니다.

❶ 국립 중앙 박물관
(서울특별시)

우리나라 최대 규모의 대표적인 박물관으로, 다양한 국가유산을 전시하고 있습니다.

❷ 국립 경주 박물관
(경상북도 경주시)

경주 성덕 대왕 신종을 비롯한 신라 시대의 다양한 국가유산을 전시하고 있습니다.

→ 고려 시대에 만든 푸른 빛의 도자기

❸ 수원 화성 박물관
(경기도 수원시)

유네스코 세계 유산으로 지정된 수원 화성의 우수성을 알리기 위해 세워졌습니다.

❹ 고려청자 박물관
(전라남도 강진군)

옛날에 고려청자가 많이 생산되던 곳에 세워졌으며, 여러 종류의 고려청자를 전시하고 있습니다.

→ 유네스코가 인류 전체를 위해 보호해야 할 가치가 있다고 인정한 유산

핵심 콕!
- 각 지역에서는 지역의 유물이나 유적, 역사적 사건 등을 보존하고 널리 알리기 위해 **박물관**이나 **기념관**을 만들고 **유적지**를 지정합니다.
- 박물관은 옛날 사람들이 만들거나 사용했던 여러 가지 **국가유산을 수집·보존·연구하고 전시하는 곳**입니다.

❶ 제주 김만덕 기념관
(제주특별자치도 제주시)

어려운 이웃에게 나눔을 실천한 김만덕의 일생과 업적을 기념하는 곳입니다.

❷ 안성 3·1 운동 기념관
(경기도 안성시)

3·1 운동 당시 안성 지역에서 일어난 만세 운동을 기억하고 전하려고 만든 곳입니다.

율곡 이이가 태어난 집으로, 뜰 안에 오죽(검은 대나무)이 있어 '오죽헌'이라 이름 붙임.

❸ 오죽헌 율곡 기념관
(강원특별자치도 강릉시)

조선 시대의 대표적인 학자인 율곡 이이를 기념하는 곳입니다.

❹ 서재필 기념관
(전라남도 보성군)

독립운동가 서재필의 업적과 호국 정신을 기념하는 곳입니다.

나라가 위기에 처했을 때 나라를 지키려는 자세와 태도

핵심 콕!
• 기념관은 **뜻깊은 일이나 훌륭한 인물 등을 오래도록 기억하기 위해 세운 곳**입니다.

많은 사람이 힘을 모아 거대한 바위를 올려서 만든 무덤

❶ 강화산성
(인천광역시 강화군)

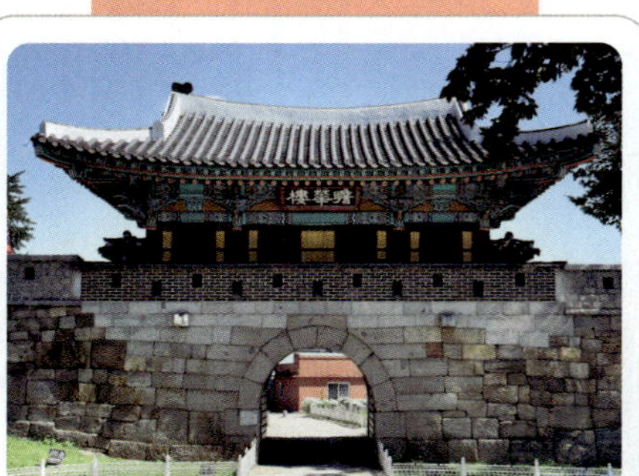

고려 시대에 몽골군이 쳐들어오자 방어하려고 지은 산성입니다.

❷ 화순 고인돌 유적지
(전라남도 화순군)

옛날 사람들이 만든 돌로 된 무덤이 모여 있는 곳입니다.

조개[패, 貝] 무덤[총, 塚]

❸ 김해 수로왕릉
(경상남도 김해시)

삼국 시대에 가야라는 나라를 세운 왕의 무덤입니다.

❹ 부산 동삼동 패총
(부산광역시)

아주 먼 옛날 사람들이 먹고 버린 조개껍데기가 쌓여 무덤처럼 만들어진 곳입니다.

핵심 콕! • 유적지는 옛날 사람들이 만든 **건축물이나 무덤, 싸움터 또는 역사적인 사건이 벌어졌던** 곳입니다.

11 일차

1 지역의 박물관

의미	옛날 사람들이 만들거나 사용했던 여러 가지 국가유산을 수집·보존·연구하고 전시하는 곳입니다.
지역의 박물관	국립 중앙 박물관(서울특별시), 국립 경주 박물관(경상북도 경주시), 수원 화성 박물관(경기도 수원시), 고려청자 박물관(전라남도 강진군) 등이 있습니다.

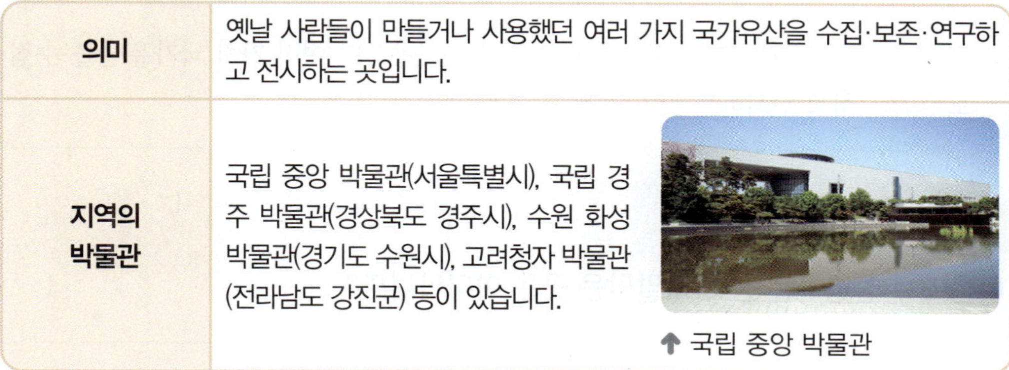
↑ 국립 중앙 박물관

2 지역의 기념관

의미	뜻깊은 일이나 훌륭한 인물 등을 오래도록 기억하기 위해 세운 곳입니다.
지역의 기념관	제주 김만덕 기념관(제주특별자치도 제주시), 안성 3·1 운동 기념관(경기도 안성시), 오죽헌 율곡 기념관(강원특별자치도 강릉시), 서재필 기념관(전라남도 보성군) 등이 있습니다.

↑ 제주 김만덕 기념관

3 지역의 유적지

의미	옛날 사람들이 만든 건축물이나 무덤, 싸움터 또는 역사적인 사건이 벌어졌던 곳입니다.
지역의 유적지	강화산성(인천광역시 강화군), 화순 고인돌 유적지(전라남도 화순군), 김해 수로왕릉(경상남도 김해시), 부산 동삼동 패총(부산광역시) 등이 있습니다.

↑ 강화산성

 **초성 퀴즈** 다음 초성을 보고, 핵심 단어를 위에서 찾아 써 봅시다.

📖 정답과 해설 • 6쪽

❶ 지역의 역사를 알 수 있는 장소에는 박물관, ⬚ ⬚ ⬚ , 유적지가 있습니다.

❷ ⬚ ⬚ ⬚ 는 옛날 사람들이 만든 건축물이나 싸움터 또는 역사적인 사건이 벌어졌던 곳입니다.

1 다음 (   ) 안에 들어갈 알맞은 말을 쓰시오.

> (   )은/는 옛날 사람들이 만들거나 사용했던 여러 가지 국가유산을 수집·보존·연구하고 전시하는 곳입니다.

(   )

2 다음에서 설명하는 장소로 알맞은 곳은 어디입니까? (   )

> 우리나라 최대 규모의 박물관으로, 다양한 국가유산을 전시하고 있습니다.

① 부산 동삼동 패총　　② 고려청자 박물관　　③ 수원 화성 박물관
④ 국립 중앙 박물관　　⑤ 제주 김만덕 기념관

3 다음에서 설명하는 장소로 알맞지 <u>않은</u> 것은 어느 것입니까? (   )

> 뜻깊은 일이나 훌륭한 인물 등을 기억하려고 세운 곳입니다.

① 서재필 기념관　　② 제주 김만덕 기념관　　③ 오죽헌 율곡 기념관
④ 화순 고인돌 유적지　　⑤ 안성 3·1 운동 기념관

4 다음 보기 에서 유적지에 해당하는 곳을 모두 골라 기호를 쓰시오.

(   )

11 일차 **핵심**

❶ 옛날 사람들이 만들거나 사용했던 여러 가지 국가유산을 수집·보존·연구하고 전시하는 곳을 (박물관 , 기념관)이라고 합니다.

❷ 유적지는 뜻깊은 일이나 훌륭한 인물 등을 오래도록 기억하려고 세운 곳입니다.
(O , X)

12 일차

지역의 박물관, 기념관, 유적지 체험 계획 세우기

오늘 배울 개념 미리 보기

1 체험할 장소 정하기

2 체험할 내용 정하기

3 체험 방법 정하기

오늘 배울 용어 알아보기

체험
(體 몸 **체**, 驗 시험할 **험**)

뜻 몸으로 직접 겪거나 경험함.

예 지역의 역사를 알 수 있는 박물관, 기념관, 유적지를 **체험**합니다.

계획
(計 헤아릴 **계**, 劃 계획할 **획**)

뜻 앞으로 할 일의 순서, 방법 등을 미리 헤아려 결정함.

예 지역의 박물관, 기념관, 유적지를 답사하기 위해 **계획**을 세웁니다.

핵심 콕! · 지역의 역사를 알 수 있는 박물관, 기념관, 유적지를 찾아보고, **어떤 장소를 체험할지 정합니다.**

핵심 콕! • 지역의 박물관, 기념관, 유적지에서 **체험으로 알고 싶은 내용을 질문으로 만듭니다.**

답사하기

인터넷으로 조사하기

핵심 콕!
- 지역의 박물관, 기념관, 유적지를 **답사하면 실제 모습을 생생하게 확인할 수 있습니다.**
- 지역의 박물관, 기념관, 유적지에 **직접 가기 어려울 때는 인터넷으로 조사할 수 있습니다.**

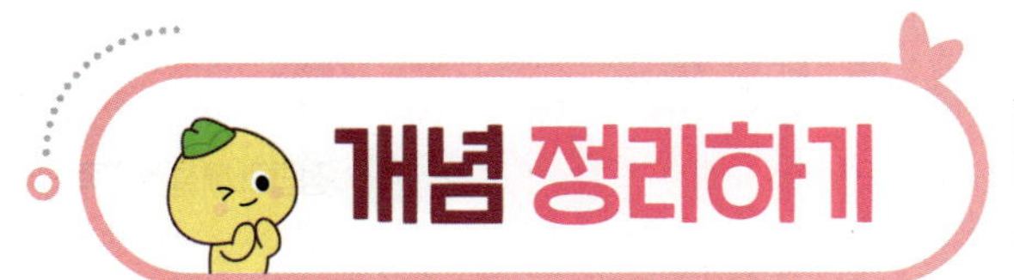

영상으로
정리하기

1 체험할 장소 정하기

내용	• 우리 지역에 있는 박물관, 기념관, 유적지를 찾아봅니다. • 우리 지역의 역사를 알아보기 위해 어떤 장소를 체험할지 정합니다.
예	• 국립 부여 박물관에 어떤 국가유산이 있는지 알아보고 싶습니다. • 우리 지역의 대표적인 유적지인 부여 정림사지를 실제로 보고 싶습니다.

2 체험할 내용 정하기

내용	• 체험으로 알고 싶은 내용을 정리해 봅니다. • 조사할 내용을 질문으로 만듭니다.
예	• 부여 정림사지 오층 석탑은 어떤 모습일까? • 부여 정림사지 오층 석탑은 어떤 특징이 있을까? • 부여 정림사지에는 어떤 역사가 담겨 있을까? • 국립 부여 박물관에는 어떤 국가유산이 있을까? • 국립 부여 박물관의 국가유산은 우리 지역의 역사와 어떤 관련이 있을까?

3 체험 방법 정하기

답사하기	인터넷으로 조사하기

⑩ 지역의 박물관, 기념관, 유적지를 답사하겠습니다. 체험 장소를 직접 찾아가 생생함을 느끼고 싶기 때문입니다.	⑩ 지역의 박물관, 기념관, 유적지를 인터넷으로 조사하겠습니다. 체험 장소에 직접 가기 어렵기 때문입니다.

초성퀴즈 다음 초성을 보고, 핵심 단어를 위에서 찾아 써 봅시다.

정답과 해설 • 7쪽

❶ 지역의 역사를 알 수 있는 장소를 [ㅊ][ㅎ]하려면 먼저 체험 계획을 세워야 합니다.

❷ 지역의 박물관, 기념관, 유적지를 [ㄷ][ㅅ]하면 생생함을 느낄 수 있습니다.

❸ 지역의 박물관, 기념관, 유적지에 직접 가기 어려울 때는 [ㅇ][ㅌ][ㄴ]으로 조사할 수 있습니다.

1 다음 (   ) 안에 들어갈 알맞은 말을 쓰시오.

> 지역의 역사를 알 수 있는 장소인 박물관, 기념관, 유적지를 체험하려면 먼저 체험 (   )을/를 세워야 합니다.

(   )

2 다음 보기 에서 지역의 박물관, 기념관, 유적지 체험 계획을 세우는 단계에서 해야 할 일을 모두 골라 기호를 쓰시오.

> **보기**
> ㉠ 체험할 곳 정하기　　　　㉡ 체험 방법 정하기
> ㉢ 체험할 내용 정하기　　　　㉣ 체험 보고서 작성하기

(   )

3 지역의 박물관, 기념관, 유적지를 체험하는 방법 중 다음 어린이들에게 추천할 만한 방법을 쓰시오.

(   )

4 다음과 같이 지역의 박물관, 기념관, 유적지를 체험하는 방법은 무엇입니까? (   )

> 지역의 박물관, 기념관, 유적지에 직접 가지 않고도 누리집을 살펴보면 설명과 사진 등의 정보를 확인할 수 있습니다.

① 면담하기　　　　② 답사하기　　　　③ 인터넷으로 조사하기
④ 기록물 찾아보기　　　　⑤ 문화 관광 해설사 되어보기

핵심

❶ 지역의 박물관, 기념관, 유적지 체험 계획을 세울 때는 체험할 곳과 체험할 내용, 체험 방법을 정합니다.　(O , X)

❷ 지역의 박물관, 기념관, 유적지를 (답사 , 인터넷으로 조사) 하면 실제 모습을 생생하게 확인할 수 있습니다.

13 일차

지역의 박물관, 기념관, 유적지 체험하기

오늘 배울 개념 미리 보기

1 체험하기

2 체험 결과 정리하기

오늘 배울 용어 알아보기

관찰
(觀 볼 **관**, 察 살필 **찰**)

뜻 사물이나 어떤 상태를 주의하여 자세히 살펴보는 것

예 답사 장소에서는 국가유산을 자세히 **관찰**할 수 있습니다.

조사
(調 고를 **조**, 査 조사할 **사**)

뜻 내용을 명확히 알기 위하여 자세히 살펴보거나 찾아보는 것

예 지역의 박물관, 기념관, 유적지에 직접 가기 어려우면 인터넷으로 **조사**합니다.

 **체험하기**

답사하기 　예 부여 정림사지

❶ 답사 장소에 도착하여 안내도를 살펴보고, 답사 순서를 정합니다.

알리려는 내용을 자세히 표시한 지도

❷ 부여 정림사지의 전체적인 모습을 살펴보고, 조사할 내용을 확인합니다.

❸ 부여 정림사지 오층 석탑을 여러 방향에서 살펴보며 자세히 관찰합니다.

❹ 스스로 해결하지 못한 질문이나 궁금한 점은 문화 관광 해설사에게 여쭈어봅니다.

❺ 답사가 끝나면 체험하기 전에 만든 질문에 대한 답을 찾아 정리합니다.

인터넷으로 조사하기 ⑩ 국립 부여 박물관 누리집

❶ 체험하려는 박물관 누리집에 접속합니다.

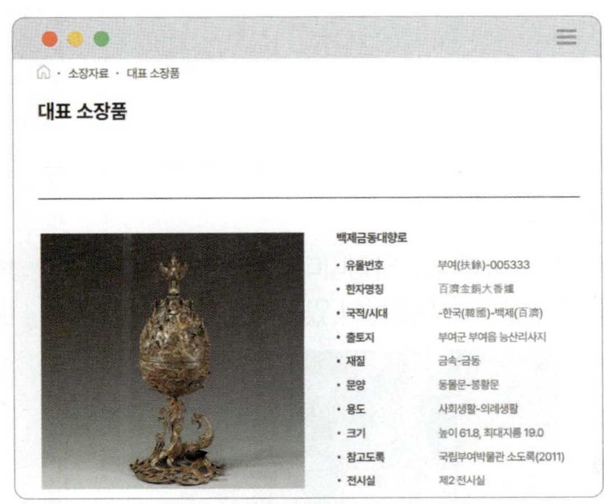

❷ '전시실'에 들어가 박물관에 전시된 국가
유산에 관한 설명과 사진을 확인합니다.

❸ '온라인 전시관'에서 지역의 국가유산이나
역사에 관한 동영상 자료를 살펴봅니다.

❹ '온라인 전시관'에서 가상 현실(VR)로 박물
관에 간 것처럼 전시실을 둘러봅니다.
└ 현실이 아닌데도 실제처럼 생각하고
보이게 하는 기술

핵심 콕!
- 지역의 박물관, 기념관, 유적지를 **답사**하면 국가유산이나 유적지의 **실제 모습을 확인**할 수 있습니다.
- 지역의 박물관, 기념관, 유적지를 **인터넷으로 조사**하면 국가유산에 관한 **설명과 사진, 동영상 등을 확인**할 수 있습니다.

체험 보고서

체험 주제	부여 정림사지에서 우리 지역의 역사 알아보기
체험 장소	부여 정림사지(충청남도 부여군)
체험 날짜	20△△년 △△월 △△일
체험 방법	답사하기
체험 내용	• 부여 정림사지는 백제 시대의 절이 있던 곳입니다. • 부여 정림사지 오층 석탑은 돌을 깎아 만든 아름다운 탑입니다. • 정림사지 박물관에는 백제 시대의 다양한 유물과 자료들이 있습니다. ↑ 부여 정림사지 오층 석탑 　　↑ 정림사지 박물관 모습
체험으로 알게 된 점	• 부여는 백제의 옛 수도였습니다. ▸한 나라의 중심이 되는 도시 • 부여에는 백제와 관련된 역사가 담겨 있습니다. • 부여에는 백제 시대의 국가유산과 유적지가 많이 남아 있습니다. 우리 지역에서는 이를 기억하고 보존하려고 노력하고 있습니다.
느낀 점	우리 지역에 부여 정림사지와 같은 유적지가 있다는 점이 자랑스러웠습니다.

핵심 콕!
• 지역의 박물관, 기념관, 유적지 체험 활동이 끝나면 **체험하고 알게 된 내용을 정리**하여 보고서를 작성합니다.

개념 정리하기

1 체험하기

(1) 답사하기 ⓔ 부여 정림사지

답사 과정	① 답사 장소에 도착하여 안내도를 살펴보고, 답사 순서를 정합니다. ② 부여 정림사지의 전체적인 모습을 살펴보고, 조사할 내용을 확인합니다. ③ 부여 정림사지 오층 석탑을 여러 방향에서 살펴보며 자세히 관찰합니다. ④ 스스로 해결하지 못한 질문이나 궁금한 점은 문화 관광 해설사에게 여쭈어봅니다. ⑤ 답사가 끝나면 체험하기 전에 만든 질문에 대한 답을 찾아 정리합니다.
주의할 점	• 조용히 질서를 지키며 답사합니다. • 전시된 국가유산을 함부로 만지지 않습니다. • 사진을 찍을 때에는 먼저 촬영이 가능한 곳인지 확인합니다.

(2) 인터넷으로 조사하기 ⓔ 국립 부여 박물관 누리집

조사 방법	① 체험하려는 박물관 누리집에 접속합니다. ② '전시실'에 들어가 박물관에 전시된 국가유산에 대한 설명과 사진을 확인합니다. ③ '온라인 전시관'에서 지역의 국가유산이나 역사에 관한 동영상 자료를 살펴봅니다. ④ '온라인 전시관'에서 가상 현실(VR)로 박물관에 간 것처럼 전시실을 둘러봅니다.
좋은 점	• 국가유산에 관한 설명과 사진, 동영상 등 다양한 정보를 확인할 수 있습니다. • 언제든지 편리하게 필요한 정보를 검색할 수 있습니다.

2 체험 결과 정리하기

체험 후 할 일	• 체험으로 알게 된 내용, 체험하면서 든 생각이나 느낌을 정리합니다. • 체험 보고서를 작성합니다.
체험 보고서	체험 주제, 체험 장소, 체험 날짜, 체험 방법, 체험으로 알게 된 점, 느낀 점 등을 씁니다.

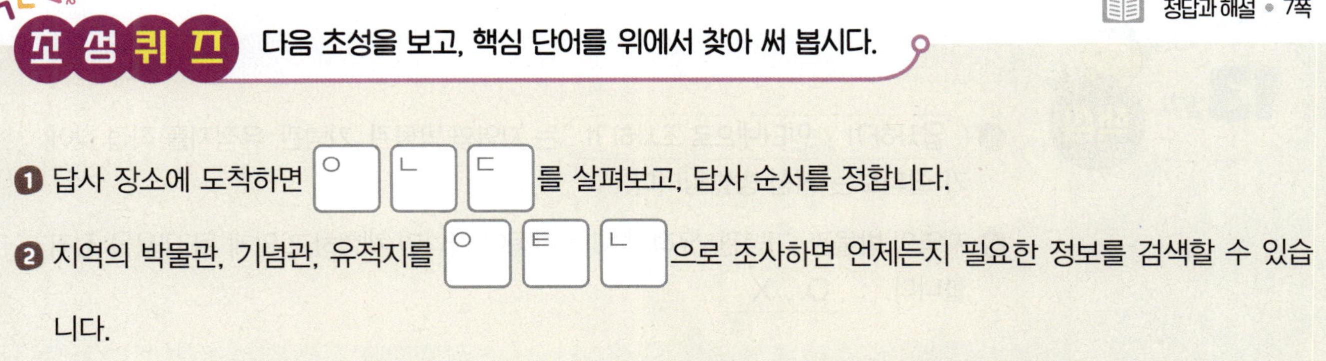

📖 정답과 해설 • 7쪽

초성 퀴즈 다음 초성을 보고, 핵심 단어를 위에서 찾아 써 봅시다.

❶ 답사 장소에 도착하면 ⟨ㅇ⟩⟨ㄴ⟩⟨ㄷ⟩를 살펴보고, 답사 순서를 정합니다.

❷ 지역의 박물관, 기념관, 유적지를 ⟨ㅇ⟩⟨ㅌ⟩⟨ㄴ⟩으로 조사하면 언제든지 필요한 정보를 검색할 수 있습니다.

1 다음 그림과 같이 지역의 박물관, 기념관, 유적지를 체험하는 방법은 무엇입니까? (　　　)

① 답사하기
② 면담하기
③ 인터넷으로 조사하기
④ 책이나 기록물을 찾아보기
⑤ 문화 관광 해설사 되어보기

2 답사 과정에 대한 다음 대화를 읽고, 답사 순서에 맞게 이름을 쓰시오.

(　　　　→　　　　→　　　　)

3 다음 보기 에서 답사할 때 주의할 점으로 알맞지 <u>않은</u> 것을 골라 기호를 쓰시오.

┌─ 보기 ─
㉠ 조용히 질서를 지키며 답사합니다.
㉡ 전시된 국가유산을 직접 만지면서 관찰합니다.
㉢ 사진을 찍을 때는 먼저 촬영이 가능한 곳인지 확인합니다.

(　　　　)

4 체험 보고서에 들어갈 내용으로 알맞지 <u>않은</u> 것은 어느 것입니까? (　　　)

① 느낀 점
② 체험 장소
③ 체험 방법
④ 주의할 점
⑤ 체험으로 알게 된 점

13일차 **핵심**

❶ (답사하기 , 인터넷으로 조사하기)는 지역의 박물관, 기념관, 유적지를 직접 찾아가 살펴보는 체험 방법입니다.

❷ 지역의 박물관, 기념관, 유적지 체험 활동이 끝나면 체험하고 알게 된 내용을 정리합니다. (O , X)

14 일차

지역의 역사를 보존하려는 노력과 실천

오늘 배울 개념 미리 보기

1 지역의 역사를 보존하려는 노력

2 지역의 역사를 보존하기 위해 할 수 있는 일

오늘 배울 용어 알아보기

보존
(保 보호할 **보**, 存 존재할 **존**)

뜻 잘 보호하고 지켜서 계속 남아 있게 하는 것

예 각 지역에서는 지역의 역사를 **보존**하기 위해 다양한 노력을 합니다.

실천
(實 실제로 **실**, 踐 실행할 **천**)

뜻 생각한 것을 실제로 해 나감.

예 지역의 역사를 보존하기 위해 우리가 할 수 있는 일을 **실천**합니다.

지역의 역사를 보존해야 하는 까닭

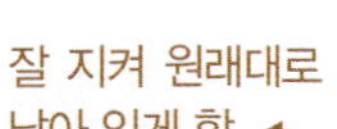

지역의 역사를 보존하려는 노력

지역의 역사와 관련된 축제나 행사 개최

축제나 행사를 열어 지역의 역사를 널리 알리
고 그 가치를 전하고자 노력합니다.

지역의 역사 교육·체험 프로그램 운영

지역의 역사와 관련된 교육 프로그램이나
체험 프로그램을 만듭니다.

지역의 국가유산 발굴 및 보존

아직 알려지지 않은 지역의 국가유산을 발굴
하여 보존합니다.

국가유산 지킴이 활동

지역의 국가유산을 가꾸고 지키는 활동에 지역
주민이 적극적으로 참여하도록 합니다.

핵심 콕! • 지역에서는 지역의 역사를 보존하기 위해 **축제나 행사 개최, 교육·체험 프로그램 운영, 지역의 국가유산 발굴 및 보존, 국가유산 지킴이 활동** 등의 노력을 하고 있습니다.

지역의 역사를 알리는 일에 참여합니다.

지역에 있는 박물관, 기념관, 유적지에 자주 찾아갑니다.

지역의 국가유산을 아끼고 소중히 여기는 태도를 갖습니다.

지역의 역사와 국가유산에 관심을 가지고 자세히 공부합니다.

핵심 콕!
• 지역의 역사가 담긴 박물관, 기념관, 유적지를 **소중히 여기고 보존하려고 노력해야 합니다.**

개념 정리하기

1 **지역의 역사를 보존하려는 노력**

(1) 지역의 역사를 보존해야 하는 까닭

① 지역의 역사를 아끼고 보호하여 후손에게 물려주어야 합니다.

② 지역의 박물관, 기념관, 유적지는 그 지역의 역사를 보존하는 역할을 합니다.

③ 지역의 박물관, 기념관, 유적지는 그 지역에 살았던 사람들의 생활 모습을 간직하고 있는 곳입니다.

④ 지역의 박물관, 기념관, 유적지를 체험하면 옛날에 그 지역에서 있었던 일을 기억하고 기념할 수 있습니다.

(2) 지역의 역사를 보존하려는 노력

지역의 역사와 관련된 축제나 행사 개최	축제나 행사를 열어 지역의 역사를 널리 알리고 그 가치를 전하고자 노력합니다.
지역의 역사 교육·체험 프로그램 운영	지역의 역사와 관련된 교육 프로그램이나 체험 프로그램을 만듭니다.
지역의 국가유산 발굴 및 보존	아직 알려지지 않은 지역의 국가유산을 발굴하여 보존합니다.
국가유산 지킴이 활동	지역의 국가유산을 가꾸고 지키는 활동에 지역 주민이 적극적으로 참여하도록 합니다.

2 **지역의 역사를 보존하기 위해 할 수 있는 일**

(1) 지역의 역사를 알리는 일에 참여합니다.

(2) 지역의 박물관, 기념관, 유적지에 자주 찾아갑니다.

(3) 지역의 국가유산을 아끼고 소중히 여기는 태도를 갖습니다.

(4) 지역의 역사와 국가유산에 관심을 가지고 자세히 공부합니다.

초성 퀴즈 다음 초성을 보고, 핵심 단어를 위에서 찾아 써 봅시다.

📖 정답과 해설 • 7쪽

❶ 우리는 지역의 역사를 아끼고 보호하여 [ㅎ][ㅅ]에게 물려주어야 합니다.

❷ 지역의 박물관, 기념관, 유적지는 그 지역에 살았던 사람들의 [ㅅ][ㅎ][ㅁ][ㅅ]을 간직하고 있는 곳입니다.

❸ 각 지역에서는 지역의 역사와 관련된 [ㅊ][ㅈ]나 행사를 열어 지역의 역사를 널리 알리고 그 가치를 전하고자 노력합니다.

1 다음 (　　　) 안에 들어갈 알맞은 말을 쓰시오.

> 각 지역에 있는 박물관, 기념관, 유적지는 그 지역의 (　　　　　)이/가 담겨 있는 소중한 곳입니다.

(　　　　　　　)

2 지역의 역사를 보존해야 하는 까닭을 잘못 말한 어린이는 누구인지 이름을 쓰시오.

가현

나은

다솔

(　　　　　　　)

3 지역의 역사를 보존하기 위한 노력으로 알맞은 것을 보기 에서 골라 기호를 쓰시오.

> **보기**
> ㉠ 축제나 행사를 열어 지역의 역사를 널리 알립니다.
> ㉡ 지역의 역사와 관련된 교육 프로그램을 운영합니다.
> ㉢ 지역의 국가유산을 나라에서만 관리하도록 맡깁니다.

(　　　　　　　)

4 지역의 역사를 보존하기 위해 우리가 할 수 있는 일로 알맞지 <u>않은</u> 것은 어느 것입니까? (　　　)

① 지역의 역사를 알리는 일에 참여합니다.
② 지역의 역사와 국가유산을 자세히 공부합니다.
③ 지역의 박물관, 기념관, 유적지에 자주 찾아갑니다.
④ 지역의 국가유산을 아끼고 소중히 여기는 태도를 갖습니다.
⑤ 지역의 박물관, 기념관, 유적지를 답사할 때만 관심을 갖습니다.

14 일차 **핵심**

❶ 지역의 박물관, 기념관, 유적지는 지역의 역사가 담긴 소중한 곳입니다.
(O , X)

❷ (국가유산 지킴이 , 문화 관광 해설사)는 스스로 참여하여 지역의 국가유산을 가꾸고 지키는 활동을 합니다.

2. 우리 지역의 국가유산

8일차 — 국가유산의 의미와 종류

- **국가유산**: 옛날부터 전해 내려오는 것 중에서 후손에게 물려줄 만한 (㉠)가 있는 것
- **국가유산의 종류**
  ① 문화유산: 건축물, 책, 공예품 등과 같이 형태가 있는 것
  ② 무형유산: 음악이나 무용, 연극, 놀이, 기술 등과 같이 형태가 없는 것
  ③ (㉡): 그 가치를 인정하고 보호해야 할 자연물뿐만 아니라 자연환경과 상호 작용으로 만들어진 것

9일차 — 국가유산의 가치

- **역사적 가치가 담긴 국가유산**: 달성 도동 서원, 『조선왕조실록』, 서울 북한산 진흥왕 순수비, 종묘 등
- **과학적 가치가 담긴 국가유산**: 경주 석빙고, 수원 화성, 합천 해인사 장경판전, 온돌 등
- **(㉢)적 가치가 담긴 국가유산**: 경주 성덕 대왕 신종, 정선의 금강산 그림, 금관 등
- **생태적 가치가 담긴 국가유산**: 해녀, 남원 광한루 등

10일차 — 지역의 국가유산 조사하고 소개하기

국가유산 조사 방법	 ↑ 누리집에서 검색하기	 ↑ 책이나 기록물 찾아보기
	 ↑ 면담하기	 ↑ 답사하기
국가유산 소개하기	사진 전시하기, 안내 책자 만들기, 포스터 그리기, 기념품 만들기, 문화 관광 해설사 되어 보기 등	

11일차 — 지역의 역사를 알 수 있는 장소

(㉣)	여러 가지 국가유산을 수집, 보존, 연구하고 전시하는 곳
기념관	뜻깊은 일이나 훌륭한 인물 등을 오래도록 기억하기 위해 세운 곳
유적지	옛날 사람들이 만든 건축물이나 무덤, 싸움터 또는 역사적인 사건이 벌어졌던 곳

12일차 — 지역의 박물관, 기념관, 유적지 체험 계획 세우기

체험할 장소 정하기(지역의 박물관, 기념관, 유적지를 찾아보고 체험할 장소 정하기) → 체험할 내용 정하기(체험으로 알고 싶은 내용 질문으로 만들기) → 체험 방법 정하기(답사하기, (㉤)으로 조사하기)

13일차 — 지역의 박물관, 기념관, 유적지 체험하기

답사하기 예 부여 정림사지	• 과정: (㉥) 살펴보고, 답사 순서 정하기 → 전체적인 모습 살펴보기 → 부여 정림사지 오층 석탑 자세히 관찰하기 → 질문에 대한 답을 찾아 정리하기 • 주의할 점: 질서 지키기, 전시물이나 국가유산 만지지 않기, 촬영이 가능한 곳에서만 사진 찍기
인터넷으로 조사하기 예 국립 부여 박물관 누리집	누리집에 접속하기 → 국가유산에 대한 설명과 사진 확인하기 → '온라인 전시관'에서 동영상 자료, 가상 현실(VR) 보기

14일차 — 지역의 역사를 보존하려는 노력과 실천

- 지역의 역사와 관련된 축제나 행사 개최
- 지역의 역사 교육·체험 프로그램 운영
- 지역의 국가유산 발굴 및 보존
- (㉦) 지킴이 활동

정답 ㉠ 가치 ㉡ 자연유산 ㉢ 예술 ㉣ 박물관 ㉤ 인터넷 ㉥ 안내도 ㉦ 국가유산

단원 평가

2. 우리 지역의 국가유산

정답과 해설 • 8쪽

1 다음 (   ) 안에 들어갈 알맞은 말을 쓰시오.

> 옛날부터 전해 내려오는 것 중에서 후손에게 물려줄 만한 가치가 있는 것을 (   )(이)라고 합니다.

(   )

중요

2 다음 보기 에서 무형유산을 모두 골라 기호를 쓰시오.

보기
- ㉠ 종묘 제례악
- ㉡ 제주 화산섬과 용암 동굴
- ㉢ 창덕궁 인정전
- ㉣ 한산 모시 짜기

(   )

3 다음에서 설명하는 국가유산으로 알맞지 <u>않은</u> 것은 어느 것입니까? (   )

> 그 가치를 인정하고 보호해야 할 동물, 식물, 지형 등 자연물뿐만 아니라 자연환경과 상호 작용으로 만들어진 것입니다.

① 갯벌
② 담양 소쇄원
③ 부안 채석강과 적벽강
④ 청자 상감 운학문 매병
⑤ 제주 화산섬과 용암 동굴

4 다음 국가유산에 담긴 가치는 무엇입니까? (   )

↑ 『조선왕조실록』   ↑ 종묘

① 역사적 가치   ② 과학적 가치
③ 예술적 가치   ④ 생태적 가치
⑤ 기술적 가치

서술형

5 다음에서 설명하는 국가유산에 담긴 가치를 쓰시오.

↑ 경주 석빙고

> 얼음을 오랫동안 차갑게 보관할 수 있었던 석빙고의 구조에는 조상들의 지혜가 담겨 있습니다.

____

____

6 다음에서 설명하는 국가유산은 무엇입니까? (   )

> • 바다 환경을 보호하기 위해 노력합니다.
> • 자연 친화적인 방법으로 해산물을 얻습니다.

① 해녀
② 한산 모시 짜기
③ 합천 해인사 장경판전
④ 부여 정림사지 오층 석탑
⑤ 서울 북한산 신라 진흥왕 순수비

7 다음에서 설명하는 국가유산 조사 방법은 무엇입니까? ( )

> 국가유산을 자세히 아는 사람이나 무형유산 보유자를 만나 여쭈어봅니다.

① 답사하기
② 면담하기
③ 기록물 찾아보기
④ 누리집에서 검색하기
⑤ 지역의 문화원 방문하기

중요

8 지역의 국가유산을 조사할 때 조사 계획 세우기 단계에서 해야 할 일을 <u>두 가지</u> 고르시오. (,)

① 조사 방법을 정합니다.
② 조사 보고서를 작성합니다.
③ 조사할 국가유산을 정합니다.
④ 문화 관광 해설사가 되어 봅니다.
⑤ 국가유산이 있는 장소에 직접 찾아갑니다.

9 다음은 '어린이·청소년 국가유산청' 누리집에서 국가유산을 조사하는 과정입니다. 순서대로 기호를 나열하시오.

> ㉠ 지도에서 우리 지역을 선택합니다.
> ㉡ 조사할 국가유산의 사진과 설명 등 정보를 확인합니다.
> ㉢ '어린이·청소년 국가유산청' 누리집에 접속하여 '우리 지역 국가유산'을 누릅니다.

(→ →)

서술형

10 지역의 국가유산을 소개할 때 주의할 점을 쓰시오.

____

____

11 다음에서 설명하는 장소로 알맞지 <u>않은</u> 것은 어느 것입니까? ( )

> 옛날 사람들이 만들거나 사용했던 여러 가지 국가유산을 수집·보존·연구하고 전시하는 곳입니다.

① 고려청자 박물관
② 국립 경주 박물관
③ 국립 중앙 박물관
④ 수원 화성 박물관
⑤ 제주 김만덕 기념관

12 다음에서 설명하는 장소를 ﹙보기﹚에서 모두 골라 기호를 쓰시오.

> 뜻깊은 일이나 훌륭한 인물 등을 오래도록 기억하기 위해 세운 곳입니다.

> **보기**
> ㉠ 수원 화성 박물관
> ㉡ 오죽헌 율곡 기념관
> ㉢ 화성 고인돌 유적지
> ㉣ 안성 3·1 운동 기념관

( )

13 다음에서 설명하는 장소로 알맞은 곳은 어디입니까? ( )

> 인천광역시 강화군에 있는 유적지로, 고려 시대에 몽골군을 방어하려고 지은 산성입니다.

① 강화산성
② 김해 수로왕릉
③ 부여 정림사지
④ 부산 동삼동 패총
⑤ 화순 고인돌 유적지

14 지역의 박물관, 기념관, 유적지를 체험할 때 계획 세우기 단계에서 해야 할 일을 <u>두 가지</u> 고르시오. (,)

① 체험 방법 정하기
② 체험할 장소 정하기
③ 체험으로 알게 된 내용 정리하기
④ 체험하면서 든 생각이나 느낌 기록하기
⑤ 지역의 박물관, 기념관, 유적지 답사하기

15 다음에서 설명하는 지역의 박물관, 기념관, 유적지 체험 방법을 쓰시오.

> 지역의 박물관, 기념관, 유적지를 직접 찾아가 실제 모습을 살펴봅니다.

( )

서술형

16 지역의 박물관, 기념관, 유적지를 인터넷으로 조사하면 좋은 점을 <u>두 가지</u> 쓰시오.

____

____

17 다음은 '부여 정림사지'를 답사하는 과정입니다. 순서대로 기호를 나열하시오.

> ㉠ 안내도를 살펴보고 답사 순서를 정합니다.
> ㉡ 부여 정림사지 오층 석탑을 자세히 관찰합니다.
> ㉢ 체험하기 전에 만든 질문에 대한 답을 찾아 정리합니다.

(→ →)

18 답사할 때 주의할 점에 대해 <u>잘못</u> 말한 어린이는 누구입니까? ( )

19 지역의 박물관, 기념관, 유적지 체험 보고서에 들어갈 내용으로 알맞은 것을 다음 보기 에서 모두 골라 기호를 쓰시오.

> 보기
> ㉠ 느낀 점 　　㉡ 체험 방법
> ㉢ 주의할 점 　　㉣ 체험으로 알게 된 점

( )

중요

20 지역의 역사를 보존하려는 노력으로 알맞지 <u>않은</u> 것은 어느 것입니까? ( )

① 축제나 행사를 열어 지역의 역사를 알립니다.
② 지역의 역사와 관련된 다양한 프로그램을 만듭니다.
③ 지역의 국가유산을 나라에서만 관리하도록 맡깁니다.
④ 지역의 국가유산을 가꾸고 지키는 활동에 참여합니다.
⑤ 아직 알려지지 않은 지역의 국가유산을 발굴하여 보존합니다.

일차

15

경제활동에서 일어나는 선택의 문제

오늘 배울 개념 미리 보기

1 경제활동의 모습

2 경제활동을 하면서 겪는 선택의 문제

3 선택의 문제가 일어나는 까닭

오늘 배울 용어 알아보기

경제활동
(經 경서 **경**, 濟 건널 **제**, 活 살 **활**, 動 움직일 **동**)

뜻 사람들이 생활에 필요한 여러 가지를 만들고 사용하는 것과 관련된 모든 활동

예 시장에서는 다양한 **경제활동**이 이루어집니다.

희소성
(稀 드물 **희**, 少 적을 **소**, 性 성품 **성**)

뜻 사람들의 필요나 욕구에 비하여 자원의 양이 상대적으로 부족한 상태

예 **희소성** 때문에 선택의 문제가 일어납니다.

미용실에서 손님의 머리를 손질합니다.

과일 가게에서 과일을 판매합니다.

분식집에서 떡볶이를 사 먹습니다.

문구점에서 수첩을 삽니다.

핵심 콕!

- 사람들은 살아가는 데 필요하거나 원하는 것을 얻으려고 다양한 **경제활동**을 합니다.
- 경제활동은 사람들이 **생활에 필요한 여러 가지를 만들고 사용하는 것**과 관련된 모든 활동입니다.

15 일차

용돈 중에 얼마를 쓰고, 얼마를 모을지 고민합니다.

회사에 버스를 타고 갈지, 지하철을 타고 갈지 고민합니다.

친구 생일 선물로 수첩을 살지, 필통을 살지 고민합니다.

핵심 콕!

- 사람들은 경제활동을 하면서 여러 가지 **선택의 문제**를 겪습니다.
- 사람들은 선택의 상황에서 어떻게 하면 **합리적으로 선택**할 수 있을지 고민합니다.

희소성의 의미

희소성 때문에 고민하는 모습

가진 돈이 2,000원뿐이라 떡볶이와 어묵 중 하나를 선택해야만 해서 고민하고 있습니다.

사용할 수 있는 밀가루 양이 정해져 있어 어떤 빵을 만들지 고민하고 있습니다.

경제활동에서 선택의 문제가 일어나는 까닭

원하는 것
사람들은 필요로 하거나 원하는 것이 수없이 많습니다.

→

희소성
사람들이 원하는 것을 모두 사거나 만들기에는 돈이나 시간 등 자원이 부족합니다.

→

선택의 문제 발생
사람들은 경제활동을 하면서 자원의 희소성 때문에 선택의 문제에 부딪힙니다.

핵심 콕!
- 희소성은 사람들의 필요나 욕구에 비하여 **자원의 양이 상대적으로 부족한 상태**입니다.
- 경제활동에서 선택의 문제가 일어나는 까닭은 **자원의 희소성** 때문입니다.

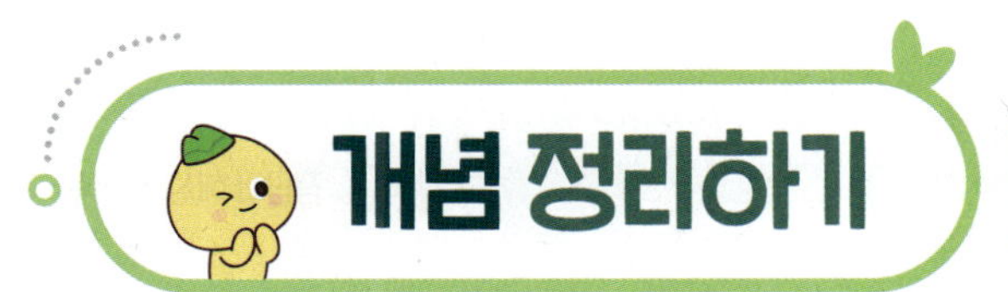

개념 정리하기

1 경제활동의 모습

경제활동	사람들이 생활에 필요한 여러 가지를 만들고 사용하는 것과 관련된 모든 활동을 말합니다.
다양한 경제활동의 모습 (예)	• 미용실에서 손님의 머리를 손질합니다. • 과일 가게에서 과일을 판매합니다. • 분식집에서 떡볶이를 사 먹습니다. • 문구점에서 수첩을 삽니다.

2 경제활동을 하면서 겪는 선택의 문제

경제활동과 선택의 문제	사람들은 경제활동을 하면서 여러 가지 선택을 하고, 어떻게 하면 합리적으로 선택할 수 있을지 고민합니다.
경제활동을 하면서 겪는 선택의 문제 (예)	• 용돈 중에 얼마를 쓰고, 얼마를 모을지 고민합니다. • 회사에 버스를 타고 갈지, 지하철을 타고 갈지 고민합니다. • 친구 생일 선물로 수첩을 살지, 필통을 살지 고민합니다.

3 선택의 문제가 일어나는 까닭

(1) **희소성**: 사람들의 필요나 욕구에 비하여 자원의 양이 상대적으로 부족한 상태를 말합니다.

(2) **경제활동에서 선택의 문제가 일어나는 까닭**: 자원의 희소성 때문입니다.

희소성		선택의 문제
사람들이 원하는 것은 수없이 많지만, 그것을 모두 사거나 만들기에는 자원이 부족합니다.	→	사람들은 경제 활동을 하면서 자원의 희소성 때문에 선택의 문제에 부딪힙니다.

초성 퀴즈 다음 초성을 보고, 핵심 단어를 위에서 찾아 써 봅시다.

정답과 해설 • 9쪽

❶ 사람들이 생활에 필요한 여러 가지를 만들고 사용하는 것과 관련된 모든 활동을 ㄱ ㅈ ㅎ ㄷ 이라고 합니다.

❷ 사람들은 경제활동을 하면서 여러 가지 ㅅ ㅌ 의 문제를 겪습니다.

❸ 자원의 ㅎ ㅅ ㅅ 때문에 경제활동에서 선택의 문제가 일어납니다.

문제로 확인하기

1 다음 (　　) 안에 들어갈 알맞은 말을 쓰시오.

> (　　　　　)은/는 생활에 필요한 여러 가지를 만들고 사용하는 것과 관련된 모든 활동을 말합니다.

(　　　　　　　　)

2 일상생활에서 선택의 문제로 고민하는 모습이 <u>아닌</u> 것은 어느 것입니까? (　　)

① 빵집에서 어떤 빵을 만들지 고민한다.
② 다른 고장으로 이동하기 위해 버스를 탄다.
③ 용돈 중에 얼마를 쓰고, 얼마를 모을지 고민한다.
④ 친구 생일 선물로 공책을 살지, 필통을 살지 고민한다.
⑤ 분식집에서 떡볶이를 먹을지, 어묵을 먹을지 고민한다.

3 다음 보기 에서 선택의 문제가 일어나는 까닭을 골라 기호를 쓰시오.

> 보기
>
> ㉠ 쓸 수 있는 돈이 많아서
> ㉡ 사람들이 원하는 것이 적어서
> ㉢ 사용할 수 있는 자원의 양이 풍족해서
> ㉣ 사람들이 원하는 것은 많지만 그것을 모두 사거나 만들 수 없어서

(　　　　　　　　)

4 희소성에 대한 설명으로 알맞지 <u>않은</u> 것은 어느 것입니까? (　　)

① 희소성은 시대에 따라 달라질 수 있다.
② 희소성은 장소에 따라 달라질 수 있다.
③ 희소성은 자원이 얼마나 적은지에 따라서만 결정된다.
④ 희소성 때문에 경제활동에서 선택의 문제가 일어난다.
⑤ 희소성은 사람들이 그것을 얼마나 원하는지에 따라 달라지기도 한다.

핵심

❶ 희소성은 사람들의 필요나 욕구에 비하여 자원의 양이 상대적으로 〔 부족 , 풍족 〕한 상태를 말합니다.

❷ 자원의 희소성 때문에 선택의 문제가 일어납니다. 〔 O , X 〕

합리적 선택이 필요한 까닭

오늘 배울 개념 미리 보기

1 잘못된 선택으로 후회한 경험

2 합리적 선택

3 합리적 선택이 필요한 까닭

오늘 배울 용어 알아보기

합리적 선택
(合 합할 **합**, 理 다스릴 **리**, 的 과녁 **적**, 選 가릴 **선**, 擇 가릴 **택**)

뜻 적은 비용과 노력으로 가장 큰 만족감을 얻을 수 있는 선택

예 물건을 살 때에는 여러 가지 기준을 고려하여 **합리적 선택**을 해야 합니다.

낭비
(浪 물결 **낭**, 費 쓸 **비**)

뜻 시간이나 재물 등을 헛되이 헤프게 씀.

예 물건을 살 때 가격, 품질, 디자인 등을 꼼꼼하게 따져야 돈을 **낭비**하지 않습니다.

가족여행에서 여행지와의 거리와 가격만 생각하고 예약한 숙소가 지저분해서 후회하였습니다.

옷 크기를 확인하지 않고 샀더니 옷이 잘 맞지 않아 후회하였습니다.

식당에서 음식을 너무 많이 주문해서 음식이 남아 후회하였습니다.

디자인이 마음에 들어 품질을 보지 않고 시계를 샀는데, 금방 고장이 나서 후회하였습니다.

핵심 콕!
- 사람들은 경제활동을 하면서 수많은 선택을 하는데, 그중에는 **만족하는 선택**도 있지만 **만족하지 못하는 선택**도 있습니다.
- 경제활동에서 잘못된 선택을 하면 **돈이나 시간 등의 자원을 낭비**할 수 있습니다.

2 합리적 선택

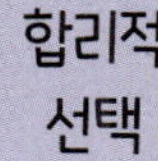

적은 비용과 노력으로 가장 큰 만족감을 얻을 수 있는 선택을 말합니다.

합리적 선택을 위해 고려해야 할 점

물건을 사기 전에 나에게 꼭 필요한 것인지 신중하게 생각해 봅니다.

선택으로 얻을 수 있는 즐거움이나 편리함에는 어떤 것들이 있는지 생각해야 합니다.

가격, 모양, 기능, 품질 등 여러 가지 조건을 꼼꼼하게 따져 봐야 합니다.

나의 선택이 다른 사람이나 환경에 미치는 영향을 생각해야 합니다.

핵심 콕!
- 합리적 선택이란 **적은 비용과 노력으로 가장 큰 만족감**을 얻을 수 있는 선택을 말합니다.
- **여러 가지 상황을 고려**하여 신중하게 생각해야 합리적 선택을 할 수 있습니다.

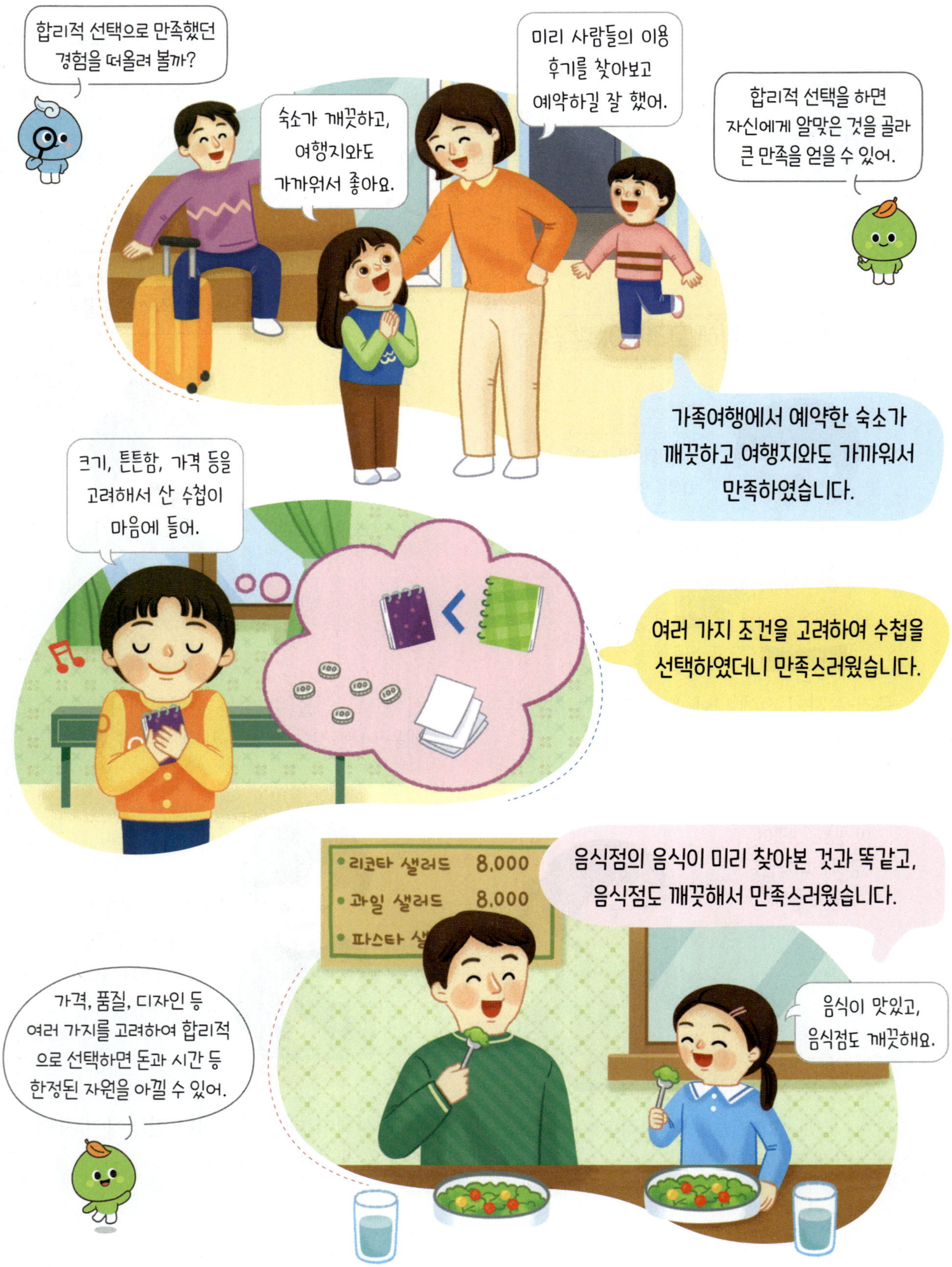

핵심 콕!
- 합리적 선택을 하면 자신에게 **가장 알맞은 것을 골라 큰 만족감**을 얻을 수 있습니다.
- 합리적 선택을 하면 경제활동에서 **돈이나 시간 등 한정된 자원을 절약**하고 알뜰하게 생활할 수 있습니다.

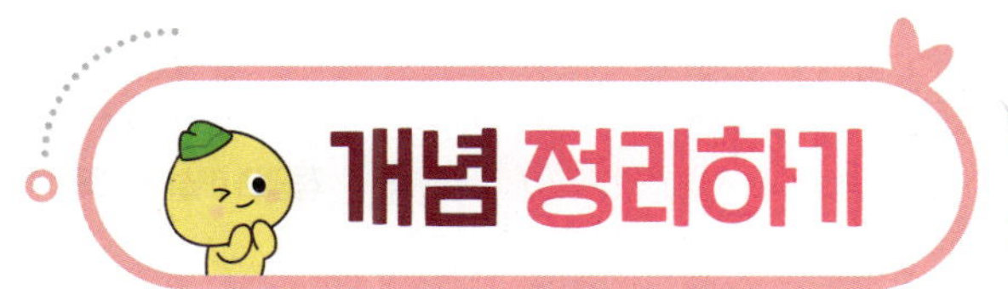

개념 정리하기

1 잘못된 선택으로 후회한 경험

예	• 가족여행에서 여행지와의 거리와 가격만 생각하고 예약한 숙소가 지저분해서 후회하였습니다. • 옷 크기를 확인하지 않고 샀더니 옷이 잘 맞지 않아 후회하였습니다. • 식당에서 음식을 너무 많이 주문해서 음식이 남아 후회하였습니다. • 디자인이 마음에 들어 품질을 보지 않고 시계를 샀는데, 금방 고장이 나서 후회하였습니다.
결과	경제활동에서 잘못된 선택을 하면 돈이나 시간 등의 자원을 낭비할 수 있습니다.

2 합리적 선택

(1) **합리적 선택**: 적은 비용과 노력으로 가장 큰 만족감을 얻을 수 있는 선택을 말합니다.

(2) **합리적 선택을 위해 고려해야 할 점**

① 물건을 사기 전에 나에게 꼭 필요한 것인지 신중하게 생각해 봅니다.

② 선택으로 얻을 수 있는 즐거움이나 편리함에는 어떤 것들이 있는지 생각해야 합니다.

③ 가격, 모양, 기능, 품질 등 여러 가지 조건을 꼼꼼하게 따져 봐야 합니다.

④ 나의 선택이 다른 사람이나 환경에 미치는 영향을 생각해야 합니다.

3 합리적 선택이 필요한 까닭

합리적 선택으로 만족한 경험 (예)	• 가족여행에서 예약한 숙소가 깨끗하고 여행지와도 가까워서 만족하였습니다. • 여러 가지 조건을 고려하여 수첩을 선택하였더니 만족스러웠습니다. • 음식점의 음식이 미리 찾아본 것과 똑같고, 음식점도 깨끗해서 만족스러웠습니다.
합리적 선택의 필요성	• 자신에게 가장 알맞은 것을 골라 큰 만족감을 얻을 수 있습니다. • 경제활동에서 돈이나 시간 등 한정된 자원을 절약할 수 있습니다.

초성 퀴즈 다음 초성을 보고, 핵심 단어를 위에서 찾아 써 봅시다.

📖 정답과 해설 • 9쪽

❶ 경제활동에서 잘못된 선택을 하면 돈이나 시간 등의 자원을 [ㄴ][ㅂ]할 수 있습니다.

❷ [ㅎ][ㄹ][ㅈ] [ㅅ][ㅌ]은 적은 비용과 노력으로 가장 큰 만족감을 얻을 수 있는 선택을 말합니다.

❸ 합리적 선택을 하면 자신에게 가장 알맞은 것을 골라 큰 [ㅁ][ㅈ][ㄱ]을 얻을 수 있습니다.

문제로 확인하기

1 잘못된 선택을 한 어린이는 누구인지 쓰시오.

(   )

2 다음 〈보기〉에서 잘못된 선택을 했을 때 생길 수 있는 일을 골라 기호를 쓰시오.

> **보기**
> ㉠ 돈을 절약할 수 있다.   ㉡ 자원을 낭비할 수 있다.
> ㉢ 큰 만족을 얻을 수 있다.   ㉣ 자신에게 알맞은 것을 고를 수 있다.

(   )

3 합리적 선택을 위해 고려해야 할 점으로 알맞지 <u>않은</u> 것은 어느 것입니까? (   )

① 튼튼한가?   ② 품질이 좋은가?
③ 나에게 꼭 필요한 것인가?   ④ 친구에게 자랑할 수 있는 것인가?
⑤ 즐거움이나 편리함을 얻을 수 있는가?

4 다음 ( ) 안에 들어갈 알맞은 말을 쓰시오.

> (   )을/를 하면 자신에게 가장 알맞은 것을 골라 큰 만족감을 얻을 수 있을 뿐만 아니라 한정된 자원을 절약할 수 있습니다.

(   )

16일차 핵심

❶ 합리적 선택을 하려면 나에게 꼭 필요한 것인지 생각해야 합니다. (O , X)

❷ 합리적 선택을 하면 돈과 시간 등 한정된 자원을 (절약 , 낭비)할 수 있습니다.

17 일차

합리적 선택의 방법을 알고 실천하기

오늘 배울 개념 미리 보기

1 합리적 선택을 하는 방법

2 합리적 선택을 위해 정보를 얻는 방법

오늘 배울 용어 알아보기

정보
(情 뜻 **정**, 報 알릴 **보**)

뜻 관찰이나 측정을 통하여 수집한 자료를 실제 문제에 도움이 될 수 있도록 정리한 지식 또는 그 자료

예 물건을 살 때에는 **정보**를 수집해야 합니다.

광고
(廣 넓을 **광**, 告 알릴 **고**)

뜻 물건이나 서비스에 대한 정보를 여러 가지 매체를 통하여 소비자에게 널리 알리는 의도적인 활동

예 텔레비전에서 신발 **광고**를 보았습니다.

1 필요한 물건과 가진 돈 확인하기

나에게 필요한 물건을 고르고, 가진 돈이 얼마인지 확인합니다.

기본이 되는 표준

2 선택 기준 세우기

사고 싶은 물건 중에서 한 가지를 고르기 위한 선택 기준을 세웁니다.

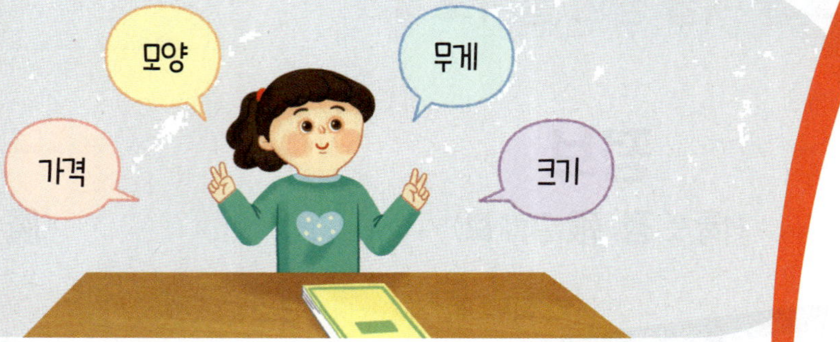

3 정보 조사하기

사고 싶은 물건과 관련된 여러 가지 정보를 수집하고 분석합니다.

취미나 연구를 위하여 여러 가지 물건이나 재료를 찾아 모음.

물건 선택 기준			
가격	50,000원	30,000원	20,000원
모양	평범함.	예쁨.	세련됨.
무게	무거움.	보통임.	가벼움.
기타	어깨끈이 두꺼움.	주머니가 많음.	주머니가 없음.

핵심 콕!
- 합리적 선택을 하려면 **선택 기준**을 세우고, 사고 싶은 물건에 대한 **여러 가지 정보를 수집**한 후 선택 기준에 따라 각 물건들의 특징을 꼼꼼하게 살펴봐야 합니다.
- **다양한 기준을 고려하여 합리적 선택**을 하면 자신에게 알맞은 것을 골라 **큰 만족을 얻을 수 있습니다**.

2 합리적 선택을 위해 정보를 얻는 방법

인터넷 검색하기

여러 물건의 정보를 한눈에 비교할 수 있고, 물건을 산 다른 사람들의 의견도 알 수 있습니다.

광고 보기

신문, 라디오, 텔레비전 광고 등에서 물건의 모양, 특징 등 다양한 정보를 얻을 수 있습니다.

상점 방문하기

상점에 찾아가 물건을 직접 살펴볼 수 있고, 궁금한 점을 직원에게 물어볼 수도 있습니다.

주변 사람의 경험 듣기

물건을 직접 사용한 사람에게 물건의 특징이나 장단점 등을 물어볼 수 있습니다.

핵심 콕!
- 정보를 수집하는 방법에는 **인터넷 검색하기, 광고 보기, 상점 방문하기, 주변 사람의 경험 듣기** 등이 있습니다.
- 물건의 정보를 찾아 활용할 때는 **정보의 출처가 믿을 만한지, 정확한 정보인지 확인**해야 합니다.

개념 정리하기

① 합리적 선택을 하는 방법

필요한 물건과 가진 돈 확인하기	나에게 필요한 물건을 고르고, 가진 돈이 얼마인지 확인합니다.
선택 기준 세우기	사고 싶은 물건 중에서 한 가지를 고르기 위한 선택 기준을 세웁니다.
정보 조사하기	사고 싶은 물건과 관련된 여러 가지 정보를 수집하고 분석합니다.
선택 기준에 따라 평가하기	수집한 정보를 바탕으로 선택 기준에 따라 각 물건의 특징을 꼼꼼하게 살펴보며 평가합니다.
선택하기	평가 결과를 보고 나에게 가장 알맞은 것을 선택합니다.
선택 되돌아보기	내가 합리적 선택을 한 것인지 나의 선택을 되돌아보고, 평가합니다.

② 합리적 선택을 위해 정보를 얻는 방법

인터넷 검색하기	여러 물건의 정보를 한눈에 비교할 수 있고, 물건을 산 다른 사람들의 의견도 알 수 있습니다.
광고 보기	신문, 라디오, 텔레비전 광고 등에서 물건의 모양, 특징 등 다양한 정보를 얻을 수 있습니다.
상점 방문하기	상점에 찾아가 물건을 직접 살펴볼 수 있고, 궁금한 점을 직원에게 물어볼 수도 있습니다.
주변 사람의 경험 듣기	물건을 직접 사용한 사람에게 물건의 특징이나 장단점 등을 물어볼 수 있습니다.

초성 퀴즈 다음 초성을 보고, 핵심 단어를 위에서 찾아 써 봅시다.

📖 정답과 해설 • 10쪽

❶ 합리적 선택을 하려면 사고 싶은 물건 중에서 한 가지를 고르기 위한 [ㅅ][ㅌ][ㄱ][ㅈ] 을 세웁니다.

❷ 합리적 선택을 하기 위해서는 사고 싶은 물건과 관련된 여러 가지 [ㅈ][ㅂ] 를 수집하고 분석합니다.

문제로 확인하기

[1~2] 다음은 합리적 선택을 하는 과정입니다. 물음에 답하시오.

> ㉠ 선택하기 　　　　　　　　㉡ 정보 조사하기
> ㉢ 선택 되돌아보기 　　　　　㉣ 선택 기준 세우기
> ㉤ 선택 기준에 따라 물건 평가하기 　㉥ 필요한 물건과 가진 돈 확인하기

1 위 ㉠~㉥ 중 합리적 선택을 하기 위해 가장 먼저 해야 하는 과정을 찾아 기호를 쓰시오.

(　　　　　)

2 위 ㉠~㉥ 중 다음 내용과 관계 있는 과정을 찾아 기호를 쓰시오.

> 사고 싶은 물건과 관련된 여러 가지 정보를 수집하고 분석합니다.

(　　　　　)

3 물건을 살때 올바른 선택 기준으로 알맞지 <u>않은</u> 것은 어느 것입니까? (　　)

① 품질은 좋은가? 　　　　　② 가격은 적당한가?
③ 꼭 필요한 것인가? 　　　　④ 모양은 만족스러운가?
⑤ 친구가 사고 싶어 하는 것인가?

4 다음과 같이 물건의 정보를 얻는 방법은 어느 것입니까? (　　)

① 광고 보기
② 상점 방문하기
③ 인터넷 검색하기
④ 도서관 방문하기
⑤ 주변 사람의 경험 듣기

17일차 **핵심**

❶ 합리적 선택을 위해 선택 기준을 세울 때는 중요하게 생각하는 기준 한 가지만 고려해야 합니다. 　　(O , X)

❷ 합리적 선택을 하려면 선택 기준에 따라 각 물건들의 특징을 꼼꼼하게 살펴본 후 (자신에게 가장 알맞은 것 , 친구들이 가지고 있는 것)을 선택해야 합니다.

18일차

우리 주변에서 일어나는 생산과 소비의 모습

오늘 배울 **개념** 미리 보기

1 시장에서 이루어지는 생산과 소비

2 물건이 생산되어 우리에게 오기까지의 과정

3 생산 활동의 종류 구분하기

오늘 배울 **용어** 알아보기

시장
(市 시장 **시**, 場 마당 **장**)

뜻 물건이나 서비스를 사려는 사람과 팔려는 사람이 만나 거래하는 곳

예 **시장**에 가서 과일을 샀습니다.

생산
(生 날 **생**, 産 낳을 **산**)

뜻 생활에 필요한 물건이나 서비스를 만들어 내는 활동

예 농촌에서는 쌀을 **생산**합니다.

소비
(消 꺼질 **소**, 費 쓸 **비**)

뜻 생활에 필요한 물건이나 서비스를 대가를 지불하고 사용하는 활동

예 쌀의 **소비**가 줄어들고 있습니다.

생산 활동

분식집에서 떡볶이를 만듭니다.

과일 가게에 물건을 배달합니다.

소비 활동

신발 가게에서 신발을 삽니다.

미용실에서 머리 손질을 받습니다.

핵심 콕!
- 생산은 **생활에 필요한 물건이나 서비스를 만들어 내는 활동**입니다.
- 소비는 **생활에 필요한 물건이나 서비스를 대가를 지불하고 사용하는 활동**입니다.

18 일차

❶ 농부가 벼농사를 짓습니다.

❷ 정미소에서 벼의 껍질을 벗겨 쌀로 만든 후 포장합니다.

쌀 찧는 일을 전문적으로 하는 곳

❹ 쌀가게에서 쌀을 팝니다.

❸ 트럭을 이용하여 쌀가게로 쌀을 운반합니다.

❺ 쌀가게에서 쌀을 삽니다.

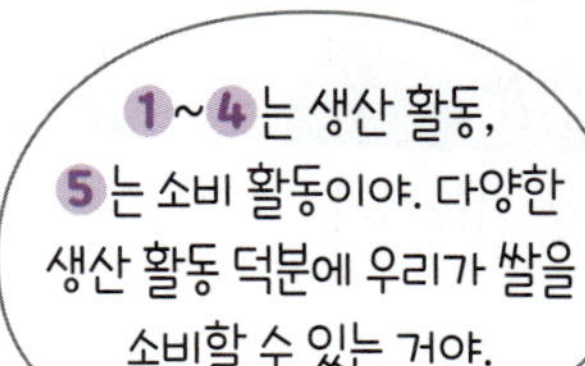

핵심 콕!

- 우리가 생활하는 데 필요한 것들은 우리에게 오기까지 여러 **생산 활동**을 거칩니다.
- 사람들은 다양한 생산 활동을 통해 만들어진 **물건과 서비스를 소비**하며 살아갑니다.

생활에 필요한 것을 자연에서 얻는 활동

↑ 농사짓기

↑ 염전에서 소금 얻기

생활에 필요한 것을 산, 평야, 강, 바다와 같은 자연에서 얻습니다.

생활에 필요한 것을 만드는 활동

자연에서 얻은 생산물이나 자원을 이용하여 생활에 필요한 것을 만듭니다.

↑ 아이스크림 만들기

↑ 건물 짓기

생활을 편리하고 즐겁게 해 주는 활동

↑ 학생 가르치기

↑ 공연하기

물건을 팔거나 사람들을 만족시킬 수 있는 서비스를 제공합니다.

핵심 콕!
- 생산 활동에는 **생활에 필요한 것을 자연에서 얻는 활동, 생활에 필요한 것을 만드는 활동, 생활을 편리하고 즐겁게 해 주는 활동**이 있습니다.
- 일상생활에서 이루어지는 생산 활동과 소비 활동은 서로 밀접한 관련이 있습니다.

1 시장에서 이루어지는 생산과 소비

(1) 생산과 소비의 의미

생산	생활에 필요한 물건이나 서비스를 만들어 내는 활동입니다.
소비	생활에 필요한 물건이나 서비스를 대가를 지불하고 사용하는 활동입니다.

(2) 시장에서 이루어지는 생산 활동과 소비 활동 ⑩

생산 활동	• 분식집에서 떡볶이를 만듭니다. • 과일 가게에 물건을 배달합니다.
소비 활동	• 신발 가게에서 신발을 삽니다. • 미용실에서 머리 손질을 받습니다.

2 물건이 생산되어 우리 손에 오기까지의 과정 ⑩ 쌀

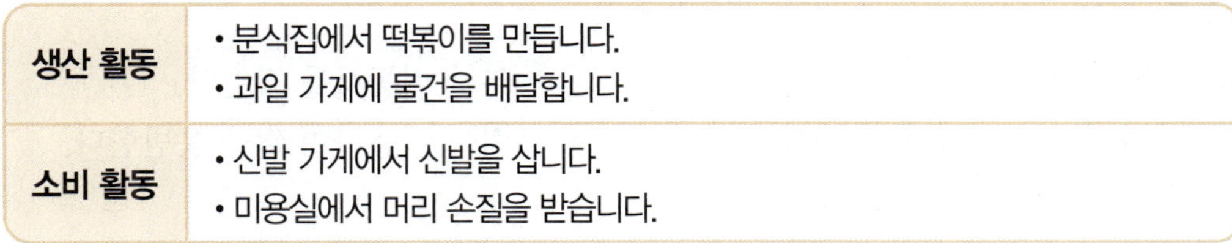

3 생산 활동의 종류 구분하기

생활에 필요한 것을 자연에서 얻는 활동	농사짓기, 염전에서 소금 얻기, 물고기 잡기, 과일 따기, 소 기르기 등
생활에 필요한 것을 만드는 활동	아이스크림 만들기, 건물 짓기, 옷 만들기, 스마트폰 만들기, 자동차 만들기 등
생활을 편리하고 즐겁게 해 주는 활동	학생 가르치기, 공연하기, 환자 진료하기, 물건 판매하기 등

📖 정답과 해설 ● 10쪽

초성 퀴즈 다음 초성을 보고, 핵심 단어를 위에서 찾아 써 봅시다.

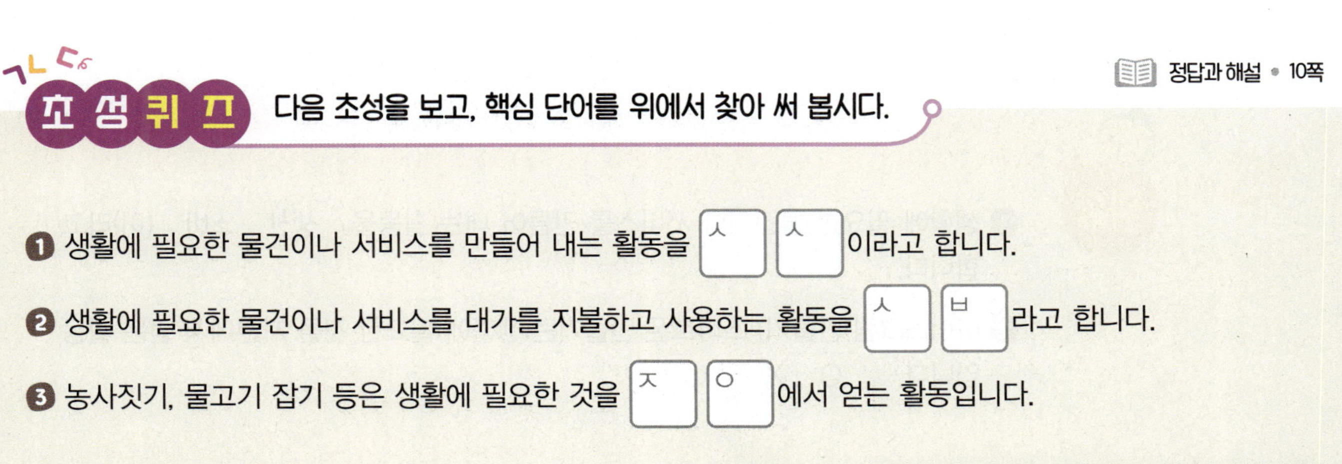

❶ 생활에 필요한 물건이나 서비스를 만들어 내는 활동을 ⟨ㅅ⟩⟨ㅅ⟩이라고 합니다.

❷ 생활에 필요한 물건이나 서비스를 대가를 지불하고 사용하는 활동을 ⟨ㅅ⟩⟨ㅂ⟩라고 합니다.

❸ 농사짓기, 물고기 잡기 등은 생활에 필요한 것을 ⟨ㅈ⟩⟨ㅇ⟩에서 얻는 활동입니다.

1 시장에서 볼 수 있는 소비 활동을 <u>두 가지</u> 고르시오. (,)

① 과일 가게에서 과일을 산다.　② 신발 가게에서 신발을 산다.
③ 과일 가게에 물건을 배달한다.　④ 분식집에서 떡볶이를 만든다.
⑤ 미용실에서 손님의 머리를 손질한다.

2 쌀이 우리에게 오기까지의 과정에서 일어나는 생산 활동으로 알맞지 <u>않은</u> 것은 어느 것입니까? ( )

① 쌀가게에서 쌀을 판다.　② 농부가 벼농사를 짓는다.
③ 쌀가게에서 손님이 쌀을 산다.　④ 트럭을 이용하여 쌀을 운반한다.
⑤ 정미소에서 벼의 껍질을 벗긴다.

3 생활에 필요한 것을 자연에서 얻는 활동이 <u>아닌</u> 것은 어느 것입니까? ( )

① ↑ 농사짓기
② ↑ 고구마 캐기
③ ↑ 과일 따기
④ ↑ 염전에서 소금 얻기
⑤ ↑ 건물 짓기

4 생활을 편리하고 즐겁게 해 주는 활동을 「보기」에서 모두 골라 기호를 쓰시오.

┌ 보기 ─────────────────────────
⊙ 공연하기　　　　ⓛ 물고기 잡기
ⓒ 물건 판매하기　　ⓔ 자동차 만들기
└──────────────────────────

( )

18일차

핵심

❶ 생활에 필요한 물건이나 서비스를 만들어 내는 활동을 (생산 , 소비)(이)라고 합니다.

❷ 아이스크림 만들기, 스마트폰 만들기는 생활에 필요한 것을 자연에서 얻는 활동입니다. (O , X)

19 일차

우리 주변 물건의 생산지

오늘 배울 개념 미리 보기

1 우리 지역에 있는 물건들의 생산지

2 다양한 물건의 생산지를 확인하는 방법

3 물건의 생산지 조사하기

오늘 배울 용어 알아보기

생산지
(生 날 **생**, 産 낳을 **산**, 地 땅 **지**)

뜻 어떤 물품을 만들어 내는 곳

예 이천은 쌀의 주요 **생산지**입니다.

생산 정보
(生 날 **생**, 産 낳을 **산**, 情 뜻 **정**, 報 알릴 **보**)

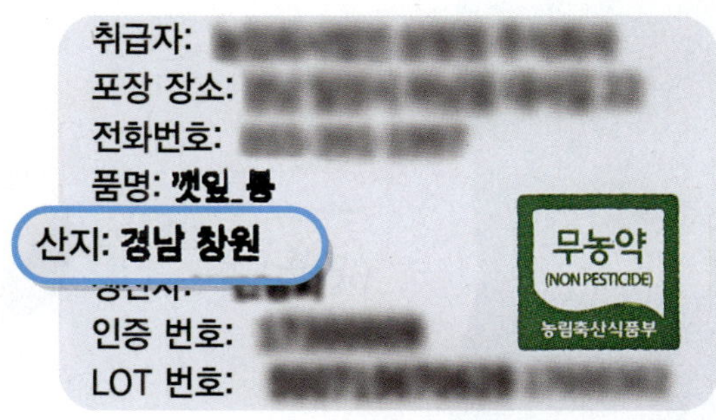

뜻 인간이 생활하는 데 필요한 각종 물건을 만들어 내는 정보

예 물건에는 **생산 정보**가 나타나 있습니다.

1 우리 지역에 있는 물건들의 생산지

핵심 콕!

- 우리가 사용하는 물건들 중에는 **우리 지역에서 생산된 것**도 있습니다.
- 우리가 사용하는 물건들 중에는 **우리나라의 다른 지역이나 다른 나라에서 생산되어 온 것**도 있습니다.

다양한 물건의 생산지를 확인하는 방법

상품에 표시된 정보 확인하기

제품명	
내용량	78 g	식품유형	과자(유탕처리제품)
원재료명	감자(국내산),혼합식용유[팜올레인유(말레이시아산),옥배유(옥수수(외국산(러시아,헝가리,세르비아 등)),토코페롤(혼합형)],복합조미식품[화이트치즈맛시즈닝(정제소금(국내산),탈지분유(미국산),버터혼합분말(가공버터(호주산)),아카시아꿀분말(아카시아벌꿀(국내산)),고메버터(프랑스산), 치즈파우더(네덜란드산), (프랑스산))]
우유,대두,밀,조개류(굴) 함유	

상품의 인증 마크 확인하기

취급자:
포장 장소:
전화번호:
품명: 깻잎 통
산지: **경남 창원**
생산지:
인증 번호:
LOT 번호:

상품 안내문 확인하기

대형 할인점의 광고지 확인하기

상품 포장지의 큐알(QR) 코드 찍어 보기

누리집에서 상품 소개 찾아보기

색상	상세 페이지 참고
제조국	중국
품명 및 모델명	○○ 장난감

핵심 콕!
· **상품에 표시된 정보, 인증 마크, 상품 안내문, 대형 할인점의 광고지, 상품 포장지의 큐알(QR) 코드,
누리집의 상품 소개** 등을 통해 상품의 생산지를 알 수 있습니다.

우리 지역에서 판매되는 물건의 생산지 조사하기

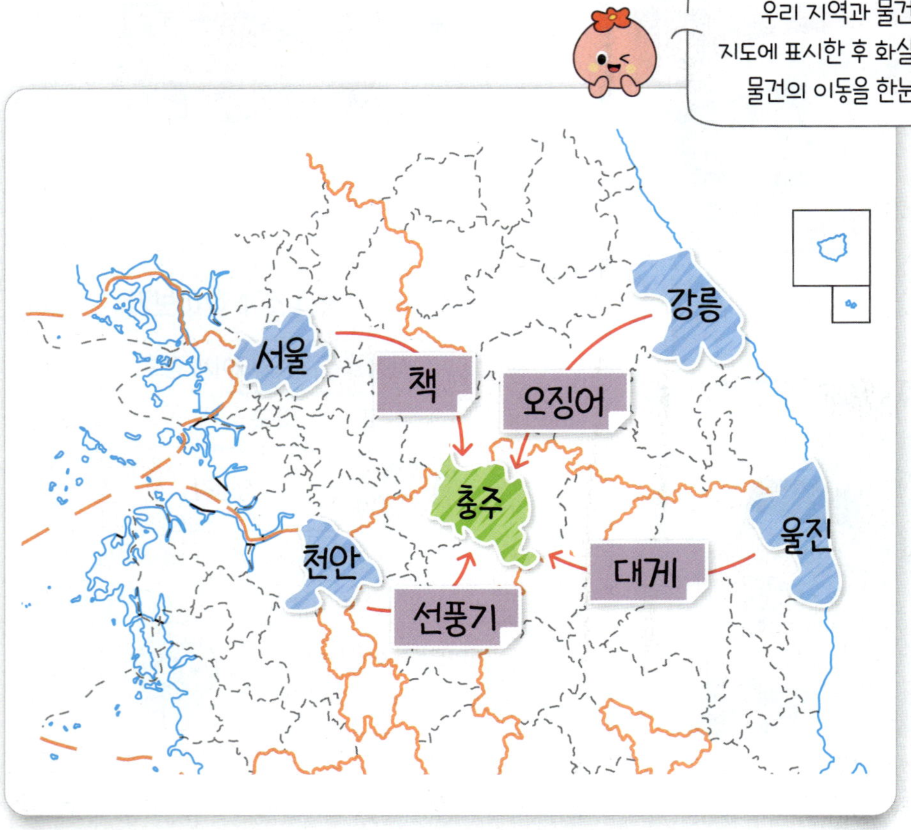

우리 지역에서 생산된 물건		우리나라의 다른 지역에서 생산된 물건	
물건	생산지(원산지)	물건	생산지(원산지)
사과	충청북도 충주시	선풍기	충청남도 천안시
복숭아	충청북도 충주시	대게	경상북도 울진군
밤	충청북도 충주시	오징어	강원특별자치도 강릉시
고구마	충청북도 충주시	책	서울특별시

우리 지역에서 판매되는 물건의 생산지를 지도에 표시하기

핵심 콕! • 물건의 생산지 조사를 통해 우리 지역에서 볼 수 있는 다양한 물건은 여러 지역에서 생산되어 우리 지역으로 온다는 것을 알 수 있습니다.

개념 정리하기

**19
일차**

1 우리 지역에 있는 물건들의 생산지

(1) 우리가 사용하는 물건들 중에는 우리 지역에서 생산된 것도 있습니다.

(2) 우리가 사용하는 물건들 중에는 우리나라의 다른 지역이나 다른 나라에서 생산되어 온 것도 있습니다.

2 다양한 물건의 생산지를 확인하는 방법

3 물건의 생산지 조사하기

우리 지역에서 판매되는 물건의 생산지를 조사한 후 생산물 지도에 표시해 봅니다.

↳ 우리 지역에서 볼 수 있는 다양한 물건은 여러 지역에서 생산되어 우리 지역으로 온 것입니다.

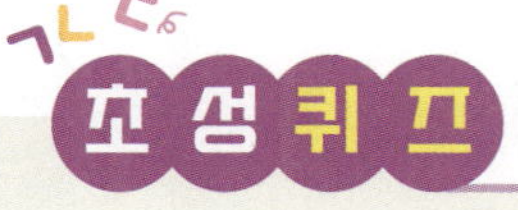

초성 퀴즈 다음 초성을 보고, 핵심 단어를 위에서 찾아 써 봅시다.

📖 정답과 해설 • 10쪽

❶ 우리가 사용하는 물건들 중에는 우리 지역에서 생산된 것도 있고, 우리나라의 [ㄷ][ㄹ][ㅈ][ㅇ]이나 다른 나라에서 생산되어 온 것도 있습니다.

❷ 상품에 붙어 있는 [ㅇ][ㅈ][ㅁ][ㅋ]를 확인하면 상품의 생산지를 알 수 있습니다.

1 우리 주변 물건들의 생산지에 대한 설명으로 알맞은 것을 두 가지 고르시오.　(　,　)

① 우리가 사용하는 물건들은 모두 우리나라에서 만들었다.
② 우리가 사용하는 물건들은 모두 우리 지역에서 만들었다.
③ 우리가 사용하는 물건들은 모두 다른 나라에서 들여온다.
④ 우리가 사용하는 물건들 중에는 우리 지역에서 생산된 것도 있다.
⑤ 우리가 사용하는 물건들은 여러 지역에서 생산되어 우리 지역으로 온다.

2 다음과 같이 물건의 생산지를 조사하는 방법은 어느 것입니까?　(　)

① 상품의 인증 마크 확인하기
② 상품에 표시된 정보 확인하기
③ 누리집에서 상품 소개 찾아보기
④ 대형 할인점의 광고지 확인하기
⑤ 상품 포장지의 큐알(QR) 코드 찍어 보기

3 우리 주변 물건의 생산지를 조사하여 알 수 있는 사실을 잘못 말한 어린이는 누구인지 쓰시오.

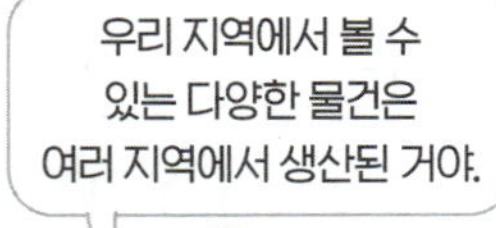

(　)

19일차 **핵심**

❶ 우리 지역에 있는 물건은 (여러 지역에서 , 우리 지역에서만) 생산된 것입니다.

❷ 우리 지역에서는 우리 지역에서 생산된 물건만 소비합니다. (O , X)

20일차

지역 간 경제 교류가 일어나는 까닭

오늘 배울 개념 미리 보기

1 여러 지역에서 온 물건을 우리 주변에서 볼 수 있는 까닭

2 경제 교류의 의미와 경제 교류가 일어나는 까닭

3 다양한 필요에 따라 생겨나는 경제 교류의 모습

오늘 배울 용어 알아보기

경제 교류

(經 날 **경**, 濟 건널 **제**, 交 사귈 **교**, 流 흐를 **류**)

🟥 **뜻** 각 지역이 경제적 이익을 얻으려고 서로 물건이나 자원, 기술, 정보 등을 주고받는 것

🟥 **예** 나라 간에 **경제 교류**가 이루어집니다.

이익

(利 이로울 **이**, 益 더할 **익**)

🟥 **뜻** 물질적으로나 정신적으로 보탬이 되는 것

🟥 **예** 나라 간에 경제 교류로 경제적 **이익**을 얻을 수 있습니다.

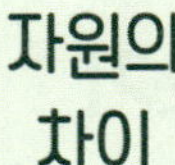

자원의 차이

석회석이 풍부한 지역에서는 시멘트를 생산하여 다른 지역에 판매합니다.

생산 기술의 차이

연구 단지가 있는 지역에서는 새로운 기술로 상품을 만들어서 다른 지역에 판매합니다.

자연환경의 차이

감귤을 재배하기에 적합한 따뜻한 지역에서는 감귤을 생산하여 다른 지역에 판매합니다.

핵심 콕!

- 여러 지역에서 온 다양한 물건을 우리 주변에서 볼 수 있습니다.
- 지역마다 **자원, 생산 기술, 자연환경 등이 달라 생산하는 물건이 다릅니다.**
- 각 지역 사람들은 자기 지역에서 **많이 생산되는 물건은 다른 지역에 팔고, 생산할 수 없거나 부족한 물건은 다른 지역에서 사들여 옵니다.**

경제 교류의 의미

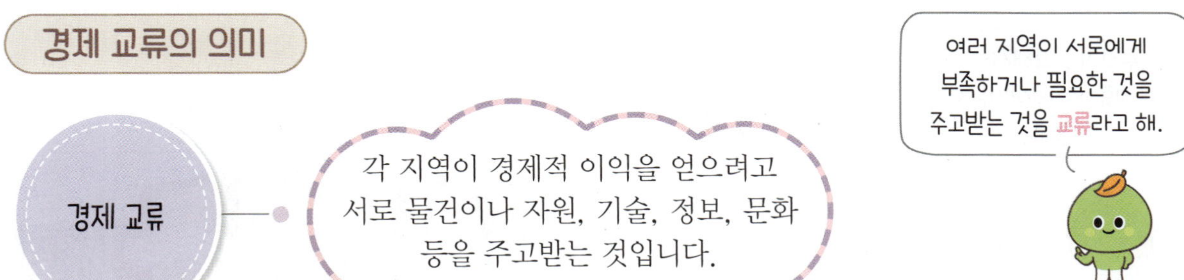

경제 교류가 일어나는 까닭

지역마다 자원, 생산 기술, 자연환경, 문화 등이 달라 생산되는 물건이 다르기 때문에 우리 지역에서 생산되지 않는 물건을 얻으려면 다른 지역과 교류해야 합니다.

- 경제 교류란 각 지역이 **경제적 이익을 얻으려고 서로 물건이나 자원, 기술, 정보, 문화 등을 주고받는 것**입니다.
- 지역마다 **자원, 생산 기술, 자연환경, 문화 등이 다르기 때문에** 지역 간 경제 교류가 이루어집니다.

지역마다 생산할 수 있거나 가지고 있는 것이 다르기 때문에 경제 교류를 합니다.

다른 지역의 문화를 체험하기 위해 경제 교류를 합니다.

다른 지역에 가서 공부를 하거나 일자리를 구하기 위해 경제 교류를 합니다.

비슷한 특징을 가진 지역끼리 협력하여 함께 발전하기 위해 경제 교류를 합니다.

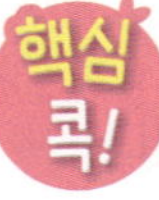

핵심 콕!
- 각 지역 사람들은 **서로 필요한 것을 구하기 위해** 경제 교류를 합니다.
- 사람들은 다양한 필요에 따라 경제 교류를 하면서 **서로 도움을 주고받으며, 함께 발전**하기도 합니다.

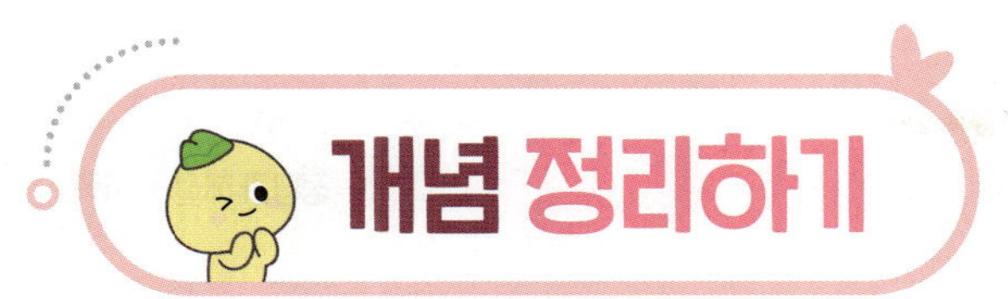

1 여러 지역에서 온 물건을 우리 주변에서 볼 수 있는 까닭

(1) **각 지역에서 생산하는 것 ⓔ**

① 석회석이 풍부한 지역에서는 시멘트를 생산하여 다른 지역에 판매합니다.

② 연구 단지가 있는 지역에서는 새로운 기술로 상품을 만들어서 다른 지역에 판매합니다.

③ 감귤을 재배하기에 적합한 따뜻한 지역에서는 감귤을 생산하여 다른 지역에 판매합니다.

(2) **여러 지역에서 온 다양한 물건을 주변에서 볼 수 있는 까닭**: 각 지역 사람들은 자기 지역에서 많이 생산되는 물건은 다른 지역에 팔고, 생산할 수 없거나 부족한 물건은 다른 지역에서 사들여 오기 때문입니다.

2 경제 교류의 의미와 경제 교류가 일어나는 까닭

경제 교류	각 지역이 경제적 이익을 얻으려고 서로 물건이나 자원, 기술, 정보, 문화 등을 주고받는 것입니다.
경제 교류가 일어나는 까닭	지역마다 자연환경이나 생산 기술, 자원, 문화 등이 다르기 때문에 지역 간 경제 교류가 이루어집니다.
예	• 자동차 만드는 기술이 뛰어난 지역에서는 자동차를 많이 생산해 다른 지역에 팔아 이익을 얻습니다. • 바다가 가까이 있어 해산물이 많이 잡히는 지역에서는 해산물을 다른 지역에 팔아 이익을 얻습니다.

3 다양한 필요에 따라 생겨나는 경제 교류의 모습

(1) 지역마다 생산할 수 있거나 가지고 있는 것이 다르기 때문에 경제 교류를 합니다.

(2) 다른 지역의 문화를 체험하기 위해 경제 교류를 합니다.

(3) 다른 지역에 가서 공부를 하거나 일자리를 구하기 위해 경제 교류를 합니다.

(4) 비슷한 특징을 가진 지역끼리 협력하여 함께 발전하기 위해 경제 교류를 합니다.

초성 퀴즈 다음 초성을 보고, 핵심 단어를 위에서 찾아 써 봅시다.

📖 정답과 해설 • 11쪽

❶ ㄱ ㅈ ㄱ ㄹ 는 각 지역이 경제적 이익을 얻으려고 서로 물건이나 자원, 기술, 정보, 문화 등을 주고받는 것입니다.

❷ 사람들은 다양한 ㅍ ㅇ 에 따라 경제 교류를 하면서 서로 도움을 주고받고 있습니다.

문제로 확인하기

1 여러 지역에서 온 물건을 우리 주변에서 볼 수 있는 까닭으로 알맞은 것은 어느 것입니까? ( )

① 지역마다 생산하는 물건이 같기 때문에
② 지역마다 생산 기술에 차이가 없기 때문에
③ 자기 지역에서 생산하는 물건은 자기 지역에서만 쓰기 때문에
④ 자기 지역에 부족한 물건을 다른 지역에서 공짜로 주기 때문에
⑤ 자기 지역에서 생산할 수 없는 물건을 다른 지역에서 사들여 오기 때문에

2 그림의 ㉠, ㉡에 들어갈 두 지역이 서로 교류하면 좋을 물건을 각각 쓰시오.

㉠: (   ) ㉡: (   )

3 경제 교류에 대해 잘못 말한 어린이는 누구인지 쓰시오.

(   )

20 일차 핵심

❶ 각 지역이 경제적 이익을 얻으려고 서로 물건이나 자원, 기술, 정보, 문화 등을 주고받는 것을 무엇이라고 합니까? 답

❷ 지역 간에 경제 교류를 하는 까닭은 지역마다 자원, 생산 기술, 자연환경, 문화 등이 (같기 , 다르기) 때문입니다.

✎ 공부한 날
월 일

지역 간 다양한 경제 교류 사례

오늘 배울 개념 미리 보기

1 지역의 대표 상품

2 지역 간 경제 교류 사례 ①

3 지역 간 경제 교류 사례 ②

오늘 배울 용어 알아보기

자매결연

(姉 누이 **자**, 妹 손아랫 누이 **매**, 結 맺을 **결**, 緣 인연 **연**)

뜻 한 지역이나 단체가 다른 지역이나 단체와 서로 돕거나 교류하기 위하여 친선 관계를 맺는 일

예 우리 학교는 다른 지역의 학교와 **자매결연**을 맺었습니다.

직거래 장터

(直 곧을 **직**, 去 갈 **거**, 來 올 **래**) 장터

뜻 중개인을 거치지 않고 물건을 살 사람과 팔 사람이 직접 거래하는 장이 서는 터

예 **직거래 장터**에서 다른 지역의 특산물인 사과를 샀습니다.

1 지역의 대표 상품

우리나라 각 지역의 대표 상품

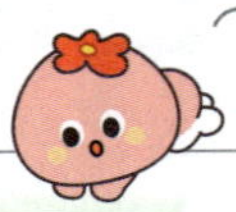

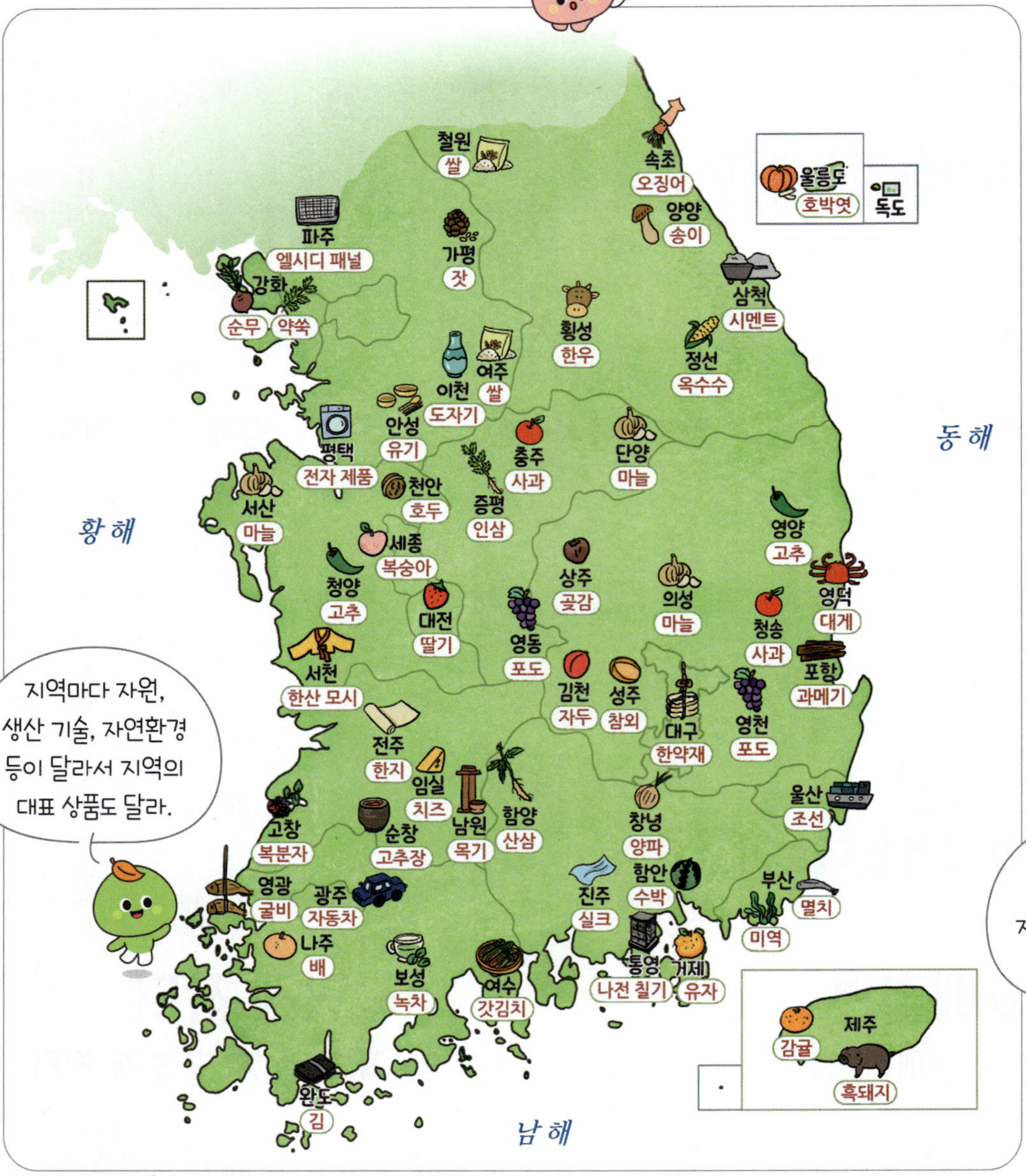

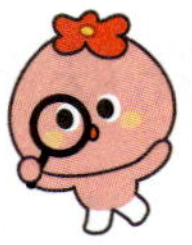

지도에 나타난 각 지역의 대표 상품

지역	대표 상품	지역	대표 상품
강원특별자치도 횡성군	한우	경상북도 청송군	사과
경기도 이천시	도자기	제주특별자치도	감귤

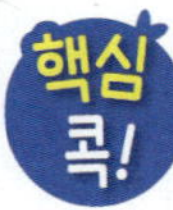

핵심 콕!

- 각 지역에는 그 **지역을 대표하는 상품**이 있으며, 지역 간 경제 교류는 지역의 대표 상품을 중심으로 이루어집니다.
- **자원, 생산 기술, 자연환경 등**에 따라 지역의 대표 상품이 달라집니다.

2 지역 간 경제 교류 사례 ①

생산물 교류

전북특별자치도 군산시는 자매결연을 한 경상북도 김천시에서 농특산물 직거래 장터를 열었다. 군산시에서는 추석을 앞두고 김천 시민을 대상으로 군산시의 우수 농특산물인 흰찰쌀보리, 한과, 간장게장 등 다양한 상품을 판매할 예정이다.

지난 7월, 김천시는 군산시를 방문해 김천시의 우수 농특산물인 자두, 포도, 복숭아 등을 판매하고 홍보하는 행사를 진행하였다.

– ○○ 신문, 2022. 6. 30.

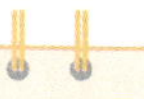

알 수 있는 사실: 두 지역의 자연환경과 기술이 달라서 생산하는 물건이 다르기 때문에 생산물을 주고받으며 서로 경제적 이익을 얻습니다.

기술 및 인적 자원 교류

울산광역시 – 세종특별자치시, 자율주행 자동차 발전에 힘 모은다

사람의 기술이나 노동력

협상에 의하여 조약을 맺음. 또는 그 조약

울산광역시와 세종특별자치시가 자율주행 자동차를 개발하고 일상적으로 쓰이게 하고자 관련 기술과 인적 자원을 교류하는 업무 협약을 하였다.

자동차 개발 기술이 발달한 울산광역시에서는 자율주행 자동차를 개발하고, 자율주행 자동차 시험 기술을 갖춘 세종특별자치시에서는 울산광역시에서 개발한 자율주행 자동차의 안전을 시험할 예정이다. 두 지역의 기술 교류로 자율주행 자동차 시대가 앞당겨질 것으로 기대된다.

알 수 있는 사실: 두 지역이 각자 발달한 기술을 교류하여 더 나은 자율주행 자동차를 개발하는 데 힘을 기울입니다.

 **핵심 콕!**
- 각 지역은 다른 지역과 **생산물을 주고받으며** 서로 경제적 이익을 얻을 수 있습니다.
- 각 지역은 다른 지역과 **기술 및 인적 자원 교류**를 하며 부족한 점을 보완할 수 있습니다.

문화 교류

경기도 수원시와 프랑스 투르시가 국제 자매결연을 체결하고, 투르시에서 수원의 전통문화를 선보이기로 하였다. 수원시는 지난 2014년부터 루마니아, 독일, 중국 등에서 해외 전시회를 열어 우리나라의 전통 공예를 알려 왔다.

수원시는 앞으로도 투르시와 교육이나 음식, 문화, 예술 등 다양한 분야에서 교류하겠다고 밝혔다.

– ○○ 신문, 2023. 4. 9.

↳ **알 수 있는 사실**: 국내 여러 지역뿐만 아니라 다른 나라와도 문화 교류를 합니다.

관광 교류

충청남도 금산군과 충청북도 영동군, 전북특별자치도 무주군이 참여하는 3도 3군 관광 협의회가 올해도 관광 산업의 공동 발전을 추진하기로 하였다.

세 지역은 각 지역의 관광 자원을 활용하여 관광 상품을 개발하고 있으며, 관광객을 모으는 것을 돕거나 축제 교류 등을 추진하고 있다. 3도 3군 관광 협의회는 지난달 베트남을 방문하여 노동자와 유학생, 관광 및 문화 등 다양한 분야에서의 교류도 강화하기로 하였다.

– ○○ 신문, 2023. 2. 14.

↳ **알 수 있는 사실**: 여러 지역이 관광 홍보와 지역 경제 발전을 위해 협력합니다.

핵심 콕!
- 지역 간 문화 교류로 **우리 지역의 문화를 다른 지역 사람들에게 알리거나 다른 지역 사람들의 다양한 문화를 경험**할 수 있습니다.
- 여러 지역이 **관광 홍보와 지역 경제 발전**을 위해 협력합니다.

1 지역의 대표 상품

(1) 각 지역에는 그 지역을 대표하는 상품이 있습니다.

(2) 지역 간 경제 교류는 지역의 대표 상품을 중심으로 이루어집니다.

(3) 자연환경, 생산 기술, 자원 등에 따라 지역의 대표 상품이 달라집니다.

2 지역 간 경제 교류 사례 ①

생산물 교류	교류 사례	전북특별자치도 군산시는 자매결연을 한 경상북도 김천시와 농특산물을 교류합니다.
	사례를 통해 알 수 있는 점	각 지역은 다른 지역과 생산물을 주고받으며 서로 경제적 이익을 얻을 수 있습니다.
기술 및 인적 자원 교류	교류 사례	울산광역시와 세종특별자치시가 기술과 인적 자원을 교류하는 업무 협약을 맺습니다.
	사례를 통해 알 수 있는 점	각 지역은 다른 지역과 기술 및 인적 자원 교류를 하며 부족한 점을 보완할 수 있습니다.

3 지역 간 경제 교류 사례 ②

문화 교류	교류 사례	경기도 수원시와 프랑스 투르시가 국제 자매결연을 체결하고, 투르시에서 수원의 전통문화를 선보이기로 하였습니다.
	사례를 통해 알 수 있는 점	지역 간 문화 교류로 우리 지역의 문화를 다른 지역 사람들에게 알리거나 다른 지역 사람들의 다양한 문화를 경험할 수 있습니다.
관광 교류	교류 사례	충청남도 금산군과 충청북도 영동군, 전북특별자치도 무주군이 각 지역의 관광 자원을 활용하여 관광 상품을 개발하고 축제 교류 등을 추진합니다.
	사례를 통해 알 수 있는 점	여러 지역이 관광 홍보와 지역 경제 발전을 위해 협력합니다.

초성 퀴즈 다음 초성을 보고, 핵심 단어를 위에서 찾아 써 봅시다.

📖 정답과 해설 • 11쪽

❶ 각 지역의 자연환경, 생산 기술, 자원 등에 따라 지역의 [ㄷ][ㅍ][ㅅ][ㅍ]이 달라집니다.

❷ 각 지역은 다른 지역과 [ㅅ][ㅅ][ㅁ]을 주고받으며 서로 경제적 이익을 얻을 수 있습니다.

1 오른쪽은 지역의 대표 상품을 나타낸 지도입니다. 지도를 보고 알 수 있는 사실을 바르게 말한 어린이는 누구인지 쓰시오.

(   )

2 다음 사례에 나타난 경제 교류 모습으로 알맞은 것은 어느 것입니까? (   )

> 전북특별자치도 군산시는 자매결연을 한 경상북도 김천시에서 농특산물 직거래 장터를 열었습니다. 군산시에서는 추석을 앞두고 김천 시민을 대상으로 군산시의 우수 농특산물을 판매할 예정입니다.

① 지역 간 인적 교류
② 지역 간 기술 교류
③ 지역 간 관광 교류
④ 지역 간 생산물 교류
⑤ 다른 나라와의 문화 교류

3 지역 간 경제 교류에 대한 설명으로 알맞지 <u>않은</u> 것은 어느 것입니까? (   )

① 다른 나라와도 경제 교류를 한다.
② 국내의 두 지역 사이에서만 이루어질 수 있다.
③ 지역끼리 생산물을 주고받으며 경제적 이익을 얻는다.
④ 기술을 교류하여 각 지역의 부족한 점을 보완할 수 있다.
⑤ 지역 간 문화 교류로 우리 지역의 문화를 다른 지역 사람들에게 알릴 수 있다.

21일차 핵심

❶ 각 지역에는 그 지역을 대표하는 상품이 있으며, 지역 간 경제 교류는 지역의
(**대표 상품** , 자연환경) 을 중심으로 이루어집니다.

❷ 다른 나라에 생산물을 판매하는 것만 경제 교류에 해당합니다. (O , X)

일차

22 지역 간 경제 교류 모습 조사하기

 ## 오늘 배울 개념 미리 보기

1 지역 간 경제 교류
모습 조사하기

2 경제 교류가
각 지역에 미치는 영향

 ## 오늘 배울 용어 알아보기

보고서
(報 알릴 **보**, 告 알릴 **고**, 書 책 **서**)

조사 주제	우리 지역의 경제 교류 모습
조사 방법	인터넷 기사 검색하기
조사 내용	전라남도 ○○군은 서울특별시 △△ 초등학교에 벼 체험포를 설치했다.
알게된 점	전라남도 ○○군과 서울특별시는 상호 의존하고 있다.

뜻 조사한 결과에 관한 글이나 문서

예 경제 교류 모습을 정리하여 **보고서**를 작성합니다.

상호 의존
(相 서로 **상**, 互 서로 **호**, 依 의지할 **의**, 存 있을 **존**)

뜻 서로 돕고 교류하며 의지하는 것

예 각 지역은 서로 필요한 것을 주고받으며 **상호 의존**합니다.

지역의 경제 교류 모습을 조사하는 방법

인터넷 검색하기

인터넷에서 우리 지역 이름 뒤에 교류, 협력 등의 말을 붙여 검색해 봅니다.

지역 누리집 방문하기

지역의 공공 기관 누리집에 접속하여 자매 결연, 지역 축제 등 우리 지역과 다른 지역의 교류 사례를 찾아봅니다.

지역 신문이나 홍보 책자 살펴보기

지역에서 만든 신문이나 홍보 책자 등을 살펴봅니다.

시장 등 현장 방문하기

직접 시장, 마트 등 현장을 방문하여 다양한 지역에서 온 물건을 살펴봅니다.

조사 보고서

조사 주제	우리 지역의 경제 교류 모습 조사하기	
조사 방법	인터넷을 이용하여 신문 기사 검색하기	
조사한 내용	• 전라남도 해남군은 서울특별시에 있는 14개 초등학교에 벼 체험포를 설치하여 학생들이 친환경 쌀을 직접 체험할 수 있도록 하였다. • 경제 교류로 얻을 수 있는 이익	
	서울특별시	• 학생들이 벼농사를 체험하고 농업과 농촌에 대해 이해할 수 있다. • 해남군의 친환경 쌀을 먹을 수 있다.
	전라남도 해남군	해남군의 친환경 쌀을 다른 지역에 홍보할 수 있다.
조사를 하면서 알게 된 점과 느낀 점	• 전라남도 해남군과 서울특별시는 경제 교류를 하며 서로 부족한 것을 주고받는다. • 전라남도 해남군과 서울특별시는 상호 의존하고 있다. • 여러 지역이 교류하면서 함께 성장하는 모습을 볼 수 있었고, 우리 지역과 다른 지역의 교류 사례를 더 알아보고 싶어졌다.	

핵심 콕!

• 지역 간 경제 교류를 조사하는 방법에는 **인터넷 검색하기, 지역 누리집 방문하기, 지역 신문이나 홍보 책자 살펴보기, 시장 등 현장 방문하기** 등이 있습니다.
• 지역 간 경제 교류 모습을 조사하면 **여러 지역이 교류하며 서로 협력해 경제적 이익을 얻고 있음**을 알 수 있습니다.

지역끼리 교류해서 더 많은 **경제적 이익**을 얻음.

← 각 지역에서 많이 생산되는 물건을 서로 사고팔아 경제적 이익을 얻습니다.

← 직거래 장터에서 각 지역이 생산한 물건을 직접 팔아 소득을 올립니다.

우리 지역을 찾는 사람들이 많아지면서 경제활동이 활발해져 **지역이 발전함.**

← 공장이 많아지고 우리 지역에서 일하는 사람이 늘어납니다.

← 지역의 자연환경이나 문화유산을 보러 오는 사람이 늘어납니다.

우리 지역에 없는 것을 이용할 수 있어서 **생활이 편리해짐.**

← 문화 교류로 새로운 문화를 체험합니다.

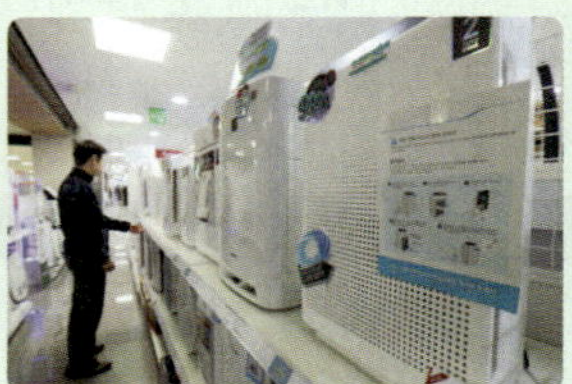
← 우리 지역에서 생산되지 않는 물건을 들여옵니다.

지역끼리 힘을 합해 서로 돕고 **좋은 관계를 맺음.**

← 다른 지역과의 기술 협력으로 더 좋은 상품을 만들 수 있습니다.

← 다른 지역과 서로 정보를 나누고 교류하면서 사이가 더 가까워집니다.

핵심 콕!
- 각 지역은 경제 교류로 서로 부족한 것이나 필요한 부분을 채워 줍니다.
- 각 지역은 경제 교류로 **상호 의존하며 함께 성장하고 발전**해 나갑니다.

개념 정리하기

1 지역 간 경제 교류 모습 조사하기

(1) 지역의 경제 교류 모습을 조사하는 방법

인터넷 검색하기	인터넷에서 우리 지역 이름 뒤에 교류, 협력 등의 말을 붙여 검색해 봅니다.
지역 누리집 방문하기	지역의 공공 기관 누리집에 접속하여 자매결연, 지역 축제 등 우리 지역과 다른 지역의 교류 사례를 찾아봅니다.
지역 신문이나 홍보 책자 살펴보기	지역에서 만든 신문이나 홍보 책자 등을 살펴봅니다.
시장 등 현장 방문하기	직접 시장, 마트 등 현장을 방문하여 다양한 지역에서 온 물건을 살펴봅니다.

(2) 조사한 내용을 보고서로 정리하기: 지역 간 경제 교류 모습을 조사하면 여러 지역이 교류하며 서로 협력해 경제적 이익을 얻고 있음을 알 수 있습니다.

2 경제 교류가 각 지역에 미치는 영향

(1) 경제 교류가 각 지역에 미치는 영향

① 지역끼리 교류해서 더 많은 경제적 이익을 얻습니다.
② 우리 지역을 찾는 사람들이 많아지면서 경제활동이 활발해져 지역이 발전합니다.
③ 우리 지역에 없는 것을 이용할 수 있어서 생활이 편리해집니다.
④ 지역끼리 힘을 합해 서로 돕고 좋은 관계를 맺습니다.

(2) 각 지역이 경제 교류를 하며 서로 주고받는 도움

① 각 지역은 경제 교류로 서로 부족한 것이나 필요한 부분을 채워 줍니다.
② 각 지역은 경제 교류로 상호 의존하며 함께 성장하고 발전해 나갑니다.

초성 퀴즈 다음 초성을 보고, 핵심 단어를 위에서 찾아 써 봅시다.

📖 정답과 해설 • 11쪽

❶ 지역 간 경제 교류를 조사하는 방법에는 인터넷 검색하기, 지역 ㄴ ㄹ ㅈ 방문하기, 지역 신문이나 홍보 책자 살펴보기, 시장 등 현장 방문하기 등이 있습니다.

❷ 각 지역은 경제 교류로 ㅅ ㅎ ㅇ ㅈ 하며 함께 성장하고 발전해 나갑니다.

1 지역 간 경제 교류를 조사하는 방법으로 알맞지 <u>않은</u> 것은 어느 것입니까? (　　　)

① 인터넷 검색하기　　　　　② 지역 누리집 방문하기
③ 박물관 약도 살펴보기　　　④ 시장 등 현장 방문하기
⑤ 지역 신문이나 지역 홍보 책자 살펴보기

2 지역 간 경제 교류 조사 보고서를 정리할 때 주의할 점을 바르게 말한 어린이는 누구인지 쓰시오.

(　　　　　)

3 경제 교류가 각 지역에 미치는 영향으로 알맞은 것을 <u>두 가지</u> 고르시오. (　　,　　)

① 경제활동이 위축될 수 있다.
② 다른 지역과의 경쟁에서 이길 수 있다.
③ 우리 지역에 없는 것을 이용할 수 있다.
④ 우리 지역을 찾는 사람이 줄어들 수 있다.
⑤ 지역끼리 힘을 합해 서로 돕고 좋은 관계를 맺을 수 있다.

4 다음은 경제 교류를 하며 서로 주고받는 도움입니다. (　　　) 안에 들어갈 알맞은 말을 쓰시오.

> 각 지역은 경제 교류로 서로 부족한 것이나 필요한 부분을 채워 주는 등 (　　　　　)하며 함께 성장하고 발전해 나갑니다.

(　　　　　)

❶ 지역 간 경제 교류 모습을 조사하면 여러 지역이 경쟁을 하며 이익을 얻고 있다는 점을 알 수 있습니다.　(O , X)

❷ 지역끼리 경제 교류를 해서 더 많은 경제적 (　　　　　　)을/를 얻을 수 있습니다.

15일차 — 경제활동에서 일어나는 선택의 문제

- (㉠   ): 사람들이 생활에 필요한 여러 가지를 만들고 사용하는 것과 관련된 모든 활동
- 선택의 문제가 일어나는 까닭: 자원의 (㉡   ) 때문임.

16일차 — 합리적 선택이 필요한 까닭

합리적 선택	적은 비용과 노력으로 가장 큰 (㉢)을 얻을 수 있는 선택
합리적 선택이 필요한 까닭	• 자신에게 가장 알맞은 것을 골라 큰 만족감을 얻을 수 있음. • 경제활동에서 돈이나 시간 등 한정된 자원을 절약할 수 있음.

17일차 — 합리적 선택의 방법을 알고, 실천하기

- 합리적 선택을 하는 방법

필요한 물건과 가진 돈 확인하기 → 선택 기준 세우기 → (㉣   ) 조사하기 → 선택 기준에 따라 평가하기 → 선택하기 → 선택 되돌아 보기

- 합리적 선택을 위해 정보를 얻는 방법: 인터넷 검색하기, 광고 보기, 상점 방문하기, 주변 사람의 경험 듣기 등

18일차 — 시장에서 이루어지는 생산과 소비

- 생산과 소비

(㉤)	생활에 필요한 물건이나 서비스를 만들어 내는 활동 예 분식집에서 떡볶이 만들기 등
소비	생활에 필요한 물건이나 서비스를 대가를 지불하고 사용하는 활동 예 신발 가게에서 신발 사기 등

- 생산 활동의 종류: 생활에 필요한 것을 자연에서 얻는 활동, 생활에 필요한 것을 만드는 활동, 생활을 편리하고 즐겁게 해 주는 활동 등

19일차 — 물건의 생산지를 확인하는 방법

- 상품에 표시된 정보 확인하기
- 상품의 인증 마크 확인하기
- 상품 안내문 확인하기
- 대형 할인점의 광고지 확인하기
- 상품 포장지의 큐알(QR) 코드 찍어 보기
- 누리집에서 상품 소개 찾아보기

20일차 — 경제 교류

경제 교류	각 지역이 (㉥)을/를 얻으려고 서로 물건이나 자원, 기술, 정보, 문화 등을 주고받는 것
경제 교류가 이루어지는 까닭	지역마다 자연환경, 기술, 자원, 문화 등이 다르기 때문임.

21일차 — 지역 간 경제 교류

- 지역 간에는 (㉦   )뿐만 아니라 기술 및 인적 자원, 문화, 관광 교류도 이루어지고 있음.
- 각 지역은 다양한 방법으로 경제 교류를 하며 서로 밀접한 관계를 맺음.

22일차 — 경제 교류가 각 지역에 미치는 영향

- 지역끼리 교류해서 더 많은 경제적 이익을 얻음.
- 우리 지역을 찾는 사람들이 많아지면서 경제활동이 활발해져 지역이 발전함.
- 우리 지역에 없는 것을 이용할 수 있어서 생활이 편리해짐.
- 지역끼리 힘을 합해 서로 돕고 좋은 관계를 맺음.

정답 ㉠ 경제활동 ㉡ 희소성 ㉢ 만족감 ㉣ 정보 ㉤ 생산 ㉥ 경제적 이익 ㉦ 생산물

단원 평가

3. 경제활동과 지역 간 교류

📖 정답과 해설 • 12쪽

1 다음 그림 속 사람들이 경제활동을 하면서 겪고 있는 문제를 쓰시오.

( )의 문제

2 경제활동에서 선택의 문제가 일어나는 까닭으로 알맞은 것은 어느 것입니까? ( )

① 자원의 양이 풍부해서
② 사람들이 원하는 것이 없어서
③ 사람들이 쓸 수 있는 돈이 많아서
④ 사람들이 원하는 것을 모두 가질 수 있어서
⑤ 사람들의 필요나 욕구에 비하여 자원의 양이 부족해서

3 합리적 선택을 할 때 고려해야 할 점으로 알맞은 것을 **두 가지** 고르시오. (,)

① 품질이 좋은 것인가?
② 유명 상표의 물건인가?
③ 나에게 꼭 필요한 것인가?
④ 친구가 사고 싶은 물건인가?
⑤ 다른 사람이 가지고 있는 물건인가?

4 합리적 선택을 한 어린이는 누구인지 쓰시오.

지한   민서

( )

5 다음 그림은 합리적 선택을 한 경우입니다. 합리적 선택이 필요한 까닭을 **두 가지** 쓰시오.

____

____

6 합리적 선택을 하는 과정 중 사려는 물건 중에서 한 가지를 고르기 위한 기준을 세우는 단계는 어느 것입니까? ( )

① 선택하기
② 정보 조사하기
③ 선택 기준 세우기
④ 선택 기준에 따라 평가하기
⑤ 필요한 물건과 가진 돈 확인하기

7 정보를 얻는 방법 중 물건을 직접 살펴볼 수 있고, 궁금한 점을 직원에게 물어볼 수 있는 방법은 어느 것입니까? ( )

① 
↑ 인터넷 검색하기

② 
↑ 광고 보기

③ 
↑ 상점 방문하기

④  
↑ 주변 사람의 경험 듣기

8 다음 ㉠, ㉡에 들어갈 알맞은 말을 각각 쓰시오.

> 생활에 필요한 물건이나 서비스를 만들어 내는 활동을 (㉠)(이)라고 하고, 생활에 필요한 물건이나 서비스를 대가를 지불하고 사용하는 활동을 (㉡)(이)라고 합니다.

㉠: (   ) ㉡: (   )

9 소비 활동의 모습으로 알맞은 것은 어느 것입니까? (   )

① 벼농사를 짓는다.
② 신발 가게에서 신발을 산다.
③ 분식집에서 떡볶이를 만든다.
④ 과일 가게에 물건을 배달한다.
⑤ 미용실에서 손님의 머리를 손질한다.

10 생활에 필요한 것을 만드는 활동이 <u>아닌</u> 것은 어느 것입니까? (   )

① 
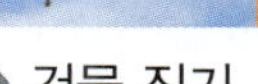
↑ 건물 짓기

② 
↑ 아이스크림 만들기

③ 
↑ 자동차 만들기

④ 
↑ 공연하기

11 쌀이 생산되어 우리에게 오기까지의 과정을 순서대로 기호를 나열하시오.

> ㉠ 쌀가게에서 쌀을 판다.
> ㉡ 쌀가게에서 쌀을 산다.
> ㉢ 농부가 벼농사를 짓는다.
> ㉣ 트럭을 이용해 쌀가게로 쌀을 운반한다.
> ㉤ 정미소에서 벼의 껍질을 벗겨 쌀로 만든 후 포장한다.

(→   →   →   →   )

▶ 서술형
12 다음은 서울특별시에 사는 지혜가 우리 주변의 다양한 물건들의 생산지를 조사한 것입니다. 이를 보고 알 수 있는 점을 쓰시오.

____

____

13 오른쪽과 같이 물건의 생산지를 확인하는 방법은 어느 것입니까? (   )

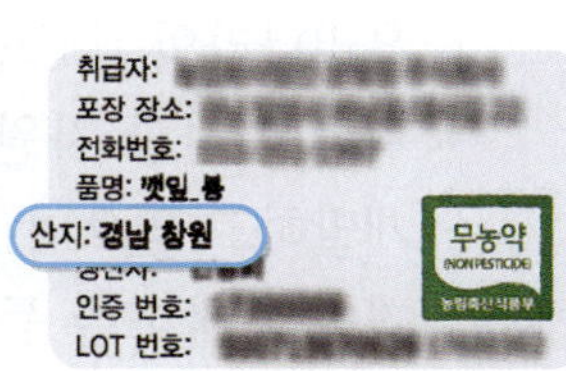

① 상품의 인증 마크 확인하기
② 상품에 표기된 정보 확인하기
③ 누리집에서 상품 소개 찾아보기
④ 대형 할인점의 광고지 확인하기
⑤ 상품 포장지의 큐알(QR) 코드 찍어 보기

14 다음 (   ) 안에 들어갈 알맞은 말을 쓰시오.

> 각 지역이 경제적 (   )을/를 얻으려고 서로 물건이나 자원, 기술, 정보, 문화 등을 주고받는 것을 경제 교류라고 합니다.

(   )

서술형

15 다음 그림과 같이 지역 간 경제 교류가 이루어지는 까닭을 쓰시오.

____

____

16 각 지역이 경제 교류하는 것으로 알맞지 <u>않은</u> 것은 어느 것입니까? (   )

① 관광　　　② 기술　　　③ 문화
④ 생산물　　⑤ 공공 기관

17 다음 사례에 나타난 경제 교류 모습으로 알맞은 것은 어느 것입니까? (   )

> 우리나라의 ○○군과 □□군, △△군은 각 지역의 관광 자원을 활용하여 관광 상품을 개발하고 있으며, 관광객을 모으는 것을 돕거나 축제 교류 등을 추진하고 있습니다.

① 나라 간 문화 교류
② 나라 간 기술 교류
③ 지역 간 관광 교류
④ 지역 간 기술 교류
⑤ 지역 간 생산물 교류

중요

18 경제 교류에 대한 설명으로 알맞은 것은 어느 것입니까? (   )

① 생산물만 교류한다.
② 다른 나라와는 교류하지 않는다.
③ 각 지역의 부족한 점을 보완할 수 있다.
④ 지역들은 서로 경쟁해서 이익을 얻는다.
⑤ 우리나라 안에서만 경제 교류가 이루어진다.

19 다음 그림과 같이 지역 간 경제 교류 모습을 조사하는 방법은 어느 것입니까? (   )

① 인터넷 검색하기
② 지역 신문 살펴보기
③ 지역 누리집 방문하기
④ 시장 등 현장 방문하기
⑤ 지역 홍보 책자 살펴보기

20 다음 사진에 나타난 경제 교류가 지역에 미치는 영향으로 알맞은 것은 어느 것입니까? (   )

↑ 직거래 장터

① 다른 지역의 상품을 이용할 수 없다.
② 다른 지역과의 경쟁에서 이길 수 있다.
③ 우리 지역의 전통문화를 이용할 수 있다.
④ 우리 지역을 찾는 관광객이 줄어들 수 있다.
⑤ 지역끼리 교류해서 더 많은 경제적 이익을 얻을 수 있다.

한 권으로 끝내기!
교과서 학습부터 평가 대비까지 한 권으로 끝!
사회 공부의 진리입니다.

한끝

정답과 해설

초등 사회 **4·1**

정답과 해설

- 진도책 ·········· 2
- 실전책 ·········· 14

초등사회

4·1

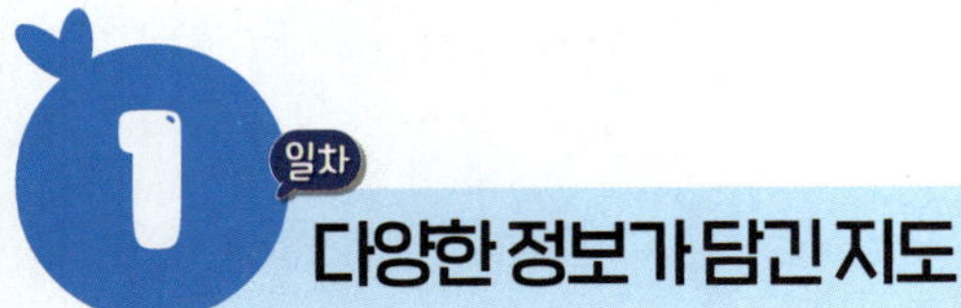

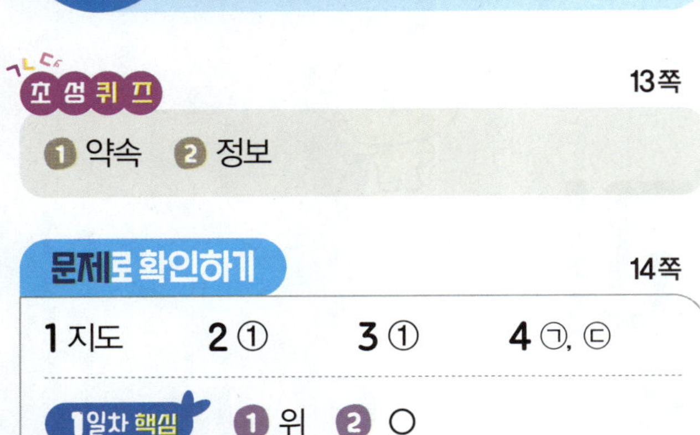

쏙쏙 퀴즈 　　　　　　　　　　　13쪽

❶ 약속　❷ 정보

문제로 확인하기 　　　　　　　　14쪽

1 지도　　2 ①　　3 ①　　4 ㉠, ㉢

1일차 핵심　❶ 위　❷ ○

1 지도는 위에서 내려다본 땅의 실제 모습을 일정하게 줄여서 나타낸 그림으로 지도에서 필요한 정보를 얻을 수 있습니다.

2 ① 그림은 그리는 사람마다 모두 다르게 표현됩니다.

3 약도는 어떤 장소를 찾아갈 때 필요한 정보만 간단하게 그린 지도로, 박물관 약도 등이 있습니다.

4 ㉢ 지도에 나타난 지역의 생활 모습을 알려 주는 것은 지도를 그릴 때 필요한 약속이 아닙니다.

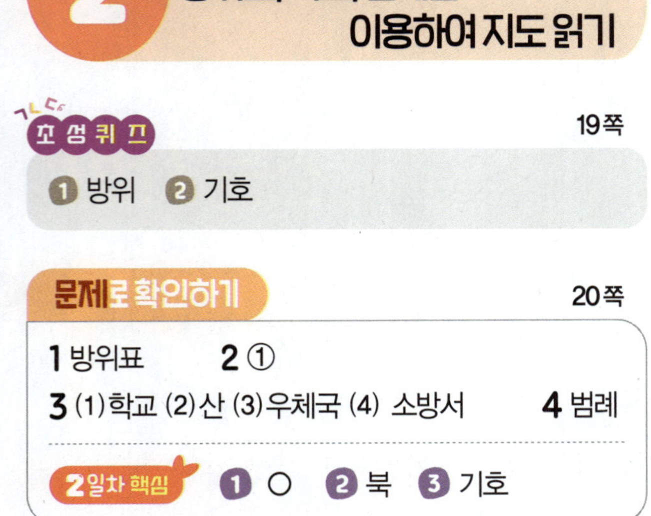

쏙쏙 퀴즈 　　　　　　　　　　　19쪽

❶ 방위　❷ 기호

문제로 확인하기 　　　　　　　　20쪽

1 방위표　　2 ①
3 ⑴ 학교 ⑵ 산 ⑶ 우체국 ⑷ 소방서　　4 범례

2일차 핵심　❶ ○　❷ 북　❸ 기호

1 동서남북을 알려 주는 표시를 방위표라고 합니다.

2 동주 여자 고등학교를 기준으로 동쪽에 있는 것은 용두산입니다.

3 ⑴은 학교, ⑵는 산, ⑶은 우체국, ⑷는 소방서를 나타내는 기호입니다.

4 범례는 지도에 사용된 여러 가지 기호와 그 뜻을 한곳에 모아 놓은 것으로, 범례를 보면 지도에서 사용된 기호의 뜻을 알 수 있습니다.

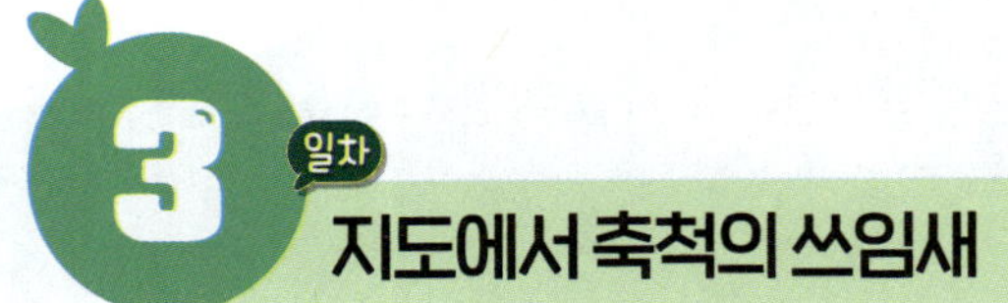

쏙쏙 퀴즈 　　　　　　　　　　　25쪽

❶ 축척　❷ 자세한

문제로 확인하기 　　　　　　　　26쪽

1 ③　　2 ⑷　　3 3

3일차 핵심　❶ ○　❷ 간략

1 지도에서 실제 거리를 줄인 정도를 축척이라고 합니다. 축척에 따라 지도에 나타나는 지역의 범위와 자세한 정도가 달라집니다.

2 ⑺ 지도는 실제 거리를 많이 줄여 넓은 지역을 간략하게 보여 줍니다. ⑷ 지도는 실제 거리를 조금 줄여 좁은 지역을 자세하게 보여 줍니다.

3 제시된 지도에서 1cm는 실제 거리 1km를 뜻합니다. 삼화 초등학교와 북삼 초등학교 사이가 지도에서 3cm이므로 실제 거리는 3km입니다.

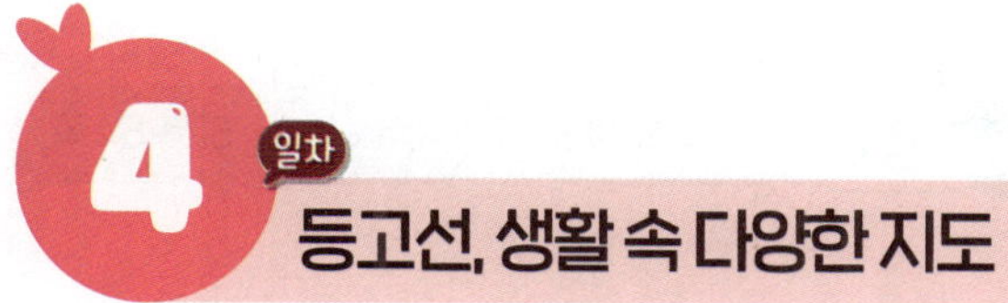

1 자료는 등고선으로 산의 높이를 나타낸 것입니다. 가장 낮은 곳은 ㉠이고, 가장 높은 곳은 ㉢입니다.

2 지도에서 땅의 높낮이를 나타낼 때는 등고선을 사용하거나 높이에 따라 색을 다르게 칠합니다.

3 자료는 박물관 안내도를 이용하는 모습입니다. 박물관 시설과 전시실의 위치를 확인하고 싶을 때 박물관 안내도를 확인합니다. ② 관광 안내도, ③ 일기 예보 지도, ④ 길 도우미 지도, ⑤ 약도를 활용하는 모습입니다.

1 행정구역은 나라를 효율적으로 관리하려고 나누어 놓은 지역입니다. 행정구역은 특별시·광역시·특별자치시·도·특별자치도 등 넓은 범위의 행정구역과 시·군·구 등 좁은 범위의 행정구역으로 구분할 수 있습니다.

2 ③ 전라남도는 전북특별자치도의 남쪽에 있습니다.

3 인구가 많은 지역도 있지만 적은 지역도 있으며, 인구가 서로 비슷한 지역도 있습니다. 지민 – 지역의 면적이 넓다고 해서 인구가 많은 것은 아닙니다. 서아 – 우리나라 여러 지역의 면적은 서로 다릅니다.

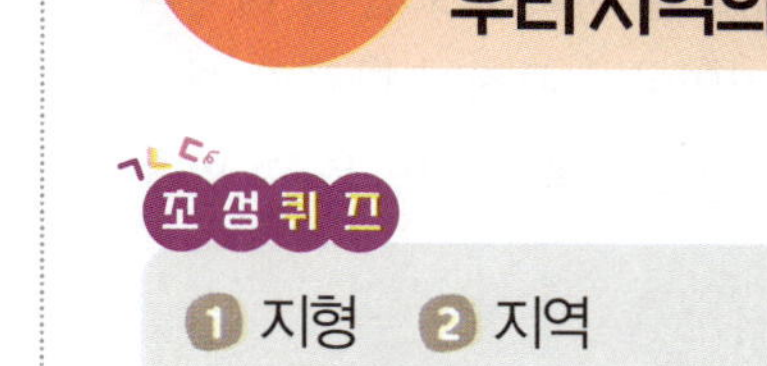

1 (1)은 산, (2)는 강, (3)은 섬의 모습입니다.

2 ③ 여름에는 기온이 높고, 강수량이 많습니다.

3 삼척시의 겨울 기온은 1℃, 서귀포시의 겨울 기온은 7℃로, 삼척시의 겨울 기온이 더 낮습니다.

7 일차 지역의 지리 정보를 조사하고, 비교하기

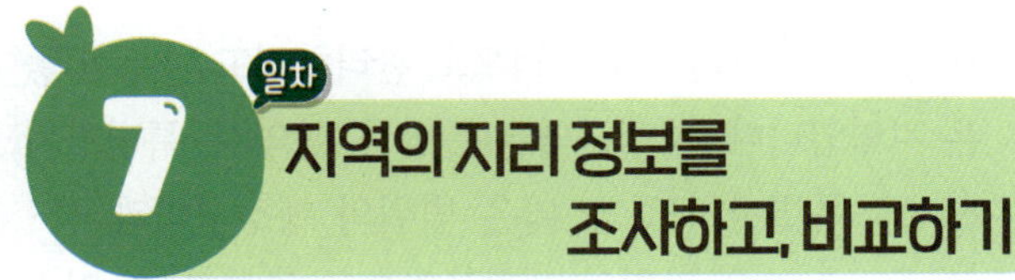

초성퀴즈　　　　　　　　　　　49쪽

❶ 지리 정보　❷ 비교

문제로 확인하기　　　　　　　　50쪽

1 ④　　2 ②　　3 지호　　4 교류

7일차 핵심　❶ ○　❷ ○

1 지역의 지리 정보를 조사하는 과정은 ⓒ 우리 지역과 비교할 다른 지역 선택하기 → ⑦ 지리 정보 조사하기 → ⓛ 조사한 내용 정리하기의 순서로 이루어집니다.

2 지도나 디지털 영상지도, 지역의 누리집, 통계 자료, 지역에서 만든 홍보물 등 다양한 자료를 이용하여 지역의 지리 정보를 조사할 수 있습니다. ② 학교 게시판에서는 지역의 지리 정보를 찾아볼 수 없습니다.

3 단양군의 인구는 약 2만 6천 명, 울릉군의 인구는 약 8천 명입니다. 누리 – 단양군이 울릉군보다 인구가 많습니다. 선우 – 단양군 인구는 울릉군 인구의 약 3배입니다.

4 서로 다른 지역의 지리 정보를 비교해 보면 각 지역의 특징이 잘 드러납니다. 지역마다 특징이 다르기 때문에 서로 교류하면서 필요한 도움을 주고받을 수 있습니다.

단원 평가　1~7일차　1. 지도로 만나는 우리 지역　52~54쪽

1 (가)

2 모범 답안　필요한 정보만 보기 쉽게 나타나 있다. / 땅의 모습과 건물, 지역 등의 이름이 나타나 있다.

3 ②　　　　**4** ⑦ 방위 ⓛ 방위표

5 기호　　　**6** (1)–ⓒ (2)–⑦ (3)–ⓛ

7 ②　　　　**8** ①　　　　**9** ⓛ

10 길 도우미 지도　　　**11** 행정구역

12 ⑦ 동 ⓛ 제천시　　　**13** ⑤

14 모범 답안　동구와 중구의 면적은 비슷하고, 인구는 중구가 많다.

15 ④　　　**16** ④　　　**17** 재희

18 (나)　　　**19** ⑦

20 모범 답안　서로 다른 지역의 지리 정보를 비교해 보면 각 지역의 특징이 잘 드러난다. / 우리 지역의 지리 정보를 다른 지역과 비교해 보면 우리 지역의 특징을 알 수 있다. / 지역마다 특징이 다르기 때문에 지역들은 서로 교류하면서 필요한 도움을 주고받을 수 있다.

1 (가)는 항공 사진, (나)는 지도입니다. 항공 사진에는 땅의 실제 모습이 나타나 있습니다.

2 (나)는 지도입니다. 지도에는 필요한 정보만 보기 쉽게 나타나 있고, 땅의 모습과 건물, 지역 등의 이름이 나타나 있습니다.

채점 기준	
상	'필요한 정보만 보기 쉽게 나타나 있다.' / '땅의 모습과 건물, 지역 등의 이름이 나타나 있다.' 중 한 가지를 바르게 서술한 경우
하	지도의 특징을 미흡하게 서술한 경우

3 지도에는 그 지역의 여러 가지 정보가 나타나 있습니다. ② 지도에서는 그 지역의 인구수를 알 수 없습니다.

4 방위는 방향의 위치로 동서남북이 있습니다. 방위표는 방향을 나타내는 표시입니다.

5 기호는 땅의 생김새나 건물, 도로 등을 지도에 쉽게 나타내려고 간단히 그린 그림입니다. 기호를 사용하면 지도에 담긴 정보를 쉽고 정확하게 찾을 수 있습니다.

6 (1)은 학교, (2)는 밭, (3)은 공장을 나타내는 기호입니다.

7 자료에 제시된 축척은 지도에서 1cm가 실제 거리 2km를 뜻합니다.

8 (가), (나) 지도는 축척이 다릅니다. ② (가)는 넓은 지역을 간략하게 보여 줍니다. ③ 실제 거리를 조금 줄인 지도는 (나)입니다. ④ (나)는 좁은 지역을 자세하게 보여 줍니다. ⑤ 실제 거리를 많이 줄인 지도는 (가)입니다.

9 등고선은 지도에서 높이가 같은 곳을 연결한 선을 말합니다. ㉠ 축척에 대한 설명입니다. ㉢ 기호에 대한 설명입니다.

10 길 도우미 지도를 활용하면 목적지까지 자동차로 가는 길과 가는 데 걸리는 시간을 확인할 수 있습니다.

11 행정구역은 나라를 효율적으로 관리하려고 나누어 놓은 지역입니다. 우리나라는 행정구역을 사용하여 지역을 구분합니다.

12 단양군은 충청북도 안에서 동쪽에 있으며, 단양군의 서쪽에는 제천시가 있습니다.

13 울산광역시 각 지역의 면적은 남구 약 74㎢, 동구 약 36㎢, 북구 약 157㎢, 중구 약 37㎢, 울주군 약 758㎢로 울주군이 가장 넓습니다.

14 울산광역시 동구의 면적은 약 36㎢, 중구의 면적은 약 37㎢로 면적이 비슷합니다. 동구의 인구는 약 15만 명, 중구의 인구는 약 20만 명으로 중구의 인구가 많습니다.

채점 기준	
상	'동구와 중구의 면적은 비슷한데, 인구는 중구가 많다.'라고 바르게 서술한 경우
하	동구와 중구의 면적과 인구를 비교한 내용 중 한 가지만 서술한 경우

15 땅의 생김새를 지형이라고 합니다. 지형에는 산, 평야, 강, 바다, 섬 등이 있습니다.

16 ① 평균 기온이 가장 높은 달은 7월입니다. ② 평균 기온이 가장 낮은 달은 1월입니다. ③ 평균 강수량이 가장 적은 달은 1월입니다. ⑤ 의령군은 일 년 내내 평균 기온과 평균 강수량이 다르게 나타납니다.

17 재희 – 의령군은 겨울에는 기온이 낮고, 강수량이 적습니다.

18 강원특별자치도 삼척시의 겨울 강수량은 39mm, 제주특별자치도 서귀포시의 겨울 강수량은 61mm로 제주특별자치도 서귀포시의 겨울 강수량이 더 많습니다.

19 그림에 나타난 모습은 지리 정보를 조사하는 과정 중 '지리 정보 조사하기'에 해당합니다.

20 지역의 지리 정보를 비교하면 각 지역의 특징이 잘 드러난다는 것을 알 수 있습니다.

채점 기준	
상	'서로 다른 지역의 지리 정보를 비교해 보면 각 지역의 특징이 잘 드러난다.' / '우리 지역의 지리 정보를 다른 지역과 비교해 보면 우리 지역의 특징을 알 수 있다.' / '지역마다 특징이 다르기 때문에 지역들은 서로 교류하면서 필요한 도움을 주고받을 수 있다.' 중 두 가지를 바르게 서술한 경우
하	지역의 지리 정보를 비교하며 알 수 있는 점을 한 가지만 서술한 경우

1 옛날부터 전해 내려오는 것 중에서 후손에게 물려줄 만한 가치가 있는 것을 국가유산이라고 합니다.

2 ㉠ 김장 문화는 무형유산입니다.

3 종묘 제례악은 조선 시대 왕들이 돌아가신 왕과 왕비의 제사를 지낼 때 연주하던 음악입니다.

4 ④ 음악이나 무용, 연극, 놀이, 기술 등과 같이 형태가 없는 것은 무형유산입니다.

9일차 국가유산의 가치

초성퀴즈 65쪽

❶ 온돌 ❷ 예술

문제로 확인하기 66쪽

1 역사적 2 과학적 가치 3 ①
4 ①, ④

9일차 핵심 ❶ ○ ❷ ○

1 『조선왕조실록』은 역사적 가치가 담겨 있는 국가유산입니다.

2 얼음을 오랫동안 차갑게 보관할 수 있었던 석빙고의 구조와 전통적인 난방 방법인 온돌의 구조에는 과학적 가치가 담겨 있습니다.

3 경주 성덕 대왕 신종은 옛날 사람들의 예술 감각을 알 수 있는 예술적 가치가 담긴 국가유산입니다. ① 정선의 금강산 그림에 대한 설명입니다.

4 해녀는 바다를 삶의 터전으로 삼고 바다 환경을 보호하기 위해 노력합니다. 남원 광한루는 정원과 주변 자연환경이 잘 어우러지는 특징이 있습니다.

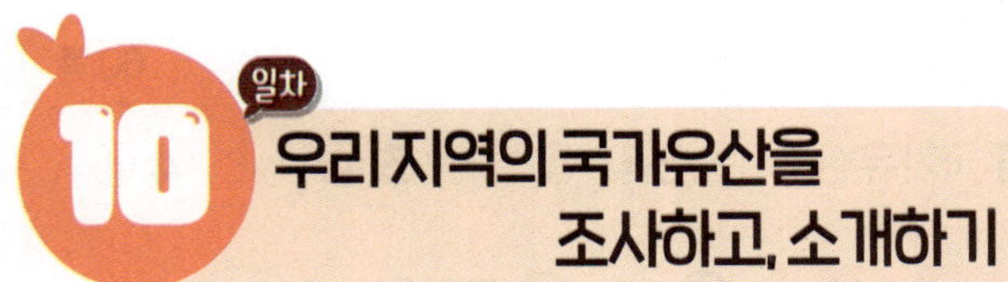

10일차 우리 지역의 국가유산을 조사하고, 소개하기

초성퀴즈 71쪽

❶ 면담 ❷ 계획 ❸ 정리

문제로 확인하기 72쪽

1 면담하기 2 ⑤ 3 ①
4 나래 → 다준 → 가영

10일차 핵심 ❶ 답사 ❷ ○

1 면담하기는 궁금한 점을 알려고 적절한 사람을 직접 만나 여쭈어보는 조사 방법입니다.

2 제시된 그림은 국가유산 조사 방법 중 '누리집에서 검색하기'입니다.

3 ① 느낀 점은 조사 보고서에 들어가야 할 내용입니다.

4 지역의 국가유산을 조사할 때는 먼저 계획을 세우고 조사 방법을 정하여 국가유산을 조사한 뒤, 조사한 내용을 정리합니다.

11일차 지역의 역사를 알 수 있는 장소

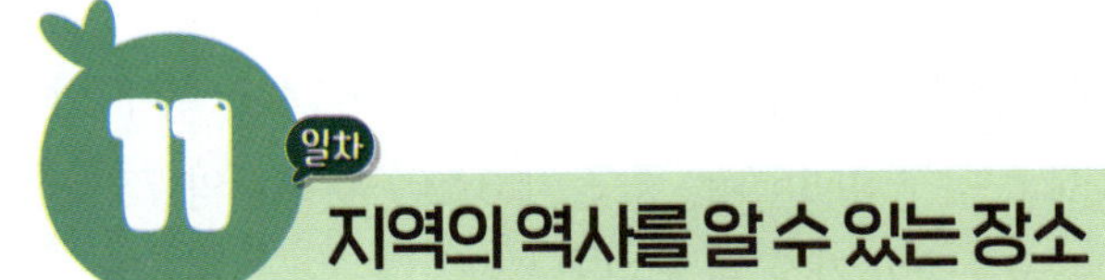

초성퀴즈 77쪽

❶ 기념관 ❷ 유적지

문제로 확인하기 78쪽

1 박물관 2 ④ 3 ④ 4 ㉠, ㉡

11일차 핵심 ❶ 박물관 ❷ ✕

1 박물관은 여러 가지 국가유산을 수집·보존·연구하고 전시하기 위해 세운 곳입니다.

2 국립 중앙 박물관은 우리나라 최대 규모의 대표적인 박물관입니다.

3 ④ 화순 고인돌 유적지는 옛날 사람들이 만든 돌로 된 무덤이 모여 있는 유적지입니다.

4 ㉡ 고려청자 박물관은 여러 종류의 고려청자가 전시되어 있는 곳으로 박물관에 해당합니다.

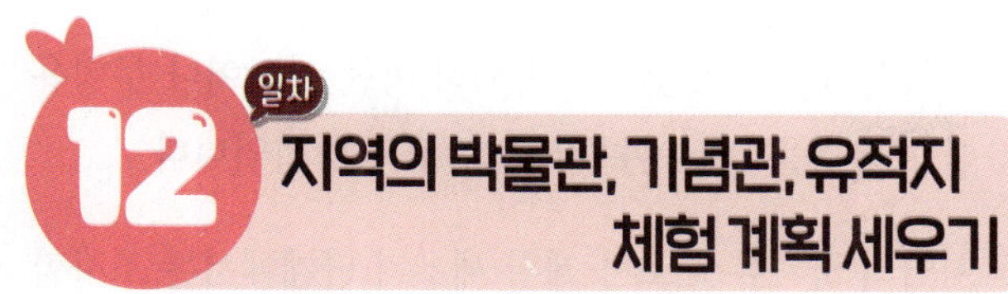

지역의 박물관, 기념관, 유적지 체험 계획 세우기

문제로 확인하기 84쪽

1 계획   2 ㉠, ㉡, ㉢   3 답사하기
4 ③

12일차 핵심   1 ○   2 답사

1 지역의 역사를 알 수 있는 장소를 체험하려면 먼저 체험 계획을 세워야 합니다.

2 지역의 박물관, 기념관, 유적지 체험 계획을 세울 때는 ㉠ 체험할 곳을 정하고, ㉢ 체험할 내용과 ㉡ 체험 방법을 정합니다. ㉣ 체험 보고서는 체험 활동이 끝난 뒤에 작성합니다.

3 지역의 박물관, 기념관, 유적지를 답사하면 실제 모습을 생생하게 살펴볼 수 있습니다.

4 지역의 박물관, 기념관, 유적지에 직접 가기 어려울 때는 인터넷으로 조사할 수 있습니다. 인터넷으로 조사하면 필요한 정보를 편리하게 얻을 수 있습니다.

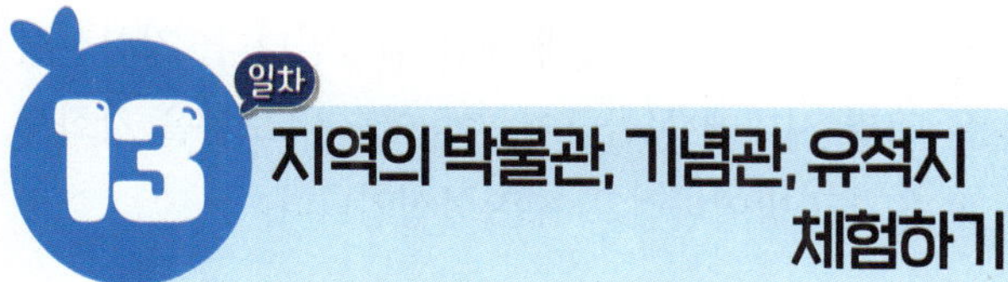

지역의 박물관, 기념관, 유적지 체험하기

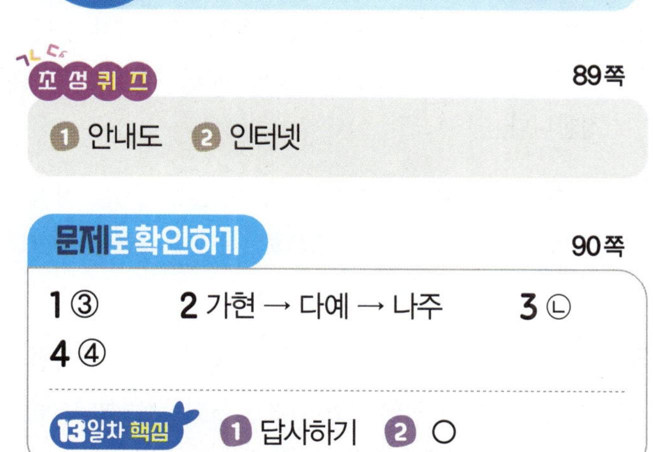

문제로 확인하기 90쪽

1 ③   2 가현 → 다예 → 나주   3 ㉡
4 ④

13일차 핵심   1 답사하기   2 ○

1 제시된 그림은 지역의 박물관, 기념관, 유적지를 인터넷으로 조사하는 모습입니다.

2 답사 장소에 도착하면 먼저 안내도를 살펴보고 답사 순서를 정한 다음 국가유산이나 유물을 살펴봅니다. 답사가 끝나면 체험하기 전에 만든 질문에 대한 답을 찾아 정리합니다.

3 ㉡ 답사할 때는 전시된 국가유산을 함부로 만지지 않습니다.

4 ④ 주의할 점은 체험 계획서에 들어가야 하는 내용입니다.

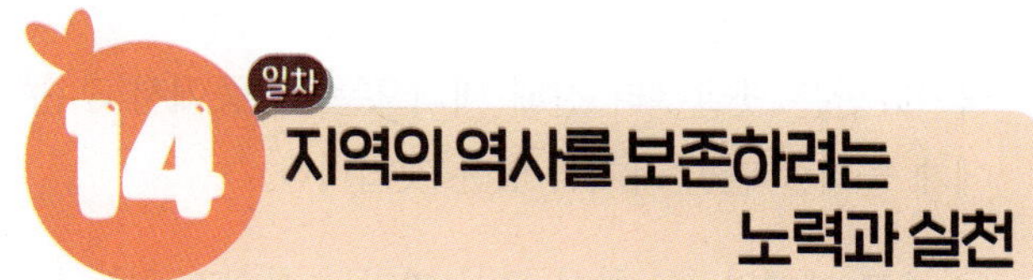

지역의 역사를 보존하려는 노력과 실천

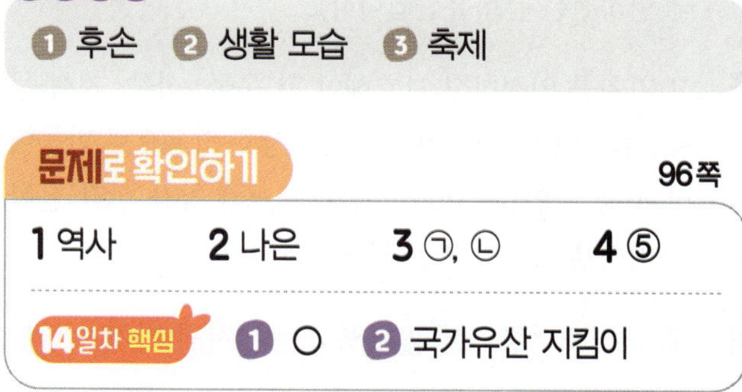

문제로 확인하기 96쪽

1 역사   2 나은   3 ㉠, ㉡   4 ⑤

14일차 핵심   1 ○   2 국가유산 지킴이

1 지역의 박물관, 기념관, 유적지는 지역의 역사를 알 수 있는 장소입니다.

2 나은 − 지역의 역사와 국가유산은 훼손되면 복구하기 어렵기 때문에 아끼고 보호해야 합니다.

3 ㉢ 나라에서 국가유산을 관리하는 것뿐만 아니라 지역 주민이 지역의 역사와 국가유산을 지키고 보호해야 합니다.

4 ⑤ 지역의 역사를 보존하기 위해 평소에도 관심을 갖도록 합니다.

단원 평가 2. 우리 지역의 국가유산 　8~14일차　98~100쪽

1 국가유산　　**2** ㉠, ㉣　　**3** ④

4 ①

5 모범 답안 옛날 사람들의 지혜와 과학 기술을 담고 있는 국가유산에는 과학적 가치가 담겨 있다.

6 ①　　**7** ②　　**8** ①, ③

9 ㉢ → ㉠ → ㉡

10 모범 답안 국가유산의 특징과 가치가 잘 드러나도록 자료나 물건을 만들어 소개한다.

11 ⑤　　**12** ㉡, ㉣　　**13** ①

14 ①, ②　　**15** 답사하기

16 모범 답안 국가유산이나 유물에 관한 설명과 사진, 동영상 등 다양한 정보를 확인할 수 있다. / 언제든지 필요한 정보를 검색할 수 있다.

17 ㉠ → ㉡ → ㉢　　**18** ③

19 ㉠, ㉡, ㉣　　**20** ③

1 국가유산은 옛날부터 전해 내려오는 것 중에서 후손에게 물려줄 만한 가치가 있는 것입니다.

2 ㉠ 종묘 제례악, ㉣ 한산 모시 짜기는 형태가 없는 무형유산입니다. ㉡ 제주 화산섬은 자연유산, ㉢ 창덕궁 인정전은 문화유산입니다.

3 그 가치를 인정하고 보호해야 할 동물, 식물, 지형 등 자연물뿐만 아니라 자연환경과 상호 작용으로 만들어진 것을 자연유산이라고 합니다. ④ 청자 상감 운학문 매병은 형태가 있는 문화유산입니다.

4 제시된 『조선왕조실록』과 종묘는 역사적 가치가 담긴 국가유산입니다.

5 경주 석빙고는 옛날 사람들의 지혜와 과학 기술을 담고 있어 과학적 가치가 있는 국가유산입니다.

채점 기준	
상	'옛날 사람들의 지혜', '과학 기술', '과학적 가치'를 모두 포함하여 바르게 서술한 경우
하	'옛날 사람들의 지혜', '과학 기술', '과학적 가치' 중 한 가지 내용만 서술한 경우

6 해녀는 생태적 가치가 담긴 국가유산으로, 바다 환경을 보호하기 위해 노력하면서 자연 친화적인 방법으로 해산물을 얻습니다.

7 면담하기는 국가유산을 자세히 아는 사람이나 무형유산 보유자를 만나 여쭈어보는 조사 방법입니다.

8 지역의 국가유산 조사 계획 세우기 단계에서는 조사할 지역의 국가유산을 정하고, 조사 방법과 조사할 내용을 정합니다. ② '조사한 내용 정리하기' 단계에서 해야 할 일입니다. ④ 국가유산을 소개하는 방법입니다. ⑤ '국가유산 조사하기' 단계에서 해야 할 일입니다.

9 '어린이·청소년 국가유산청' 누리집에서 국가유산을 조사할 때는 ㉢ '어린이·청소년 국가유산청' 누리집에 접속하여 '우리 지역 국가유산' 선택 → ㉠ 지도에서 우리 지역 선택 → ㉡ 조사할 국가유산의 사진과 설명 등 정보 확인 순으로 조사합니다.

10 지역의 국가유산을 소개할 때는 국가유산의 특징과 가치를 잘 알릴 수 있는 소개 방법을 선택합니다.

채점 기준	
상	'국가유산의 특징과 가치'를 포함하여 바르게 서술한 경우
하	'국가유산의 특징과 가치' 중 한 가지 내용만 서술한 경우

11 제시된 글은 박물관에 대한 설명입니다. 박물관은 옛날 사람들이 만들거나 사용했던 여러 가지 국가유산을 수집·보존·연구하고 전시하는 곳입니다. ⑤ 기념관에 해당합니다.

12 제시된 글은 기념관에 대한 설명입니다. ㉠은 박물관, ㉢은 유적지입니다.

13 제시된 글은 강화산성에 대한 설명입니다. 강화산성은 고려 시대에 몽골군이 쳐들어오자 도읍을 강화도로 옮기고 방어하려고 지은 산성입니다.

14 지역의 박물관, 기념관, 유적지 체험 계획 세우기 단계에서는 체험할 장소와 체험할 내용, 체험 방법을 정합니다.

15 답사하기는 지역의 박물관, 기념관, 유적지를 직접 찾아가 살펴보는 체험 방법으로, 실제 모습을 생생하게 느낄 수 있습니다.

16 지역의 박물관, 기념관, 유적지를 인터넷으로 조사하면 국가유산이나 유물에 관한 설명과 사진, 동영상 등 필요한 정보를 언제든지 편리하게 검색할 수 있습니다.

채점 기준	
상	인터넷으로 조사하기의 좋은 점 두 가지를 바르게 서술한 경우
하	인터넷으로 조사하기의 좋은 점을 한 가지만 서술한 경우

17 답사 장소에 도착하여 ㉠ 안내도를 살펴보고 답사 순서를 정한 뒤, ㉡ 부여 정림사지 오층 석탑을 자세히 관찰합니다. 체험 활동이 끝난 뒤에는 ㉢ 체험하기 전에 만든 질문에 대한 답을 찾아 정리합니다.

18 ③ 답사 장소에서는 전시된 국가유산을 함부로 만지지 않습니다.

19 지역의 박물관, 기념관, 유적지 체험 보고서에는 체험 주제, 체험 장소, 체험 날짜, 체험 방법, 체험으로 알게 된 점, 느낀 점 등을 씁니다. ㉢ 주의할 점은 체험 계획서에 들어갈 내용입니다.

20 ③ 나라에서 국가유산을 관리하는 것뿐만 아니라 지역의 주민이 그 지역의 역사와 국가유산을 보존하기 위해 노력해야 합니다.

1 사람들은 살아가는 데 필요하거나 원하는 것을 얻으려고 다양한 경제활동을 합니다.

2 선택은 여럿 가운데서 필요한 것을 골라 뽑는 것으로, ②는 선택의 문제로 고민하는 모습이 아닙니다.

3 사람들이 필요로 하거나 원하는 것은 많지만, 이것을 사거나 만드는 데 드는 자원이 부족하여 선택의 문제가 일어납니다.

4 ③ 희소성은 자원이 얼마나 적은지에 따라 결정되는 것이 아니라, 사람들이 그것을 얼마나 원하는지에 따라 달라집니다.

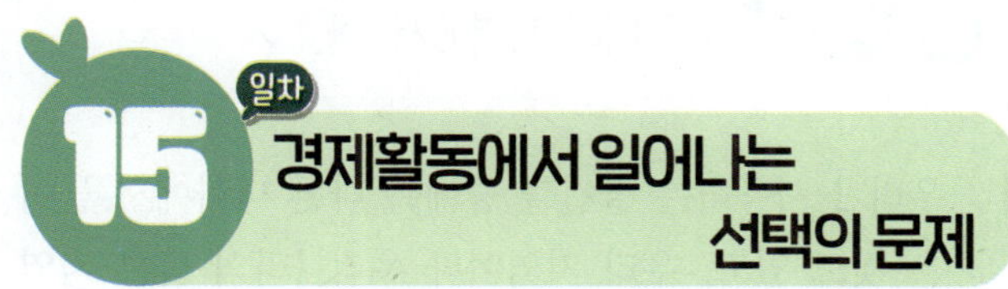

1 세진 – 집에 똑같은 책이 있는 것을 미리 확인하지 않고 필요 없는 것을 사서 자신의 선택을 후회하고 있습니다.

2 잘못된 선택을 하면 돈이나 시간 등의 자원을 낭비할 수 있습니다.

3 ④ 합리적 선택을 하려면 가격, 품질, 기능, 디자인 등을 따져보고 나에게 필요한 것을 선택해야 합니다.

4 합리적 선택이란 적은 비용과 노력으로 가장 큰 만족감을 얻을 수 있는 선택입니다. 합리적 선택을 하면 한정된 자원을 절약할 수 있습니다.

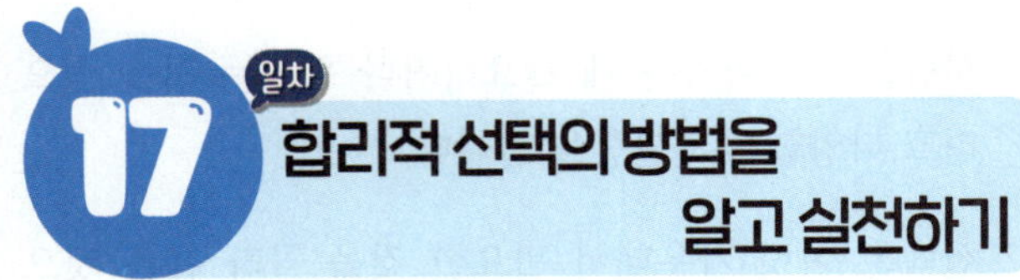

17 일차 합리적 선택의 방법을 알고 실천하기

초성 퀴즈 117쪽

❶ 선택 기준 ❷ 정보

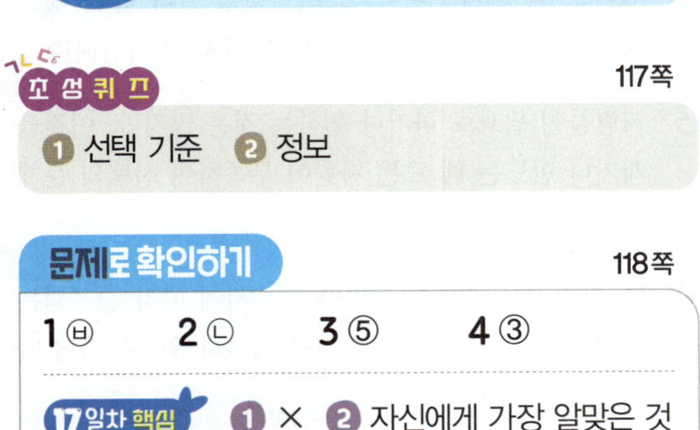

문제로 확인하기 118쪽

1 ㅂ	2 ㄴ	3 ⑤	4 ③

17일차 핵심 ❶ ✕ ❷ 자신에게 가장 알맞은 것

1 합리적 선택을 하려면 가장 먼저 필요한 물건과 가진 돈이 얼마인지 확인해야 합니다.

2 사고 싶은 물건과 관련된 정보를 다양한 방법으로 수집하고 분석하는 과정은 '정보 조사하기'입니다.

3 합리적 선택을 하기 위해서는 필요성, 가격, 모양, 무게, 크기 등 사고 싶은 물건 중에서 한 가지를 고르기 위한 선택 기준을 세워야 합니다. ⑤ 합리적 선택을 하려면 자신에게 알맞은 것을 골라야 합니다.

4 인터넷을 검색하면 여러 물건의 정보를 한눈에 비교할 수 있고, 물건을 산 다른 사람들의 의견도 알 수 있습니다.

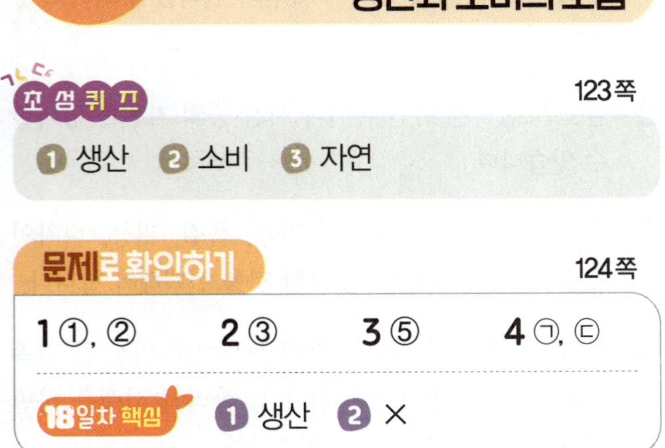

18 일차 우리 주변에서 일어나는 생산과 소비의 모습

초성 퀴즈 123쪽

❶ 생산 ❷ 소비 ❸ 자연

문제로 확인하기 124쪽

1 ①, ②	2 ③	3 ⑤	4 ㉠, ㉢

18일차 핵심 ❶ 생산 ❷ ✕

1 생산은 생활에 필요한 물건이나 서비스를 만들어 내는 활동이고, 소비는 생활에 필요한 물건이나 서비스를 대가를 지불하고 사용하는 활동입니다. ③, ④, ⑤는 시장에서 볼 수 있는 생산 활동입니다.

2 ③ 쌀가게에서 손님이 쌀을 사는 것은 소비 활동입니다.

3 ①, ②, ③, ④는 생활에 필요한 것을 산, 평야, 강, 바다와 같은 자연에서 얻는 활동입니다. ⑤는 자연에서 얻은 생산물이나 자원을 이용하여 생활에 필요한 것을 만드는 활동입니다.

4 생활을 편리하고 즐겁게 해 주는 활동은 물건을 팔거나 사람들을 만족시킬 수 있는 서비스를 제공하는 활동을 말합니다. ㉡은 생활에 필요한 것을 자연에서 얻는 활동, ㉣은 생활에 필요한 것을 만드는 활동입니다.

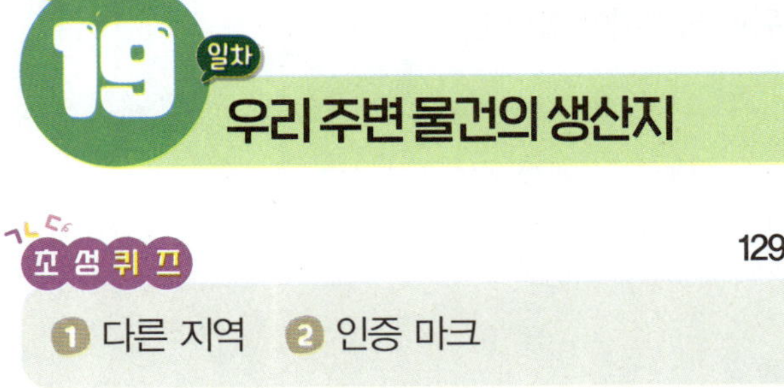

19 일차 우리 주변 물건의 생산지

초성 퀴즈 129쪽

❶ 다른 지역 ❷ 인증 마크

문제로 확인하기 130쪽

1 ④, ⑤	2 ⑤	3 현우

19일차 핵심 ❶ 여러 지역에서 ❷ ✕

1 우리가 사용하는 물건들 중에는 다른 나라에서 들여온 것도 있고, 우리 지역이나 우리나라의 다른 지역에서 생산된 것도 있습니다.

2 상품에 표시된 정보, 인증 마크, 상품 안내문, 대형 할인점의 광고지, 상품 포장지의 큐알(QR) 코드, 누리집의 상품 소개 등을 통해 물건의 생산지를 알 수 있습니다. ⑤ 스마트폰으로 상품 포장지의 큐알(QR) 코드를 찍으면 물건의 생산지를 알 수 있습니다.

3 현우 – 우리 지역 사람들은 우리나라의 다른 지역이나 다른 나라에서 생산된 것도 사용합니다.

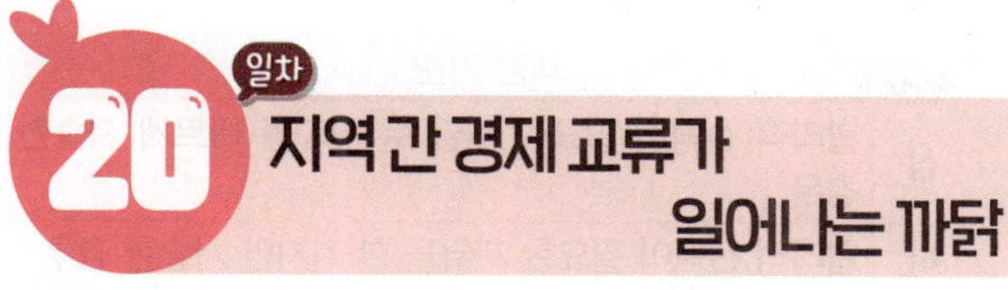

20 일차 지역 간 경제 교류가 일어나는 까닭

1 각 지역 사람들은 자기 지역에서 많이 생산되는 물건은 다른 지역에 팔고, 생산할 수 없거나 부족한 물건은 다른 지역에서 사들여 옵니다.

2 지역마다 자원, 생산 기술, 자연환경, 문화 등이 다르기 때문에 서로 필요한 것을 구하기 위해서 교류를 합니다. 자동차 만드는 기술이 뛰어난 지역에서는 자동차를 팔아 이익을 얻고, 해산물이 많이 잡히는 지역에서는 해산물을 팔아 이익을 얻습니다.

3 세진 – 비슷한 특징을 가진 지역끼리 협력해서 함께 발전하기도 합니다.

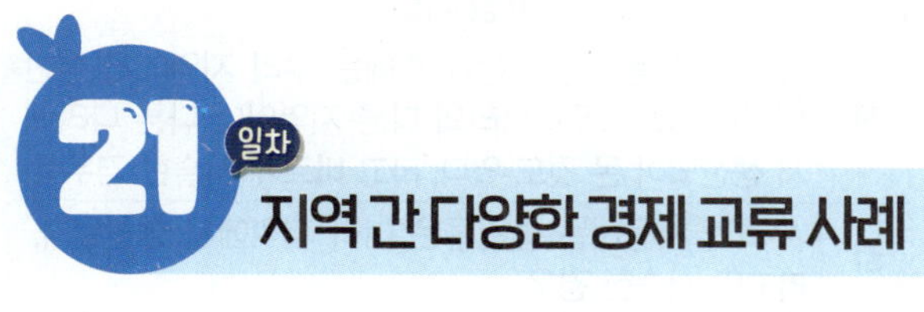

21 일차 지역 간 다양한 경제 교류 사례

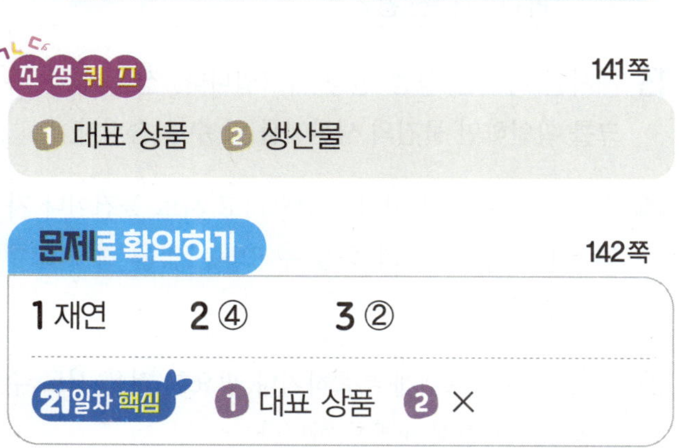

1 솔아 – 지역마다 자연환경, 생산 기술, 자원 등이 달라 그 지역을 대표하는 상품도 다릅니다.

2 두 지역이 자기 지역에서 생산한 생산물을 교류하는 모습입니다. 각 지역은 자기 지역의 풍부한 생산물을 중심으로 다른 지역과 경제적 교류를 합니다.

3 ② 경제 교류는 국내 여러 지역뿐만 아니라 다른 나라와도 이루어집니다.

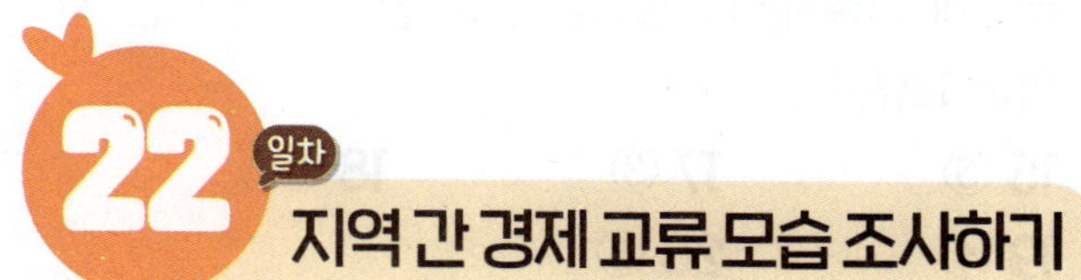

22 일차 지역 간 경제 교류 모습 조사하기

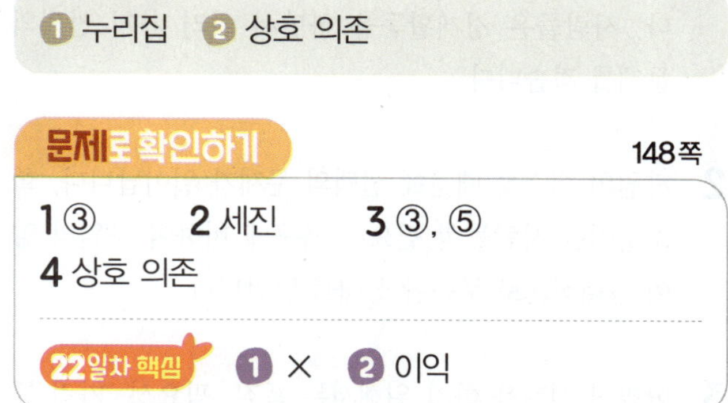

1 ③ 박물관 약도에는 지역 간 경제 교류 모습이 나타나 있지 않습니다.

2 보고서를 작성할 때에는 조사 주제와 교류하는 지역, 교류하는 대상 등이 잘 드러나게 정리해야 합니다.

3 ① 경제 교류로 경제활동이 활발해집니다. ② 다른 지역과 화합할 수 있습니다. ④ 우리 지역을 찾는 사람이 늘어날 수 있습니다.

4 경제 교류로 각 지역이 상호 의존하고 발전해 나갈 수 있습니다.

단원 평가 · 3. 경제활동과 지역 간 교류 · 150~152쪽

15~22일차

1 선택 **2** ⑤ **3** ①, ③
4 민서
5 모범 답안 자신에게 알맞은 것을 골라 큰 만족을 얻을 수 있다. / 돈이나 시간 등 한정된 자원을 절약할 수 있다.
6 ③ **7** ③
8 ㉠ 생산 ㉡ 소비 **9** ②
10 ④ **11** ㉢ → ㉤ → ㉣ → ㉠ → ㉡
12 모범 답안 우리가 사용하는 물건들 중에는 우리 지역에서 생산된 것도 있고, 우리나라의 다른 지역이나 다른 나라에서 생산되어 온 것도 있다.
13 ① **14** 이익
15 모범 답안 지역마다 자연환경, 생산 기술, 자원, 문화 등이 달라 생산되는 물건이 다르기 때문에 서로에게 부족하거나 필요한 것을 얻기 위해 다른 지역과 교류한다.
16 ⑤ **17** ③ **18** ③
19 ④ **20** ⑤

1 선택은 여럿 가운데서 필요한 것을 골라 뽑는 것입니다. 사람들은 경제활동을 하면서 여러 가지 선택의 문제를 겪습니다.

2 자원의 희소성 때문에 선택의 문제가 일어납니다. 희소성이란 사람들의 필요나 욕구에 비하여 자원의 양이 상대적으로 부족한 상태를 말합니다.

3 합리적 선택을 하기 위해서는 품질, 필요성, 가격 등을 미리 꼼꼼하게 따져 보고 자신에게 가장 알맞은 것을 골라야 합니다.

4 합리적 선택은 적은 비용과 노력으로 가장 큰 만족감을 얻을 수 있는 선택을 말합니다. 민서는 합리적 선택을 하여 자신에게 알맞은 것을 골라 만족감을 얻었습니다.

5 합리적 선택을 하면 만족을 얻을 수 있으며, 돈이나 시간 등 한정된 자원을 절약하고 알뜰하게 생활할 수 있습니다.

채점 기준	
상	합리적 선택이 필요한 까닭 두 가지를 바르게 서술한 경우
하	합리적 선택이 필요한 까닭을 한 가지만 서술한 경우

6 합리적 선택을 하기 위해서는 가격, 모양, 크기, 무게 등 사고 싶은 물건 중에서 한 가지를 고르기 위한 선택 기준을 세워야 합니다.

7 합리적 선택을 위해 정보를 얻는 방법에는 인터넷 검색하기, 광고 보기, 상점 방문하기, 주변 사람의 경험 듣기 등이 있습니다. 그중 상점을 방문하면 사려는 물건을 직접 살펴볼 수 있고, 궁금한 점을 직원에게 물어볼 수도 있습니다.

8 생산과 소비는 모두 경제활동입니다.

9 소비는 생활에 필요한 물건이나 서비스를 대가를 지불하고 사용하는 활동입니다. ①, ③, ④, ⑤는 물건이나 서비스를 만들어 내는 생산 활동입니다.

10 생활에 필요한 것을 만드는 활동은 자연에서 얻은 생산물이나 자원을 이용하여 생활에 필요한 것을 만드는 활동입니다. ④는 생활을 편리하고 즐겁게 해 주는 활동입니다.

11 물건이 생산되어 우리 손에 오기까지 다양한 생산 활동이 이루어집니다.

12 우리 주변의 물건들은 우리 지역에서 생산되거나 우리나라의 다른 지역이나 다른 나라에서 생산되어 옵니다.

채점 기준	
상	'우리가 사용하는 물건들 중에는 우리 지역에서 생산된 것도 있고, 우리나라의 다른 지역이나 다른 나라에서 생산되어 온 것도 있다.'라고 바르게 서술한 경우
하	'우리가 사용하는 물건들은 여러 지역에서 생산된다.'라고만 서술한 경우

13 제시된 사진은 상품 인증 마크입니다. 상품 인증 마크를 확인하면 물건의 생산지를 알 수 있습니다.

14 각 지역이 경제적 이익을 얻으려고 서로 물건이나 자원, 기술, 정보, 문화 등을 주고받는 것을 경제 교류라고 합니다.

15 각 지역은 서로에게 부족하거나 필요한 것을 서로 주고받으려고 경제 교류를 합니다.

16 각 지역은 경제적 이익을 얻기 위해 생산물, 기술 및 인적 자원, 문화, 관광 등을 교류합니다. ⑤ 공공 기관은 지역 간에 경제 교류하는 것이 아닙니다.

17 우리나라의 여러 지역이 관광 홍보와 지역 경제 발전을 위해 협력합니다.

18 ① 기술, 관광, 문화 등도 교류합니다. ②, ⑤ 우리나라의 다른 지역이나 다른 나라와도 경제 교류를 합니다. ④ 경제 교류로 지역들은 서로 돕고 부족한 부분을 채워 주며 이익을 얻습니다.

19 제시된 그림은 시장 등 현장에 가서 지역 간 경제 교류 모습을 조사하는 방법에 해당합니다.

20 직거래란 중개인을 거치지 않고 살 사람과 팔 사람이 직접 거래하는 것입니다. 우리 지역에서 생산된 물건을 직거래 장터에서 직접 다른 지역 사람들에 팔아 경제적 이익을 얻을 수 있습니다.

1. 지도로 만나는 우리 지역
① 지도로 살펴본 우리 지역

주제 평가 2~3쪽

쪽지 시험 ❶ 지도 ❷ 방위표 ❸ 기호
❹ 정보 ❺ 축척 ❻ 등고선
❼ 일기 예보 지도

1 (1)—ⓒ (2)—ⓒ (3)—ⓐ **2** ⑤
3 ② **4** ② **5** ②
6 ⓒ, ⓒ **7** 6 **8** ④
9 ⑤ **10** ⓒ

1 그림은 그리는 사람에 따라 다르게 표현하고, 항공 사진은 땅의 실제 모습이 나타나 있습니다. 지도는 필요한 정보만 보기 쉽게 나타나 있습니다.

2 ⑤ 지역을 나타낸 지도에서는 지역에 있는 사람들의 생활 모습을 알 수 없습니다.

3 동주 여자 고등학교를 기준으로 서쪽에는 국제 시장이 있습니다. ① 동쪽에 있습니다. ③ 북쪽에 있습니다. ④, ⑤ 남쪽에 있습니다.

4 제시된 그림은 밭을 나타내는 기호입니다.

5 지도에 사용된 기호의 의미를 알기 위해서는 기호를 한곳에 모아 둔 범례를 읽어야 합니다.

6 ⓐ 방향의 위치를 나타내는 것은 방위입니다.

7 제시된 지도는 실제 거리 2km를 1cm에 줄여 나타낸 것으로, 지도에서 3cm는 실제 거리 6km를 나타냅니다.

8 ④ (나)는 어디가 얼마나 높고 낮은지 알기 어렵습니다.

9 ①, ② 등고선의 간격이 넓을수록 경사가 완만하고, 좁을수록 경사가 급합니다. ③ 등고선에 적힌 숫자를 보면 땅의 높이를 알 수 있습니다. ④ 등고선으로 이어진 곳은 높이가 서로 같습니다.

10 그림은 지하철 노선도를 이용하는 모습입니다. 지하철 노선도를 보면 노선의 방향과 역의 위치를 확인할 수 있습니다.

② 우리 지역의 위치와 특징

주제 평가 4~5쪽

쪽지 시험 ❶ 행정구역 ❷ 위치 ❸ 인구
❹ 강수량 ❺ 계절 ❻ 지역 ❼ 교류

1 ⓒ **2** ③ **3** ④
4 ⓐ **5** ② **6** 지형
7 기온 **8** ① **9** 지리 정보
10 ⑤

1 행정구역은 특별시·광역시·특별자치시·도·특별자치도 등 넓은 범위의 행정구역과 시·군·구 등 좁은 범위의 행정구역으로 구분할 수 있습니다.

2 광역시는 6곳입니다. 인천광역시, 대전광역시, 대구광역시, 광주광역시, 울산광역시, 부산광역시가 있습니다.

3 ① 보은군의 서쪽에는 청주시가 있습니다. ② 증평군의 남쪽에는 청주시가 있습니다. ③ 옥천군의 북쪽에는 보은군이 있습니다. ⑤ 충주시의 서쪽에는 음성군이 있습니다.

4 ⓒ 북구의 면적이 남구보다 넓습니다. ⓒ 울주군의 면적은 동구의 면적보다 많이 넓습니다.

5 동구의 인구는 약 15만 명으로, 울산광역시에서 가장 적습니다.

6 땅의 생김새를 지형이라고 하며, 지형에는 산, 평야, 강, 바다, 섬 등이 있습니다.

7 기온은 공기의 온도를 말합니다.

8 ① 4월 강수량은 삼척시 72mm, 서귀포시 187mm로 서귀포시가 많습니다.

9 지리 정보는 위치, 면적, 인구, 지형, 기온, 강수량 등의 지역에 대한 여러 가지 정보를 말합니다.

10 제시된 그림은 지역에서 만든 홍보물을 살펴보는 모습입니다.

단원평가 1회　　　　6~8쪽

1 ㉠ 그림 ㉡ 지도　　**2** ②
3 [모범 답안] 지도에 방위표가 없을 때 지도의 오른쪽이 동쪽, 왼쪽이 서쪽, 아래쪽이 남쪽, 위쪽이 북쪽이 된다.
4 기호　　**5** ②　　**6** ③
7 (가)　　**8** ④　　**9** ㉠
10 ②
11 [모범 답안] 넓은 범위의 행정구역에는 특별시 · 광역시 · 특별자치시 · 도 · 특별자치도 등이 있다. 넓은 범위의 행정구역 안에는 시 · 군 · 구 등 좁은 범위의 행정구역이 있다.
12 ②　　**13** ㉢　　**14** 바다
15 ①　　**16** (나)　　**17** ㉢
18 ㉢　　**19** 정우
20 [모범 답안] 울릉군은 겨울에도 강수량이 많고, 단양군은 겨울에 강수량이 적은 편이다.

1 그림은 그리는 사람에 따라 다르게 표현됩니다. 지도는 위에서 내려다본 땅의 모습을 일정하게 줄여 정해진 약속에 따라 나타낸 그림입니다.

2 ① 오산 우체국은 오산시청의 서쪽에 있습니다. ③ 운암 중학교는 오산시청의 동쪽에 있습니다. ④ 성산 초등학교는 오산시청의 서쪽에 있습니다. ⑤ 운천 고등학교는 오산시청의 북쪽에 있습니다.

3 지도에 방위표가 없을 때에는 위쪽이 북쪽입니다.

채점 기준
'지도에 방위표가 없을 때 지도의 오른쪽이 동쪽, 왼쪽이 서쪽, 아래쪽이 남쪽, 위쪽이 북쪽이 된다.'라고 바르게 서술한 경우

4 기호는 땅의 생김새나 건물, 도로 등을 지도에 쉽게 나타내려고 간단히 그린 그림입니다.

5 범례는 지도에 사용된 여러 가지 기호와 그 뜻을 한곳에 모아 놓은 것입니다.

6 ③ (가) 지도는 (나) 지도보다 실제 거리를 많이 줄여 넓은 지역을 간략하게 볼 수 있습니다.

7 (가)는 넓은 지역을 간략하게 볼 수 있는 지도로, 지역의 모습을 전체적으로 파악하기에 알맞습니다.

8 지도에서 땅의 높낮이는 등고선과 색깔로 나타냅니다.

9 자료에서 가장 낮은 곳은 ㉠입니다. ㉠ → ㉡ → ㉢ 순으로 땅의 높이가 높아집니다.

10 박물관 안내도를 이용하면 박물관 시설과 전시실의 위치를 확인할 수 있습니다.

11 행정구역은 특별시 · 광역시 · 특별자치시 · 도 · 특별자치도 등 넓은 범위의 행정구역과 시 · 군 · 구 등 좁은 범위의 행정구역으로 구분할 수 있습니다.

채점 기준	
상	우리나라의 행정구역을 넓은 범위와 좁은 범위로 구분하여 모두 바르게 서술한 경우
하	우리나라의 행정구역을 넓은 범위 또는 좁은 범위 중 한 가지만 구분하여 서술한 경우

12 ② 전북특별자치도의 남쪽에 전라남도가 있습니다.

13 면적이 넓은 지역도 있지만 좁은 지역도 있고, 서로 비슷한 지역도 있으며, 인구가 많은 지역도 있지만 적은 지역도 있고, 서로 비슷한 지역도 있습니다.

14 사진에 나타난 지형은 바다입니다.

15 ① 여름에는 기온이 높고, 강수량이 많습니다.

16 강원특별자치도 삼척시의 여름 기온은 24℃, 제주특별자치도 서귀포시의 여름 기온은 26℃로 제주특별자치도 서귀포시의 여름 기온이 더 높습니다.

17 ㉠ 지역의 기온은 지역마다 다릅니다. ㉡ 겨울에는 기온이 낮아 춥고, 비나 눈이 적게 내립니다.

18 지역의 지리 정보를 조사하는 과정은 우리 지역과 비교할 다른 지역 선택하기 → 지리 정보 조사하기 → 조사한 내용 정리하기 순서로 이루어집니다.

19 이외에도 지역의 정보를 알 수 있는 공공 기관에 방문하여 여쭈어볼 수 있습니다.

20 울릉군의 겨울 강수량은 117mm, 단양군의 겨울 강수량은 15mm입니다. 울릉군은 겨울에도 강수량이 많으며, 단양군은 겨울 강수량이 적은 편입니다.

채점 기준	
상	'울릉군은 겨울에도 강수량이 많고, 단양군은 겨울에 강수량이 적은 편이다.'라고 바르게 서술한 경우
하	울릉군과 단양군의 강수량 비교를 미흡하게 서술한 경우

단원 평가 2회   9~11쪽

1 ㉠ 위 ㉡ 약속대로   **2** ③
3 ㉢   **4** 성준   **5** ①
6 모범 답안 건물이나 도로 등의 정보를 지도에 간단히 기호로 나타낼 수 있고, 지도에서 나타내는 정보를 쉽고 정확하게 알 수 있다.
7 (1)-㉡ (2)-㉢ (3)-㉠
8 모범 답안 축척은 지도에서 실제 거리를 줄인 정도이다.
9 소라   **10** ⑤   **11** ㉠, ㉡
12 증평군   **13** ①   **14** ③
15 (1)-㉡ (2)-㉠ (3)-㉢   **16** ②
17 모범 답안 여름에는 기온이 높고, 강수량이 많다. / 겨울에는 기온이 낮고, 강수량이 적다.
18 ④   **19** 겨울   **20** 비교

1 지도는 위에서 내려다본 땅의 모습을 일정하게 줄여서 나타낸 그림입니다.

2 지도는 위에서 내려다본 땅의 모습을 일정하게 줄여서 나타낸 그림으로, 필요한 정보만 보기 쉽게 나타나 있습니다. ① 항공 사진에 대한 설명입니다. ② 그림에 대한 설명입니다.

3 약도는 어떤 장소를 찾아갈 때 필요한 정보만 간단하게 알려 주는 지도입니다. ㉠은 안내도, ㉡은 길 도우미 지도에 대한 설명입니다.

4 지도에서는 사람이나 건물이 향한 방향과 관계없이 장소의 정확한 위치를 표현하기 위해서 방위표를 이용합니다.

5 지도에 방위표가 없을 때 위쪽이 북쪽입니다.

6 모든 정보를 글자로 나타낸 지도는 지도에 글자가 너무 많아서 필요한 정보를 한눈에 찾기 어렵습니다. 기호를 사용하여 나타낸 지도는 어떤 장소가 어디에 있는지 쉽게 찾을 수 있습니다.

채점 기준	
상	'건물이나 도로 등의 정보를 지도에 간단히 기호로 나타낼 수 있고, 지도에서 나타내는 정보를 쉽고 정확하게 나타낼 수 있다.'라고 바르게 서술한 경우
하	'정보를 찾기 쉽다.'라고만 서술한 경우

7 ⑴은 공장, ⑵는 밭, ⑶은 우체국을 나타내는 기호입니다.

8 ㈎는 축척입니다. 축척은 지도에서 실제 거리를 줄인 정도를 말합니다.

채점 기준	
상	'축척'과 '축척의 의미'를 모두 넣어 바르게 서술한 경우
하	'축척'만 서술한 경우

9 우주 – 선의 간격이 좁을수록 경사가 급합니다. 하나 – 땅의 높이가 높은 곳은 짙은 갈색으로 칠했습니다.

10 일기 예보 지도를 보면 지역의 위치와 날씨 정보를 함께 확인할 수 있습니다.

11 ㉢ 특별자치도는 3곳입니다. 강원특별자치도, 전북특별자치도, 제주특별자치도가 있습니다.

12 충청북도 지도를 살펴보면 증평군은 진천군, 음성군, 괴산군, 청주시와 맞닿아 있습니다.

13 각 지역의 인구는 남구 약 31만 명, 동구 약 15만 명, 북구 약 22만 명, 중구 약 20만 명, 울주군 약 22만 명으로 남구의 인구가 가장 많습니다.

14 중구의 인구는 약 20만 명, 남구의 인구는 약 31만 명으로, 남구의 인구가 더 많습니다.

15 ㉠은 섬, ㉡은 산, ㉢은 바다의 모습입니다.

16 기온은 공기의 온도이고, 강수량은 어떤 곳에 일정 기간 내린 물(눈, 비, 우박, 안개 등)의 양입니다.

17 우리가 사는 지역의 기온과 강수량은 계절에 따라 다르게 나타납니다. 여름에는 기온이 높고 강수량이 많으며, 겨울에는 기온이 낮고 강수량이 적습니다.

채점 기준	
상	계절별 기온과 강수량의 특징을 여름과 겨울 모두 바르게 서술한 경우
하	계절별 기온과 강수량의 특징을 여름과 겨울 중 한 가지만 서술한 경우

18 삼척시와 서귀포시의 기온이 가장 높은 달은 7월이며, 기온은 삼척시 24℃, 서귀포시 26℃입니다. 서귀포시의 기온이 가장 낮은 달은 1월이며, 기온은 7℃입니다.

19 삼척시와 서귀포시의 강수량이 가장 적은 계절은 겨울이며, 강수량은 삼척시 39mm, 서귀포시 61mm입니다.

20 서로 다른 지역의 지리 정보를 비교해 보면 각 지역의 특징이 잘 드러납니다. 지역마다 특징이 다르기 때문에 지역들은 서로 교류하면서 필요한 도움을 주고받을 수 있습니다.

서술형 평가 1회

12쪽

1 (1) (개) 항공 사진 (내) 지도

(2) **모범 답안** (개)는 땅의 실제 모습이 나타나 있고, 건물이나 지역 등의 이름이 나타나 있지 않다. (내)는 땅의 모습과 건물, 지역 등의 이름이 나타나 있고, 필요한 정보만 보기 쉽게 나타나 있다.

2 (1) 방위표

(2) **모범 답안** 사람이나 건물이 향한 방향과 관계없이 장소의 정확한 위치를 표현하기 위해서이다.

3 **모범 답안** 우리 지역이 어디에 있는지 알 수 있다. / 우리 지역의 주변에 어떤 지역이 있는지 알 수 있다.

4 (1) 단양군

(2) 울릉군

(3) **모범 답안** 서로 다른 지역의 지리 정보를 비교해 보면 각 지역의 특징이 잘 드러난다. / 지역마다 특징이 다르기 때문에 지역들은 서로 교류하면서 필요한 도움을 주고받을 수 있다.

1 (1) (개)는 항공 사진이고, (내)는 지도입니다.

(2) 항공 사진은 땅의 실제 모습이 나타나 있고, 건물이나 지역 등의 이름이 나타나 있지 않습니다. 지도는 땅의 모습과 건물, 지역 등의 이름이 나타나 있고, 필요한 정보만 보기 쉽게 나타나 있습니다.

채점 기준	
상	(1)의 답을 쓰고, (2) '(개)는 땅의 실제 모습이 나타나 있고, 건물이나 지역 등의 이름이 나타나 있지 않다.'와 '(내)는 땅의 모습과 건물, 지역 등의 이름이 나타나 있고, 필요한 정보만 보기 쉽게 나타나 있다.'를 모두 바르게 서술한 경우
중	(1)의 답을 쓰고, (2)의 답 중 한 가지만 서술한 경우
하	(1)의 답만 쓴 경우

2 (1) 동서남북 방위를 알려 주는 표시를 방위표라고 합니다.

(2) 지도에서 방위는 방위표로 나타냅니다.

채점 기준	
상	(1)의 답을 쓰고, (2) '사람이나 건물이 향한 방향과 관계없이 장소의 정확한 위치를 표현하기 위해서이다.'를 바르게 서술한 경우
하	(1)의 답만 쓴 경우

3 행정구역은 나라를 효율적으로 관리하려고 나누어 놓은 지역입니다. 행정구역은 특별시·광역시·특별자치시·도·특별자치도 등 넓은 범위의 행정구역과 시·군·구 등 좁은 범위의 행정구역으로 구분할 수 있습니다.

채점 기준	
상	'우리 지역이 어디에 있는지 알 수 있다.' / '우리 지역의 주변에 어떤 지역이 있는지 알 수 있다.'라고 모두 바르게 서술한 경우
하	'우리 지역이 어디에 있는지 알 수 있다.'라고만 서술한 경우

4 (1) 단양군의 면적은 약 780㎢, 울릉군의 면적은 약 73㎢로, 두 지역 중 단양군의 면적이 더 넓습니다.

(2) 단양군의 인구는 약 2만 6천 명, 울릉군의 인구는 약 8천 명으로, 두 지역 중 울릉군의 인구가 더 적습니다.

(3) 지역의 지리 정보를 비교하면 각 지역의 특징이 잘 드러난다는 것을 알 수 있습니다.

채점 기준	
상	(1), (2)의 답을 쓰고, (3) '서로 다른 지역의 지리 정보를 비교해 보면 각 지역의 특징이 잘 드러난다.' / '지역마다 특징이 다르기 때문에 지역들은 서로 교류하면서 필요한 도움을 주고받을 수 있다.' 중 한 가지를 바르게 서술한 경우
하	(1), (2)의 답만 쓴 경우

서술형 평가 2회   13쪽

1 (1) ㉠ 넓은 ㉡ 좁은

(2) **모범 답안** 축척에 따라 지도에 표현되는 지역의 범위와 자세한 정도가 다르다.

2 **모범 답안** 목적지까지 가는 길과 가는 데 걸리는 시간을 확인할 수 있다. / 실시간으로 교통 정보를 반영하여 길 안내를 해 주어 편리하다.

3 (1) 영동군

(2) 제천시를 기준으로 서쪽에는 충주시가 있고, 동쪽에는 단양군이 있다.

4 **모범 답안** 의미: 땅의 생김새를 지형이라고 한다. 종류: 지형에는 산, 평야, 강, 바다, 섬 등이 있다.

---

1 (1) (가) 지도는 실제 거리를 많이 줄여 넓은 지역을 간략하게 볼 수 있고, (나) 지도는 실제 거리를 조금 줄여 좁은 지역을 자세하게 볼 수 있습니다.

(2) 축척은 지도에서 실제 거리를 줄인 정도를 말합니다. 실제 거리를 줄인 정도에 따라 지도에 표현되는 지역의 범위와 자세한 정도가 다릅니다.

채점 기준	
상	(1)의 답을 쓰고, (2) '축척에 따라 지도에 표현되는 지역의 범위와 자세한 정도가 다르다.'를 바르게 서술한 경우
하	(1)의 답만 쓴 경우

2 길 도우미 지도를 이용하면 목적지까지 가는 길과 가는 데 걸리는 시간을 확인할 수 있고, 실시간으로 교통 정보를 반영하여 길 안내를 해 주어 편리합니다.

채점 기준	
상	'목적지까지 가는 길과 가는 데 걸리는 시간을 확인할 수 있다.' / '실시간으로 교통 정보를 반영하여 길 안내를 해 주어 편리하다.' 중 한 가지를 바르게 서술한 경우
하	'생활을 편리하게 해 준다.'라고만 서술한 경우

3 (1) 충청북도에서 가장 남쪽에 있는 지역은 영동군입니다.

(2) 충청북도 제천시를 기준으로 서쪽에는 충주시가 있고, 동쪽에는 단양군이 있습니다.

채점 기준	
상	(1)의 답을 쓰고, (2) '제천시를 기준으로 서쪽에는 충주시가 있고, 동쪽에는 단양군이 있다.'를 바르게 서술한 경우
하	(1)의 답만 쓴 경우

4 산, 평야, 강, 바다, 섬 등의 땅의 생김새를 지형이라고 합니다.

채점 기준	
상	지형의 의미와 종류를 모두 바르게 서술한 경우
하	지형의 의미와 종류 중 한 가지만 서술한 경우

수행 평가 1회   14쪽

1 (1) 등고선

(2) **모범 답안** 지도에서 높이가 같은 곳을 연결하여 땅의 높낮이를 나타낸 선

2 (1) 초록색

(2) 진한 갈색

3 **모범 답안** 등고선의 간격이 좁을수록 경사가 급하고, 간격이 넓을수록 경사가 완만하다.

---

1 지도에 표시된 (가)와 같은 선을 등고선이라고 합니다. 등고선은 지도에서 높이가 같은 곳을 연결하여 땅의 높낮이를 나타낸 선입니다. 지도에서는 등고선과 색깔을 이용하여 땅의 높낮이를 나타냅니다.

채점 기준	
상	(1) '등고선'을 쓰고, (2) '지도에서 높이가 같은 곳을 연결하여 땅의 높낮이를 나타낸 선'이라고 바르게 서술한 경우
하	(1)의 답만 쓴 경우

2 지도에서는 등고선과 색깔을 이용하여 땅의 높낮이를 나타냅니다. 땅의 높이가 낮은 곳에서 높은 곳으로 갈수록 초록색, 연두색, 노란색, 갈색, 진한 갈색으로 칠합니다.

채점 기준	
상	(1) '초록색'과 (2) '진한 갈색'을 바르게 쓴 경우
하	(1), (2) 중 하나의 답만 쓴 경우

3 등고선을 살펴보면 땅의 높낮이뿐만 아니라 경사진 정도도 알 수 있습니다. 등고선의 간격이 좁을수록 경사가 급하고, 등고선의 간격이 넓을수록 경사가 완만합니다.

채점 기준	
상	'등고선의 간격이 좁을수록 경사가 급하고, 간격이 넓을수록 경사가 완만하다.'라고 바르게 서술한 경우
하	'등고선의 간격으로 알 수 있다.'라고만 쓴 경우

1 ㉠ 1 ㉡ 6 ㉢ 1 ㉣ 6 ㉤ 3
2 (1) ㉠
(2) **모범 답안** 영동군의 북쪽에는 옥천군이 있습니다.

1 북한 지역을 제외하고 우리나라의 행정구역은 특별시 1곳, 광역시 6곳, 특별자치시 1곳, 도 6곳, 특별자치도 3곳으로 이루어져 있습니다.

채점 기준	
상	㉠ '1', ㉡ '6', ㉢ '1', ㉣ '6', ㉤ '3'을 모두 바르게 쓴 경우
중	㉠, ㉡, ㉢, ㉣, ㉤중 3개 또는 4개를 쓴 경우
하	㉠, ㉡, ㉢, ㉣, ㉤중 2개 이하를 쓴 경우

2 행정구역이 나타난 지도에서 우리나라에 있는 여러 지역의 위치를 알 수 있습니다. ㉠ 영동군의 북쪽에는 옥천군이 있습니다.

채점 기준	
상	(1) '㉠'을 쓰고, (2) '영동군의 북쪽에는 옥천군이 있습니다.'를 바르게 서술한 경우
하	(1)의 답만 쓴 경우

2. 우리 지역의 국가유산
① 지역의 국가유산

쪽지 시험 ❶ 국가유산 ❷ 자연유산 ❸ 역사적 ❹ 과학적 ❺ 답사하기 ❻ 가치

1 ㉠ 문화 ㉡ 무형
2 (1)-㉠, ㉡ (2)-㉢, ㉣   **3** ①, ②
4 ③   **5** ㉠, ㉢, ㉣   **6** 예술적 가치
7 면담하기   **8** ㉠, ㉢, ㉣   **9** ㉡ → ㉠ → ㉢
10 ①

1 건축물, 그림, 책 등은 형태가 있는 문화유산이고, 음악이나 무용, 놀이, 기술 등은 형태가 없는 무형유산입니다.

2 ㉠ 『동의보감』, ㉡ 남한산성은 형태가 있는 문화유산입니다. ㉢ 강강술래, ㉣ 종묘 제례악은 형태가 없는 무형유산입니다.

3 제시된 글은 자연유산에 대한 설명입니다. ③ 남한산성과 ④ 창덕궁 인정전은 문화유산이고, ⑤ 한산 모시 짜기는 무형유산입니다.

4 제시된 글은 달성 도동 서원에 대한 설명입니다. 달성 도동 서원은 지역의 역사와 특징이 담겨 있어 역사적 가치가 있는 국가유산입니다.

5 ㉡ 해녀는 생태적 가치가 담긴 국가유산으로, 바다를 삶의 터전으로 삼고 바다 환경을 보호하기 위해 노력합니다.

6 정선의 금강산 그림과 경주 성덕 대왕 신종은 예술적 가치가 담긴 국가유산입니다.

7 면담하기는 국가유산을 자세히 아는 사람이나 무형유산 보유자를 만나 여쭈어보는 조사 방법입니다.

8 ㉢ 느낀 점은 '국가유산 조사 보고서'에 들어가야 할 내용입니다.

9 지역의 국가유산을 조사할 때는 ㉡ 조사 계획을 세우

고, 조사 방법을 정한 다음 ㉠ 국가유산의 특징과 가치를 조사합니다. 조사가 끝난 뒤에는 ㉢ 국가유산을 조사하여 알게 된 내용을 정리합니다.

10 ① 답사하기는 지역의 국가유산을 조사하는 방법입니다.

② 지역의 박물관, 기념관, 유적지

주제 평가   18~19쪽

| 쪽지 시험 | ❶ 기념관 | ❷ 유적지 | ❸ 장소 |

❹ 답사하기   ❺ 인터넷으로 조사하기

❻ 국가유산 지킴이

1 박물관   **2** ③, ④   **3** ㉠, ㉡, ㉣
4 ②   **5** ㉠   **6** 가윤, 다솜
7 답사   **8** ①, ②   **9** ⑤
10 ④

1 옛날 사람들이 만들거나 사용했던 여러 가지 국가유산을 수집·보존·연구하고 전시하는 곳은 박물관입니다.

2 제시된 글은 기념관에 대한 설명입니다. ①, ②는 박물관, ⑤는 유적지에 해당합니다.

3 제시된 글은 유적지에 대한 설명입니다. ㉢ 고려청자박물관은 옛날에 고려청자가 많이 생산되던 곳에 세워졌으며 여러 종류의 고려청자를 전시하고 있습니다.

4 지역의 박물관, 기념관, 유적지 체험 계획을 세울 때에는 체험할 장소와 체험할 내용, 체험 방법을 정합니다. ② 체험 보고서는 체험 활동이 끝난 뒤에 작성합니다.

5 제시된 글은 인터넷으로 조사하기의 좋은 점에 대한 설명입니다. ㉢ 답사하기입니다.

6 나래 – 답사할 때는 전시물이나 국가유산을 함부로 만지지 않습니다.

7 답사하기는 지역의 박물관, 기념관, 유적지에 직접 찾아가 국가유산이나 유물의 실제 모습을 살펴보는 체험 방법입니다.

8 박물관, 기념관, 유적지 체험 보고서에는 체험 주제, 체험 장소, 체험 날짜, 체험 방법, 체험으로 알게 된 지역의 역사, 느낀 점 등을 씁니다. ③ 주의할 점, ④ 역할 나누기, ⑤ 체험으로 알고 싶은 점은 체험 계획서에 들어갈 내용입니다.

9 ⑤ 나라에서 국가유산을 관리하는 것뿐만 아니라 지역 주민이 지역의 역사와 국가유산을 지키고 보호해야 합니다.

10 ④ 평소에도 지역의 역사를 보존하기 위해 관심을 갖도록 합니다.

단원 평가   **1회**   20~22쪽

1 ③   **2** ④   **3** 자연유산
4 모범 답안 국가유산에는 역사적, 과학적, 예술적, 생태적 가치가 담겨 있다.
5 ①, ③   **6** ④   **7** 해녀
8 ④
9 모범 답안 인터넷에서 찾은 내용과 사진의 출처를 함께 적어 둔다. / 누리집에 제시된 많은 자료 가운데 중요한 자료만 수집한다.
10 ③   **11** (가) 기념관 (나) 박물관
12 ㉡, ㉢   **13** ②
14 모범 답안 체험할 장소, 체험할 내용, 체험 방법을 정한다.
15 인터넷으로 조사하기   **16** ㉡, ㉢
17 ①   **18** ③   **19** 가인, 나율
20 ③

1 옛날부터 전해 내려오는 것 중에서 후손에게 물려줄 만한 가치가 있는 것을 국가유산이라고 합니다.

2 제시된 글은 무형유산에 대한 설명입니다. ① 갯벌은 자연유산이고, ② 남한산성, ③ 창덕궁 인정전은 문화유산입니다.

3 제시된 글은 자연유산에 대한 설명입니다. 자연유산은 그 가치를 인정하고 보호해야 할 동물, 식물, 지형 등의 자연물뿐만 아니라 자연환경과 상호 작용으로 만들어진 것을 말합니다.

4 국가유산에는 지역의 역사와 특징, 옛날 사람들의 생활 모습과 생각, 우수한 과학 기술, 아름다움과 생태적 가치 등이 담겨 있습니다.

채점 기준	
상	'역사적 가치', '과학적 가치', '예술적 가치', '생태적 가치'를 모두 바르게 서술한 경우
하	'역사적 가치', '과학적 가치', '예술적 가치', '생태적 가치' 중 일부 내용만 서술한 경우

5 제시된 글은 국가유산의 과학적 가치에 대한 설명입니다. ② 해녀는 생태적 가치, ④ 달성 도동 서원은 역사적 가치, ⑤ 정선의 금강산 그림은 예술적 가치가 담겨 있는 국가유산입니다.

6 제시된 글은 『조선왕조실록』의 역사적 가치에 대한 설명입니다.

7 제시된 글은 해녀의 생태적 가치에 대한 설명입니다.

8 제시된 그림은 누리집에서 국가유산을 검색하는 모습입니다. 누리집에서 검색하기는 국가유산과 관련된 기관의 누리집에 접속하여 국가유산을 조사하는 방법입니다.

9 '어린이·청소년 국가유산청' 누리집에서 국가유산을 조사할 때에는 인터넷에서 찾은 내용과 사진의 출처를 함께 적어 두어야 합니다. 또 누리집에 제시된 많은 자료 가운데 중요한 자료만 수집합니다.

채점 기준	
상	'인터넷에서 찾은 내용과 사진의 출처를 적어 둔다.', '많은 자료 가운데 중요한 자료만 수집한다.'는 내용을 모두 바르게 서술한 경우
하	'인터넷에서 찾은 내용과 사진의 출처를 적어 둔다.', '많은 자료 가운데 중요한 자료만 수집한다.'는 내용 중 한 가지만 서술한 경우

10 국가유산을 소개하는 방법에는 사진 전시하기, 신문이나 책 만들기, 안내 책자 만들기, 포스터 그리기, 기념품 만들기, 문화 관광 해설사 되어 보기 등이 있습니다. ③ 책이나 기록물 찾아보기는 국가유산을 조사하는 방법입니다.

11 ㈎는 기념관, ㈏는 박물관에 대한 설명입니다. 각 지역에서는 지역의 유물이나 유적, 역사적 사건 등을 보존하고 널리 알리고자 박물관과 기념관을 세우고 유적지를 지정합니다.

12 ㈏는 박물관에 대한 설명입니다. ㉠, ㉣은 기념관입니다.

13 부산 동삼동 패총은 아주 먼 옛날 사람들이 먹고 버린 조개껍데기가 쌓여 무덤처럼 만들어진 곳입니다.

14 지역의 박물관, 기념관, 유적지를 체험할 때는 먼저 체험 계획을 세워야 합니다. 체험 계획 세우기 단계에서는 체험할 장소와 체험할 내용, 체험 방법을 정합니다.

채점 기준	
상	'체험할 장소, 체험할 내용, 체험 방법'을 모두 포함하여 바르게 서술한 경우
하	'체험할 장소, 체험할 내용, 체험 방법' 중 한 가지만 서술한 경우

15 제시된 글은 인터넷으로 조사하기에 대한 설명입니다. 지역의 박물관, 기념관, 유적지를 인터넷으로 조사하면 국가유산이나 유물에 관한 설명과 사진, 동영상 등 필요한 정보를 언제든지 편리하게 검색할 수 있습니다.

16 ㉠ 지역의 박물관, 기념관, 유적지를 답사하면서 스스로 해결하지 못한 질문이나 궁금한 점은 문화 관광 해설사에게 여쭈어봅니다.

17 제시된 글은 부여 정림사지를 체험하고 느낀 점을 쓴 것입니다. 체험 보고서에는 체험하면서 든 생각이나 느낌을 정리하여 씁니다.

18 ③ 답사 장소에서는 전시물이나 국가유산을 함부로 만지지 않습니다.

19 다혜 – 지역의 국가유산을 가꾸고 지키는 일에 지역 주민이 적극적으로 참여하도록 합니다.

20 ③ 평소에도 지역의 역사를 보존하기 위해 관심을 갖도록 합니다.

단원 평가 2회　　　23~25쪽

1 ㉠ 가치 ㉡ 자연　　　2 ②
3 ②　　　4 ㉠, ㉢, ㉣　　　5 ③
6 **모범 답안** 정선의 금강산 그림과 경주 성덕 대왕 신종은 예술적 가치가 담긴 국가유산이다.
7 생태적　　　8 ②　　　9 ②
10 **모범 답안** 지역의 국가유산을 조사할 때는 먼저 조사 계획을 세우고, 국가유산을 조사한 다음 조사한 내용을 정리한다.
11 ㉡, ㉢, ㉣　　　12 ㉠ 국가유산 ㉡ 인물
13 ③　　　14 ①, ③　　　15 ③
16 답사하기　　　17 ②　　　18 ⑤
19 ②
20 **모범 답안** 지역의 역사를 알리는 일에 참여한다. / 지역의 박물관, 기념관, 유적지에 자주 찾아간다. / 지역의 국가유산을 아끼고 소중히 여기는 태도를 갖는다. / 지역의 역사와 국가유산에 관심을 가지고 자세히 공부한다.

1 옛날부터 전해 내려오는 것 중에서 후손에게 물려줄 만한 가치가 있는 것을 국가유산이라고 합니다. 국가유산에는 형태가 있는 문화유산과 형태가 없는 무형유산 그리고 자연유산이 있습니다.

2 한산 모시 짜기는 형태가 없는 무형유산입니다. ① 남한산성, ③ 청자 상감 운학문 매병, ④ 부여 정림사지 오층 석탑은 형태가 있는 문화유산입니다.

3 제시된 글은 자연유산인 갯벌에 대한 설명입니다.

4 제시된 글은 국가유산의 역사적 가치에 대한 설명입니다. ㉠, ㉢, ㉣은 역사적 가치가 담긴 국가유산입니다.

5 제시된 글은 경주 석빙고에 대한 설명입니다. 경주 석빙고에는 과학적 가치가 담겨 있습니다.

6 정선의 금강산 그림은 아름다움이 돋보입니다. 경주 성덕 대왕 신종은 종에 새겨진 정교한 조각과 화려한 무늬에서 조상들의 예술 감각을 볼 수 있습니다.

채점 기준	
상	'예술적 가치가 담겨 있다.'는 내용을 바르게 서술한 경우
하	'아름답다'고만 서술한 경우

7 제시된 글은 남원 광한루의 생태적 가치에 대한 설명입니다.

8 제시된 그림은 면담하기의 모습입니다. 면담하기는 국가유산을 자세히 아는 사람이나 무형유산 보유자를 만나 여쭈어보는 조사 방법입니다.

9 어린이·청소년 국가유산청 누리집에서 국가유산을 검색하는 것은 조사 방법에 해당합니다.

10 지역의 국가유산을 조사하는 과정은 조사 계획 세우기 → 국가유산 조사하기 → 조사한 내용 정리하기입니다.

채점 기준	
상	'조사 계획 세우기', '국가유산 조사하기', '조사한 내용 정리하기'의 내용을 모두 바르게 서술한 경우
하	'조사 계획 세우기', '국가유산 조사하기', '조사한 내용 정리하기'의 내용 중 한 가지만 서술한 경우

11 ㉠ 면담하기는 국가유산을 조사하는 방법입니다.

12 박물관은 여러 가지 국가유산을 수집·보존·연구하고 전시하는 곳입니다. 기념관은 뜻깊은 일이나 훌륭한 인물 등을 오래도록 기억하기 위해 세운 곳입니다.

13 제시된 글은 국립 중앙 박물관에 대한 설명입니다.

14 제시된 글은 유적지에 대한 설명입니다. ②는 박물관, ④, ⑤는 기념관입니다.

15 지역의 박물관, 기념관, 유적지 체험 계획 세우기 단계에서는 체험할 장소와 체험할 내용, 체험 방법을 정합니다.

16 ⑺는 답사하기입니다.

17 ⑻는 인터넷으로 조사하기입니다. 지역의 박물관, 기념관, 유적지를 인터넷으로 조사하면 국가유산이나 유물에 관한 설명과 사진, 동영상 등 필요한 정보를 언제든지 편리하게 검색할 수 있습니다.

18 ⑤ 부여 정림사지를 체험하고 느낀 점을 쓴 것입니다.

19 ② 지역의 국가유산은 훼손되면 복구하기 어렵기 때문에 아끼고 보호해야 합니다.

20 지역의 역사를 보존하기 위해 지역의 역사에 관심을 가지고, 국가유산을 아끼고 소중히 여기는 태도를 갖습니다.

채점 기준	
상	지역의 역사를 보존하기 위해 우리가 할 수 있는 일을 두 가지 이상 바르게 서술한 경우
하	지역의 역사를 보존하기 위해 우리가 할 수 있는 일을 한 가지만 서술한 경우

채점 기준	
상	'역사적 가치'의 내용을 포함하여 바르게 서술한 경우
하	'역사적 가치'의 내용을 포함하지 않고 서술한 경우

3 지역의 박물관, 기념관, 유적지는 지역의 역사를 알 수 있는 장소입니다.

채점 기준	
상	'지역 사람들의 생활 모습', '역사적 사건'의 내용을 모두 포함하여 바르게 서술한 경우
하	'지역 사람들의 생활 모습', '역사적 사건'의 내용 중 한 가지만 서술한 경우

4 ⑴ 답사하기는 지역의 박물관, 기념관, 유적지에 직접 찾아가 국가유산이나 유물의 실제 모습을 살펴보는 체험 방법입니다.
⑵ 답사 장소에서는 관람 규칙을 지켜야 합니다.

채점 기준	
상	⑴의 답을 쓰고, ⑵ 답사할 때 주의할 점 두 가지를 모두 바르게 서술한 경우
중	⑴의 답을 쓰고, ⑵ 답사할 때 주의할 점을 한 가지만 서술한 경우
하	⑴의 답만 쓴 경우

서술형 평가 1회   26쪽

1⑴ ㉠ 문화유산 ㉡ 무형유산 ㉢ 자연유산
⑵ **모범 답안** 문화유산은 건축물, 그림, 책 등 형태가 있는 것이다. 무형유산은 음악이나 무용, 놀이, 기술 등 형태가 없는 것이다. 자연유산은 그 가치를 인정하고 보호해야 할 동물, 식물, 지형 등의 자연물뿐만 아니라 자연환경과 상호 작용으로 만들어진 것이다.
2 **모범 답안** 달성 도동 서원과 『조선왕조실록』은 역사적 가치가 있는 국가유산이다.
3 **모범 답안** 그 지역에 살았던 사람들의 생활 모습과 역사적 사건
4⑴ 답사하기
⑵ **모범 답안** 조용히 질서를 지키며 답사한다. / 전시물이나 국가유산을 함부로 만지지 않는다. / 사진을 찍을 때는 촬영이 가능한 곳인지 먼저 확인한다.

1 ⑴ 건축물, 그림, 책 등은 형태가 있는 문화유산입니다. 음악이나 무용, 놀이, 기술 등은 형태가 없는 무형유산입니다. 자연유산은 자연물이나 자연환경과 상호 작용으로 만들어진 것입니다.
⑵ 국가유산에는 형태가 있는 문화유산과 형태가 없는 무형유산 그리고 자연유산이 있습니다.

채점 기준	
상	⑴의 답을 쓰고, ⑵ '형태가 있는 문화유산', '형태가 없는 무형유산', '자연물이나 자연환경과 상호 작용으로 만들어진 자연유산'의 내용을 모두 포함하여 바르게 서술한 경우
중	⑴의 답을 쓰고, ⑵의 답 중 한 가지만 서술한 경우
하	⑴의 답만 쓴 경우

2 달성 도동 서원은 옛날 학교의 모습과 학자들의 업적, 기록물 등을 오늘날까지 이어 오고 있습니다. 『조선왕조실록』은 과거에 있었던 일을 알려 주는 자료로서 역사적인 의미가 있습니다.

서술형 평가 2회   27쪽

1⑴ ① ㈏ ② ㈐, ㈑ ③ ㈎
⑵ **모범 답안** 자연유산은 그 가치를 인정하고 보호해야 할 동물, 식물, 지형 등의 자연물뿐만 아니라 자연환경과 상호 작용으로 만들어진 것이다.
2 **모범 답안** 국가유산 조사 방법에는 누리집에서 검색하기, 책이나 기록물 찾아보기, 면담하기, 답사하기 등이 있다.
3 ⑴ **모범 답안** 기념관은 뜻깊은 일이나 훌륭한 인물 등을 오래도록 기억하기 위해 세운 곳이다.
⑵ **모범 답안** 강화산성, 화순 고인돌 유적지, 김해 수로왕릉, 부산 동삼동 패총, 부여 정림사지 등
4 **모범 답안** 축제나 행사를 열어 지역의 역사를 널리 알리고 그 가치를 전하고자 노력한다. / 지역의 역사와 관련된 교육 프로그램이나 체험 프로그램을 만든다. / 아직 알려지지 않은 지역의 국가유산을 발굴하여 보존한다. / 지역의 국가유산을 가꾸고 지키는 활동에 지역 주민이 적극적으로 참여하도록 한다.

1 (1) 형태가 있는 것은 문화유산입니다. 형태가 없는 것은 무형유산입니다. 자연물이나 자연환경과 상호 작용으로 만들어진 것은 자연유산입니다.

(2) 자연유산은 자연물뿐만 아니라 자연환경과 상호 작용으로 만들어진 것입니다.

채점 기준	
상	(1)의 답을 쓰고, (2) '동물, 식물, 지형 등의 자연물', '자연환경과 상호 작용'의 내용을 모두 포함하여 바르게 서술한 경우
중	(1)의 답을 쓰고, (2) '동물, 식물, 지형 등의 자연물', '자연환경과 상호 작용'의 내용 중 한 가지만 서술한 경우
하	(1)의 답만 쓴 경우

2 국가유산 조사 방법으로는 누리집에서 국가유산 검색하기, 책이나 신문, 소식지 등 기록물 찾아보기, 국가유산을 자세히 아는 사람이나 무형유산 보유자와 면담하기, 답사하기 등이 있습니다.

채점 기준	
상	국가유산을 조사하는 방법 두 가지를 모두 바르게 서술한 경우
하	국가유산을 조사하는 방법을 한 가지만 서술한 경우

3 (1) 각 지역에서는 유물이나 유적, 역사적 사건 등을 보존하고 널리 알리기 위해 박물관과 기념관을 세우고, 유적지를 지정합니다.

채점 기준	
상	제시된 '기억', '뜻깊은 일', '훌륭한 인물'의 내용을 모두 포함하여 바르게 서술한 경우
하	제시된 '기억', '뜻깊은 일', '훌륭한 인물'의 내용 중 한 가지만 포함하여 서술한 경우

(2) 유적지는 옛날 사람들이 만든 건축물이나 무덤, 싸움터 또는 역사적인 사건이 벌어졌던 곳입니다.

채점 기준	
상	강화산성, 화순 고인돌 유적지, 김해 수로왕릉, 부산 동삼동 패총, 부여 정림사지 등 유적지를 두 가지 이상 바르게 서술한 경우
하	유적지를 한 가지만 서술한 경우

4 지역에서는 지역의 역사를 보존하기 위해 다양한 노력을 하고 있습니다.

채점 기준	
상	지역의 역사를 보존하려는 노력 두 가지를 모두 바르게 서술한 경우
하	지역의 역사를 보존하려는 노력을 한 가지만 서술한 경우

수행 평가 1회　28쪽

1 (1) (다) (2) (나) (3) (가) (4) (라)

2 모범 답안 (가) 해녀는 생태적 가치가 담긴 국가유산이다. (나) 경주 석빙고는 과학적 가치를 담고 있다. (다) 달성 도동 서원은 역사적 가치가 있는 국가유산이다. (라) 경주 성덕 대왕 신종은 예술적 가치가 담긴 국가유산이다.

1 (1) 달성 도동 서원, (2) 경주 석빙고, (3) 해녀, (4) 경주 성덕 대왕 신종에 대한 설명입니다.

2 (가) 해녀는 생태적 가치, (나) 경주 석빙고는 과학적 가치, (다) 달성 도동 서원은 역사적 가치, (라) 경주 성덕 대왕 신종은 예술적 가치가 담겨 있습니다.

채점 기준	
상	제시된 '역사적 가치', '과학적 가치', '예술적 가치', '생태적 가치'의 내용을 모두 포함하여 바르게 서술한 경우
중	제시된 '역사적 가치', '과학적 가치', '예술적 가치', '생태적 가치'의 내용 중 두 가지 또는 세 가지만 서술한 경우
하	제시된 '역사적 가치', '과학적 가치', '예술적 가치', '생태적 가치'의 내용 중 한 가지만 서술한 경우

수행 평가 2회　29쪽

1 ㉠ 국가유산 ㉡ 훌륭한 인물 ㉢ 건축물

2 (1) 국립 경주

(2) 제주 김만덕

(3) 강화산성

3 (1) 모범 답안 충청남도

(2) 모범 답안 국립 부여 박물관, 국립 공주 박물관, 정림사지 박물관 등

(3) 모범 답안 독립기념관, 충무공 이순신 기념관, 유관순 열사 기념관 등

(4) 모범 답안 공주 무령왕릉과 왕릉원, 부여 정림사지, 부여나성 등

1 박물관은 국가유산을 수집·보존·연구하고 전시하는 곳입니다. 기념관은 뜻깊은 일이나 훌륭한 인물 등을 기념하는 곳입니다. 유적지는 무덤이나 싸움터, 역사적 사건이 벌어졌던 곳입니다.

2 ⑴ 국립 경주 박물관, ⑵ 제주 김만덕 기념관, ⑶ 강화산성에 대한 설명입니다.

3 시청·군청·구청 누리집이나 시·군·구 문화 관광 누리집, 한국 박물관 협회 누리집 등에서 우리 지역의 박물관, 기념관, 유적지를 찾아볼 수 있습니다.

채점 기준	
상	내가 사는 지역의 박물관, 기념관, 유적지를 빠짐없이 모두 서술한 경우
하	내가 사는 지역의 박물관, 기념관, 유적지 중 일부만 서술한 경우

3. 경제활동과 지역 간 교류
① 경제활동과 합리적 선택

쪽지 시험　❶ 경제활동　❷ 희소성
❸ 합리적 선택　❹ 선택 기준
❺ 정보　❻ 광고

1 유하　　　**2** ①　　　**3** ⑤
4 ㉠, ㉡　　**5** ④　　　**6** ①, ②
7 ④　　　**8** 선택 기준　**9** ⑤
10 ②

1 경제활동은 사람들이 생활에 필요한 여러 가지를 만들고 사용하는 것과 관련된 모든 활동을 말합니다.

2 선택은 여럿 가운데서 필요한 것을 골라 뽑는 것입니다. ①은 선택의 문제를 겪는 모습이 아닙니다.

3 사람들이 필요로 하거나 원하는 것은 많지만, 이것을 사거나 만들기에는 돈이나 시간 등 자원이 부족하기 때문에 선택의 문제가 일어납니다.

4 ㉢ 희소성은 자원의 양으로 결정되는 것이 아니라, 사람들이 그것을 얼마나 원하는지에 따라 달라집니다. ㉣ 희소성은 사람들의 필요나 욕구에 비하여 자원의 양이 상대적으로 부족한 상태를 말합니다.

5 경제활동에서 합리적 선택을 하지 못할 경우 돈이나 시간 등 자원을 낭비하거나 후회를 할 수 있습니다. ①, ②, ③, ⑤ 합리적 선택을 한 경우에 해당합니다.

6 물건을 살 때에는 필요성, 튼튼함, 디자인, 가격 등을 꼼꼼하게 따져 보아야 합니다.

7 ④ 합리적 선택을 하려면 가격, 모양, 기능, 품질 등 여러 가지 조건을 꼼꼼하게 따져 보아야 합니다.

8 사람마다 중요하게 생각하는 점이 다르므로, 선택의 기준도 사람마다 다를 수 있습니다.

9 합리적 선택의 과정 중 '정보 조사하기'에서는 인터넷 검색하기, 광고 보기, 상점 방문하기, 주변 사람의 경험

들기 등을 통해 사려고 하는 물건의 정보를 수집하고 분석합니다.

10 신문, 라디오, 텔레비전 광고를 보면 물건의 모양, 특징 등 다양한 정보를 얻을 수 있습니다.

② 지역 간 교류와 상호 의존

주제 평가   32~33쪽

쪽지 시험 **1** 생산   **2** 소비   **3** 자연   **4** 필요   **5** 대표 상품   **6** 상호 의존

1 ㉠, ㉢   **2** ①, ③   **3** ㉠, ㉡, ㉣
4 ⑤   **5** 경제 교류   **6** ②
7 ②   **8** 세희   **9** ④
10 ②

1 소비는 생활에 필요한 물건이나 서비스를 대가를 지불하고 사용하는 활동을 말합니다. ㉠, ㉢은 소비 활동, ㉡, ㉣은 생산 활동의 모습입니다.

2 생활을 편리하고 즐겁게 해 주는 활동은 물건을 팔거나 사람들을 만족시킬 수 있는 서비스를 제공하는 활동입니다. ②, ④는 생활에 필요한 것을 만드는 활동, ⑤는 생활에 필요한 것을 자연에서 얻는 활동입니다.

3 물건이 어디에서 왔는지 조사하는 방법에는 상품의 인증 마크 확인하기, 누리집에서 상품 소개 찾아보기, 상품 포장지의 큐알(QR) 코드 찍어 보기 등이 있습니다.

4 우리 지역에서 판매되는 물건들 중에는 우리 지역에서 생산된 것도 있고, 다른 지역에서 생산되어 온 것도 있습니다.

5 각 지역은 경제 교류를 함으로써 서로에게 부족하거나 필요한 것을 얻을 수 있습니다.

6 지역마다 자연환경, 자원, 생산 기술, 문화 등이 다르기 때문에 경제 교류가 일어납니다.

7 각 지역이 경제 교류하는 것에는 생산물, 생산 기술, 문화, 관광 등이 있습니다.

8 재연 – 경제 교류를 하는 지역들은 서로 협력해서 경제적 이익을 얻습니다. 지원 – 지역 간 경제 교류는 국내 여러 지역뿐만 아니라 다른 나라와도 이루어집니다.

9 ④ 경제 교류 조사 보고서에 조사한 사람의 나이는 들어가지 않습니다.

10 ① 경제활동이 활발해져 지역이 발전할 수 있습니다. ③ 우리 지역을 찾는 사람이 늘어날 수 있습니다. ④ 지역끼리 교류해서 더 많은 경제적 이익을 얻을 수 있습니다. ⑤ 우리 지역에 없는 것을 이용할 수 있어 생활이 편리해집니다.

단원 평가 1회   34~36쪽

1 경제활동   **2** ㉡, ㉢
3 모범 답안 사람들의 필요나 욕구에 비하여 자원의 양이 상대적으로 부족한 상태를 말한다.
4 합리적 선택   **5** 세진   **6** ①
7 정보   **8** ②
9 (1) – ㉠, ㉢ (2) – ㉡, ㉣   **10** ②, ③
11 ㉢   **12** ④
13 모범 답안 우리 지역에서 볼 수 있는 다양한 물건은 여러 지역에서 생산되어 우리 지역으로 온다.
14 ㉠ 곡식 ㉡ 자동차   **15** ①, ③
16 ①   **17** ⑤   **18** ⑤
19 ④
20 모범 답안 각 지역이 생산한 물건을 직접 팔아 경제적 이익을 얻는다. / 지역끼리 교류해서 더 많은 경제적 이익을 얻는다.

1 사람들은 생활하면서 여러 가지 경제활동을 합니다.

2 사람들은 일상생활에서 다양한 경제활동을 하고, 그 과정에서 여러 가지 선택의 문제를 겪습니다. ㉠, ㉣ 선택의 문제로 고민하는 모습이 아닙니다.

3 사람들이 필요로 하거나 원하는 것은 수없이 많지만, 이것을 사거나 만드는 데 드는 자원이 충분하지 않습니다.

채점 기준	
상	'사람들의 필요나 욕구에 비하여 자원의 양이 상대적으로 부족한 상태를 말한다.'라고 바르게 서술한 경우
하	'자원이 부족하다.'라고만 서술한 경우

4 사람들은 돈이나 시간 등 자원의 낭비를 줄이고, 만족은 최대한 크게 만들 수 있는 합리적 선택을 합니다.

5 여러 가지 조건을 고려하여 물건을 선택하면 자신에게 가장 알맞은 것을 골라 큰 만족을 얻을 수 있습니다.

6 선택을 할 때 가격, 모양, 품질, 서비스 등 여러 가지 기준을 고려해야 합리적 선택을 할 수 있으며, 유행은 고려하지 않습니다.

7 합리적 선택을 하려면 사려는 물건과 관련된 여러 가지 정보를 수집하고 분석해야 합니다.

8 주변 사람의 경험을 들으면 물건의 특징이나 장단점을 알 수 있습니다.

9 생산은 생활에 필요한 물건이나 서비스를 만들어 내는 활동이고, 소비는 생활에 필요한 물건이나 서비스를 대가를 지불하고 사용하는 활동입니다.

10 생활에 필요한 것을 자연에서 얻는 활동은 생활에 필요한 것을 산, 평야, 강, 바다와 같은 자연에서 얻는 활동을 말합니다. ①, ④는 생활을 편리하고 즐겁게 해 주는 활동, ⑤는 생활에 필요한 것을 만드는 활동입니다.

11 우리 주변의 다양한 물건들은 우리 지역에서 생산되거나, 우리나라의 다른 지역이나 다른 나라에서 생산되어 우리 지역으로 옵니다.

12 누리집에서 상품 소개를 찾아보면 물건의 생산지를 알 수 있습니다.

13 우리 지역에서 판매되는 물건들은 우리나라의 다른 지역이나 다른 나라에서 오기도 합니다.

채점 기준	
상	'우리 지역에서 볼 수 있는 다양한 물건은 여러 지역에서 생산되어 우리 지역으로 온다.'라고 바르게 서술한 경우
하	'물건이 여러 지역에서 생산된다.'라고만 서술한 경우

14 (개) 지역은 곡식이 많지만 자동차가 필요하고, (나) 지역은 자동차 만드는 기술이 뛰어나지만 곡식이 필요합니다.

15 지역마다 자원, 생산 기술, 자연환경, 문화 등이 다르기 때문에 지역 간 경제 교류가 이루어집니다. ②, ④, ⑤ 인구수, 지역 사람들의 생김새나 취미는 경제 교류와 관련이 없습니다.

16 각 지역은 경제 교류를 하면서 생산물, 문화, 관광, 기술 등을 서로 주고받습니다.

17 ① 생산물뿐만 아니라 자원, 문화, 관광 등도 교류합니다. ② 다른 나라와도 경제 교류를 합니다. ③ 여러 지역이 함께 경제 교류를 하기도 합니다. ④ 각 지역은 경제 교류로 서로 협력합니다.

18 제시된 자료는 문화 교류 사례로, 경제 교류는 국내 여러 지역뿐만 아니라 다른 나라와도 이루어집니다.

19 우리 지역 공공 기관 누리집에 방문하면 우리 지역과 다른 지역의 경제 교류 모습을 조사할 수 있습니다.

20 직거래 장터에서 각 지역은 생산한 물건을 직접 팔아 소득을 올립니다. 이처럼 각 지역은 경제 교류로 더 많은 경제적 이익을 얻을 수 있습니다.

채점 기준	
상	'각 지역이 생산한 물건을 직접 팔아 경제적 이익을 얻는다.' / '지역끼리 교류해서 더 많은 경제적 이익을 얻는다.'라고 바르게 서술한 경우
하	'경제적 이익을 얻는다.'라고만 서술한 경우

1 선택   **2** ③   **3** ③

4 모범 답안 디자인이 마음에 들어 품질을 보지 않고 시계를 샀는데, 금방 고장이 나서 후회하였다.

5 ④   **6** 수아

7 ④   **8** ②   **9** ②

10 ㉠, ㉣   **11** ④

12 모범 답안 우리가 사용하는 물건들 중에는 우리 지역에서 생산된 것도 있고, 우리나라의 다른 지역이나 다른 나라에서 생산되어 온 것도 있다.

13 ①

14 모범 답안 자기 지역에서 많이 생산되는 물건은 다른 지역에 팔고, 생산할 수 없거나 부족한 물건은 다른 지역에서 사들여 오기 때문이다.

15 경제 교류   **16** 자원, 생산 기술, 자연환경, 문화

17 영우   **18** ②   **19** ①

20 ④

1 자원의 희소성 때문에 사람들은 경제활동을 하면서 여러 가지 선택의 문제를 겪게 됩니다.

2 사람들이 원하는 것은 수없이 많지만, 그것을 모두 사거나 만들기에는 자원이 부족하여 선택의 문제가 일어납니다. 선택의 문제는 모든 사람에게 일어날 수 있으며, 어떤 선택을 하는지는 사람마다 다를 수 있습니다.

3 ①, ② 희소성은 시대나 장소에 따라 달라질 수 있습니다. ④ 희소성은 자원이 얼마나 적은지에 따라서만 결정되는 것이 아니라 사람들이 그것을 얼마나 원하는지에 따라 달라집니다. ⑤ 희소성은 사람들의 필요나 욕구에 비하여 자원의 양이 상대적으로 부족한 상태를 말합니다.

4 합리적 선택을 하기 위해서는 가격, 모양, 기능, 품질 등을 꼼꼼하게 따져 보아야 합니다.

채점 기준	
상	'디자인이 마음에 들어 품질을 보지 않고 샀는데, 금방 고장이 나서 후회하였다.'라고 바르게 서술한 경우
하	'디자인만 고려하였기 때문이다.'라고 서술한 경우

5 합리적 선택을 하려면 물건을 나에게 꼭 필요한 것인지, 선택으로 얻을 수 있는 즐거움이나 편리함은 어떤 것들이 있는지, 나의 선택이 다른 사람이나 환경에 미치는 영향을 생각해야 합니다. 또한 가격, 모양, 기능 품질 등 여러 가지 조건을 꼼꼼하게 따져 봐야 합니다. ④ 합리적 선택을 하려면 나에게 알맞은 것을 골라야 합니다.

6 하린 – 물건을 사기 전에 나에게 꼭 필요한 것인지 확인해야 합니다. 유하 – 물건을 살 때 크기도 고려해야 합니다.

7 합리적 선택을 하려면 가장 먼저 나에게 필요한 물건이 무엇인지 생각하고, 가진 돈은 얼마인지 확인해야 합니다.

8 소비는 생활에 필요한 물건이나 서비스를 대가를 지불하고 사용하는 활동입니다. ①, ③, ④, ⑤ 생산 활동에 해당합니다.

9 ② 쌀가게에서 쌀을 사는 것은 소비 활동에 해당합니다.

10 ⓒ은 생활에 필요한 것을 자연에서 얻는 활동, ⓒ은 생활을 편리하고 즐겁게 해 주는 활동입니다.

11 생활을 편리하고 즐겁게 해 주는 활동은 물건을 팔거나 사람들을 만족시킬 수 있는 서비스를 제공하는 활동을 말합니다. ①, ②는 생활에 필요한 것을 자연에서 얻는 활동, ③은 생활에 필요한 것을 만드는 활동입니다.

12 우리 주변의 다양한 물건들은 우리 지역에서 생산되거나 우리나라의 다른 지역, 다른 나라에서 생산되어 우리 지역으로 옵니다.

채점 기준	
상	'우리가 사용하는 물건들 중에는 우리 지역에서 생산된 것도 있고, 여러 지역에서 생산되어 우리 지역으로 온 것도 있다.'라고 바르게 서술한 경우
하	'여러 지역에서 우리 지역으로 온다.'라고만 서술한 경우

13 누리집에서 상품 소개 찾아보기, 대형 할인점의 광고지 확인하기, 상품 포장지의 큐알(QR) 코드 찍어 보기, 상품에 표시된 정보에서 제조 지역 확인하기 등을 통해 물건의 생산지를 확인할 수 있습니다.

14 지역마다 자원, 생산 기술, 자연환경에 따라 생산되는 물건이 다릅니다.

채점 기준	
상	'자기 지역에서 많이 생산되는 물건은 다른 지역에 팔고, 생산할 수 없거나 부족한 물건은 다른 지역에서 사들여 온다.'라고 바르게 서술한 경우
하	'다른 지역과 물건을 사고판다.'라고 서술한 경우

15 각 지역이 경제적 이익을 얻으려고 서로 물건이나 자원, 기술, 정보, 문화 등을 주고받는 것을 경제 교류라고 합니다.

16 지역마다 자원, 생산 기술, 자연환경, 문화 등이 다르기 때문에 서로 필요한 것을 구하기 위해 경제 교류를 합니다.

17 주하 – 지역 간 경제 교류는 우리나라뿐만 아니라 다른 나라와도 이루어집니다. 하민 – 경제 교류는 여러 지역 사이에서 이루어지기도 합니다.

18 제시된 자료는 지역 간 관광 교류 사례입니다. 여러 지역이 관광 홍보와 지역 경제 발전을 위해 교류합니다.

19 우리 지역에서 생산되지 않는 물건을 들여오면 우리 지역에 없는 것을 이용할 수 있어 생활이 편리해질 수 있습니다.

20 ④ 광고 보기는 경제 교류 모습을 조사하는 방법으로 알맞지 않습니다.

1 (모범 답안) 사람들의 필요나 욕구에 비하여 돈이나 시간 등 자원의 양이 상대적으로 부족하기 때문이다.

2 (1) 선택 기준

(2) (모범 답안) 자신에게 알맞은 것을 골라 큰 만족을 얻을 수 있다. / 돈이나 시간 등 자원을 절약할 수 있다.

3 (모범 답안) 생활에 필요한 것을 만드는 활동이다.

4 (모범 답안) 각 지역이 경제적 이익을 얻으려고 서로 물건이나 자원, 기술, 정보, 문화 등을 주고받는 것을 말한다.

5 (모범 답안) 두 지역이 경제 교류를 하며 서로 부족한 것을 주고받는다. / 두 지역이 상호 의존하고 있다.

---

1 사람들의 필요나 욕구에 비하여 자원의 양이 상대적으로 부족한 상태인 희소성 때문에 선택의 문제가 일어납니다.

채점 기준	
상	'사람들의 필요나 욕구에 비하여 돈이나 시간 등 자원의 양이 상대적으로 부족하기 때문이다.'라고 바르게 서술한 경우
하	'자원이 부족하기 때문이다.'라고 서술한 경우

2 (1) 사람마다 중요하게 생각하는 점이 다를 수 있으므로 선택 기준도 사람마다 다를 수 있습니다.

(2) 합리적 선택으로 물건을 사면 큰 만족을 얻을 수 있고, 돈이나 시간 등 자원을 절약할 수 있습니다.

채점 기준	
상	(1)의 답을 쓰고, (2) '자신에게 알맞은 것을 골라 큰 만족을 얻을 수 있다.' / '돈이나 시간 등 자원을 절약할 수 있다.'라고 모두 바르게 서술한 경우
하	(1)의 답만 쓴 경우

3 생활에 필요한 것을 만드는 활동은 자연에서 얻은 생산물이나 자원을 이용하여 생활에 필요한 것을 만드는 활동입니다.

채점 기준	
상	'생활에 필요한 것을 만드는 활동이다.'라고 바르게 서술한 경우
하	'만드는 활동이다.'라고 서술한 경우

---

4 지역마다 자원, 생산 기술, 자연환경, 문화 등이 다르기 때문에 경제 교류가 일어납니다.

채점 기준	
상	'각 지역이 경제적 이익을 얻으려고 서로 물건이나 자원, 기술, 정보, 문화 등을 주고받는 것을 말한다.'라고 바르게 서술한 경우
하	'각 지역이 물건을 주고받는 것이다.'라고 서술한 경우

5 경제 교류를 하는 지역들은 서로 부족한 것이나 필요한 부분을 채워 주는 등 상호 의존하며 함께 성장하고 발전해 나갑니다.

채점 기준	
상	'두 지역이 경제 교류를 하며 서로 부족한 것을 주고받는다.' / '두 지역이 상호 의존하고 있다.'라고 바르게 서술한 경우
하	'두 지역이 물건을 주고받는다.'라고만 서술한 경우

---

1 (모범 답안) 돈이나 시간 등의 자원을 낭비할 수 있다.

2 (모범 답안) 여러 물건의 정보를 한눈에 비교할 수 있다. / 물건을 산 다른 사람들의 의견을 알 수 있다.

3 (모범 답안) 물건이 우리 손에 오기까지 여러 생산 활동을 거친다.

4 (1) 문화

(2) (모범 답안) 우리나라의 여러 지역뿐만 아니라 다른 나라와도 경제 교류를 한다.

5 (모범 답안) 우리 지역을 찾는 사람들이 많아지면서 경제활동이 활발해져 지역이 발전한다.

---

1 경제활동에서 선택을 잘못하면 돈이나 시간 등의 자원을 낭비하고 만족을 얻을 수 없게 됩니다.

채점 기준	
상	'돈이나 시간 등의 자원을 낭비할 수 있다.'라고 바르게 서술한 경우
하	'돈을 낭비한다'라고 서술한 경우

2 인터넷 검색을 하면 여러 물건의 정보를 한눈에 비교하고 다른 사람들의 의견도 알 수 있습니다.

채점 기준	
상	인터넷 검색으로 정보를 얻을 때의 좋은 점 두 가지를 바르게 서술한 경우
하	인터넷 검색으로 정보를 얻을 때의 좋은 점을 한 가지만 서술한 경우

3 물건이 우리 손에 오기까지 여러 생산 활동을 거치며, 이러한 다양한 생산 활동 덕분에 우리가 쌀을 소비할 수 있습니다.

채점 기준	
상	'물건이 우리 손에 오기까지 여러 생산 활동을 거친다.'라고 바르게 서술한 경우
하	'생산이 이루어진다.'라고 서술한 경우

4 ⑴ 경기도 수원시와 프랑스 투르시는 문화 교류를 하고 있습니다.
⑵ 경제 교류는 우리나라의 여러 지역뿐만 아니라 다른 나라와도 이루어집니다.

채점 기준	
상	⑴의 답을 쓰고, ⑵ '우리나라의 여러 지역뿐만 아니라 다른 나라와도 경제 교류를 한다.'라고 모두 바르게 서술한 경우
하	⑴의 답만 바르게 쓴 경우

5 경제 교류로 공장이 늘어나거나 관광객이 늘어나면 경제활동이 활발해져 지역이 발전합니다.

채점 기준	
상	'우리 지역을 찾는 사람들이 많아지면서 경제활동이 활발해져 지역이 발전한다.'라고 바르게 서술한 경우
하	'우리 지역을 찾는 사람이 많아진다.'라고 서술한 경우

수행 평가 1회   42쪽

1 희소성

2 **모범 답안** 돈이나 시간 등 한정된 자원을 절약하기 위해서이다. / 자신에게 가장 알맞은 것을 골라 큰 만족을 얻기 위해서이다.

3 **모범 답안** 나에게 꼭 필요한 것인지 생각해 본다. / 선택으로 얻을 수 있는 즐거움이나 편리함을 생각해 본다. / 가격, 모양, 기능, 품질 등 여러 가지 조건을 꼼꼼하게 따져 본다. / 나의 선택이 다른 사람이나 환경에 미치는 영향을 생각해 본다.

1 선택의 문제가 일어나는 까닭은 사람들의 필요나 욕구에 비하여 자원의 양이 상대적으로 부족하기 때문입니다.

2 합리적 선택을 하면 자신에게 가장 알맞은 것을 골라 큰 만족감을 얻을 수 있으며, 돈이나 시간 등 한정된 자원을 절약하고 알뜰하게 생활할 수 있습니다.

채점 기준	
상	'돈과 시간 등 한정된 자원을 낭비하지 않기 위해서이다.' / '자신에게 가장 알맞은 것을 골라 큰 만족을 얻기 위해서이다.'라고 바르게 서술한 경우
하	'돈을 낭비하지 않기 위해서'라는 내용만 포함하여 서술한 경우

3 합리적 선택을 하기 위해서는 여러 가지 기준을 고려하여 꼼꼼하게 따져 보아야 합니다.

채점 기준	
상	'나에게 꼭 필요한 것인지 생각해 본다.' / '선택으로 얻을 수 있는 즐거움이나 편리함을 생각해 본다.' / '가격, 모양, 기능, 품질 등 여러 가지 조건을 꼼꼼하게 따져 본다.' / '나의 선택이 다른 사람이나 환경에 미치는 영향을 생각해 본다.'라고 바르게 서술한 경우
하	필요성, 가격, 품질 등의 내용을 포함하여 서술한 경우

수행 평가 2회   43쪽

1 경제 교류

2 ㉠ 해산물 ㉡ 자동차

3 **모범 답안** 지역마다 자원, 생산 기술, 자연환경, 문화 등이 다르기 때문에 서로 필요한 것을 구하기 위해서 경제 교류를 한다.

1 두 지역은 자연환경과 생산 기술이 달라 생산되는 물건이 다르고, 생산하는 기술도 다릅니다. 각 지역이 경제적 이익을 얻으려고 서로 물건이나 자원, 기술, 정보, 문화 등을 주고받는 것을 경제 교류라고 합니다.

2 ㈎ 지역은 자동차를 만드는 기술이 뛰어나서 자동차를 많이 생산하고, ㈏ 지역은 바닷가가 가까이 있어 해산물이 많이 잡힙니다. 경제 교류로 ㈎ 지역은 해산물을, ㈏ 지역은 자동차를 얻습니다.

3 지역마다 자원, 생산 기술, 자연환경, 문화 등이 달라 생산되는 물건이 다르기 때문에 서로 필요한 것을 구하기 위해서 경제 교류를 합니다.

채점 기준	
상	'지역마다 자연환경, 생산 기술, 자원, 문화 등이 다르기 때문에 서로 필요한 것을 구하기 위해서이다.'라고 바르게 서술한 경우
하	'서로 필요한 것을 구하기 위해서 교류한다.'라고 서술한 경우

MEMO

900만*의 압도적 선택

우리 반 1등의 성적 비결
비상교육 온리원 초등

visano | ON1Y META

온리원 학부모
10명 중 9명 재구매!*

교과서 발행사
11,694개 학교에서
사용하는 비상 교과서

검증된 학습법
개뼈노트 업로드 수
80만 건 돌파!

업계 유일
전과목 그룹형
라이브 화상수업

특허* 받은
메타인지 학습법으로
오래 기억되는 공부

독점 강의
초등 베스트셀러 교재
독점 강의 제공

ONLY META

10일간 전과목 전학년
0원 무제한 학습!

*2000년 이후 수박씨닷컴, 와이즈캠프, 온리원 키즈/초등/중등 누적 회원가입 수 기준
*2025년 1월 온리원 초등 수강생 재재구매율 87.8% 기준
*특허 등록 제 10-2374101

비상교육 온리원 ▼

문의 1588-6563 | 비상교육 온리원 only1.co.kr

한끝으로 끝내고, 이제부터 활짝 웃는 거야!

실전책

초등
사회
4·1

주제 평가 대비
- 쪽지 시험
- 주제 평가

단원 평가 대비
- 단원 평가
- 서술형 평가
- 수행 평가

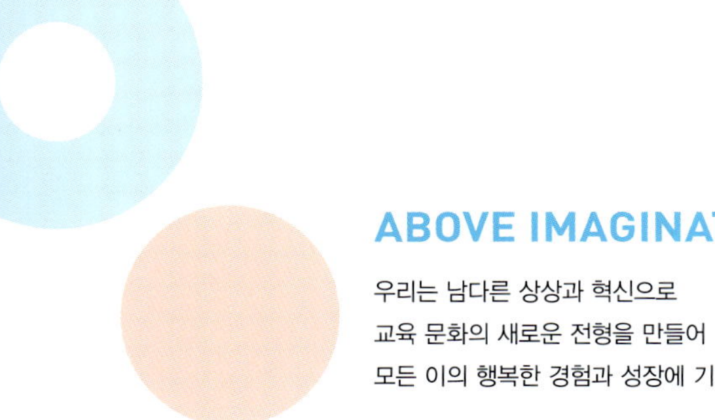
ABOVE IMAGINATION
우리는 남다른 상상과 혁신으로
교육 문화의 새로운 전형을 만들어
모든 이의 행복한 경험과 성장에 기여한다

한끝

실전책

1. 지도로 만나는 우리 지역 ………… 2

2. 우리 지역의 국가유산 ………… 16

3. 경제활동과 지역 간 교류 ………… 30

초등사회

4·1

주제 평가

① 지도로 살펴본 우리 지역

쪽지 시험

1 위에서 내려다본 땅의 모습을 일정하게 줄여 정해진 약속에 따라 나타낸 그림을 무엇이라고 합니까?

( )

2 동서남북 방위를 나타내는 표시를 무엇이라고 합니까?

( )

3 땅의 생김새나 건물, 도로 등을 지도에 쉽게 나타내려고 간단히 그린 그림을 무엇이라고 합니까?

( )

4 기호와 범례를 사용하면 지도에서 나타내는 ( )을/를 쉽고 정확하게 알 수 있습니다.

5 지도에서 실제 거리를 줄인 정도를 무엇이라고 합니까?

( )

6 지도에서 높이가 같은 곳을 연결한 선을 무엇이라고 합니까?

( )

7 ( )을/를 보면 지역의 위치와 날씨 정보를 함께 확인할 수 있습니다.

1 다음 지역을 나타내는 자료와 그 설명을 바르게 선으로 연결하시오.

(1) 그림 •

• ㉠ 필요한 정보만 보기 쉽게 나타나 있습니다.

(2) 항공 사진 •

• ㉡ 그리는 사람에 따라 다르게 표현합니다.

(3) 지도 •

• ㉢ 땅의 실제 모습이 나타나 있습니다.

2 우리 지역을 나타낸 지도를 보고 알 수 있는 것으로 알맞지 <u>않은</u> 것은 어느 것입니까? ( )

① 산의 높이를 알 수 있다.
② 학교나 산의 이름을 알 수 있다.
③ 시청, 우체국 등의 위치를 알 수 있다.
④ 실제 거리를 얼마나 줄였는지 알 수 있다.
⑤ 지역에 있는 사람들의 생활 모습을 알 수 있다.

3 다음 지도에서 동주 여자 고등학교를 기준으로 서쪽에 있는 것은 어느 것입니까? ( )

① 용두산
② 국제 시장
③ 광일 초등학교
④ 자갈치 시장
⑤ 광복동 행정 복지 센터

4 지도에서 사용하는 오른쪽 기호가 의미하는 장소는 어디입니까? ( )

① 산　　② 밭　　③ 공장
④ 학교　　⑤ 우체국

5 지도에 사용된 여러 가지 기호와 그 뜻을 한곳에 모아 놓은 것은 무엇입니까? ( )

① 방위　　② 범례　　③ 축척
④ 등고선　　⑤ 방위표

6 축척에 대한 설명으로 알맞은 것을 모두 골라 기호를 쓰시오.

> 보기
>
> ㉠ 방향의 위치를 나타낸다.
> ㉡ 축척에 따라 지도의 자세한 정도가 다르다.
> ㉢ 축척에 따라 지도에 나타나는 지역의 범위가 다르다.

( )

7 다음 지도에 표시된 (가), (나) 사이를 축척 막대자로 재어 본 길이가 3cm일 때, 실제 거리는 몇 km인지 쓰시오.

( )km

8 다음 (가), (나) 자료에 대한 설명으로 알맞지 <u>않은</u> 것은 어느 것입니까? ( )

(가)　　　　　(나)

↑ 옆에서 바라본 산의 모습　　↑ 하늘에서 내려다본 산의 모습

① (가)는 산봉우리가 잘 보인다.
② (가)는 땅의 높낮이를 알기 쉽다.
③ (가)는 산 뒤에 있는 곳을 보기 어렵다.
④ (나)는 어디가 얼마나 높고 낮은지 알기 쉽다.
⑤ (나)는 산봉우리가 잘 보이지 않고 한 덩어리로 보인다.

9 지도에서 땅의 높낮이에 대한 설명으로 알맞은 것은 어느 것입니까? ( )

① 등고선의 간격이 넓을수록 경사가 급하다.
② 등고선의 간격이 좁을수록 경사가 완만하다.
③ 지도에서 땅의 높이를 정확하게 알 수 없다.
④ 등고선으로 이어진 곳은 높이가 서로 다르다.
⑤ 땅의 높이가 낮은 곳에서 높은 곳으로 갈수록 색을 다르게 칠한다.

10 다음은 생활 속 어떤 지도를 이용하는 모습인지 보기 에서 골라 기호를 쓰시오.

> 보기
>
> ㉠ 박물관 안내도　　㉡ 지하철 노선도
> ㉢ 일기 예보 지도　　㉣ 길 도우미 지도

( )

주제 평가

② 우리 지역의 위치와 특징

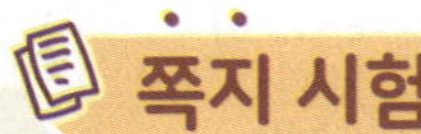

쪽지 시험

❶ 나라를 효율적으로 관리하려고 나누어 놓은 지역을 무엇이라고 합니까?

(   )

❷ 우리나라의 행정구역을 나타낸 지도에서 우리나라에 있는 여러 지역의 (   )을/를 알 수 있습니다.

❸ 지역마다 면적이 다른 것처럼, 그곳에 사는 사람의 수인 (   )도 다릅니다.

❹ 어떤 곳에 일정 기간 내린 물(눈, 비, 우박, 안개 등)의 양을 무엇이라고 합니까?

(   )

❺ 우리가 사는 지역은 (   )에 따라 기온과 강수량이 다르게 나타납니다.

❻ 같은 계절이라도 (   )에 따라 기온과 강수량이 다릅니다.

❼ 지역마다 특징이 다르기 때문에 지역들은 서로 (   )하면서 필요한 도움을 주고받을 수 있습니다.

---

1 다음 보기 에서 우리나라의 행정구역에 대한 설명으로 알맞은 것을 골라 기호를 쓰시오.

> **보기**
>
> ㉠ 시·군·구 등 넓은 범위의 행정구역이 있다.
> ㉡ 주소를 보면 우리 지역의 행정구역을 알 수 있다.
> ㉢ 특별시·광역시·특별자치시·도·특별자치도 등 좁은 범위의 행정구역이 있다.

(   )

2 북한 지역을 제외한 우리나라의 행정구역에 대한 설명으로 알맞지 <u>않은</u> 것은 어느 것입니까?

(   )

① 도는 6곳이다.
② 특별시는 1곳이다.
③ 광역시는 3곳이다.
④ 특별자치시는 1곳이다.
⑤ 특별자치도는 3곳이다.

3 다음 충청북도 지도를 보고 알 수 있는 지역의 위치로 알맞은 것은 어느 것입니까? (   )

① 보은군의 서쪽에는 괴산군이 있다.
② 청주시의 남쪽에는 증평군이 있다.
③ 옥천군의 북쪽에는 영동군이 있다.
④ 제천시의 동쪽에는 단양군이 있다.
⑤ 충주시의 북쪽에는 음성군이 있다.

[4~5] 다음 자료를 보고 물음에 답하시오.

[울산광역시의 지역별 면적과 인구(2022년)]

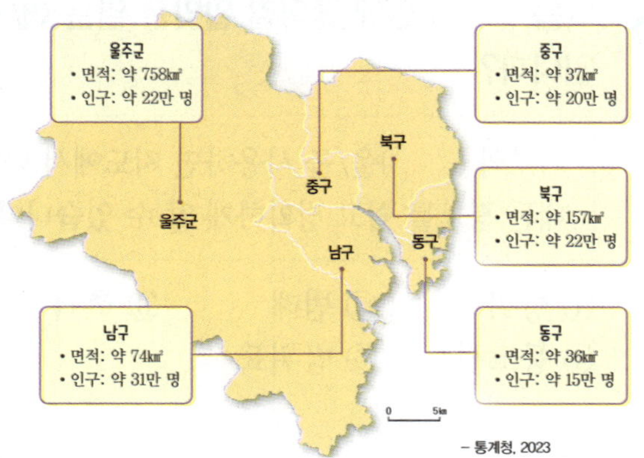

– 통계청, 2023

4 다음 보기 에서 울산광역시의 지역별 면적에 대한 설명으로 알맞은 것을 골라 기호를 쓰시오.

> 보기
> ㉠ 울주군의 면적이 가장 넓다.
> ㉡ 북구의 면적이 남구보다 좁다.
> ㉢ 울주군과 동구의 면적은 비슷하다.

(   )

5 울산광역시에서 인구가 가장 적은 지역은 어디입니까? (   )

① 남구   ② 동구   ③ 북구
④ 중구   ⑤ 울주군

6 다음 밑줄 친 '이것'에 해당하는 것을 쓰시오.

> • '이것'은 땅의 생김새를 말합니다.
> • '이것'의 종류에는 산, 평야, 강, 바다, 섬 등이 있습니다.

(   )

7 다음 (   ) 안에 들어갈 알맞은 말을 쓰시오.

> (   )은/는 공기의 온도를 말합니다.

(   )

8 다음 두 자료에 대한 설명으로 알맞지 <u>않은</u> 것은 어느 것입니까? (   )

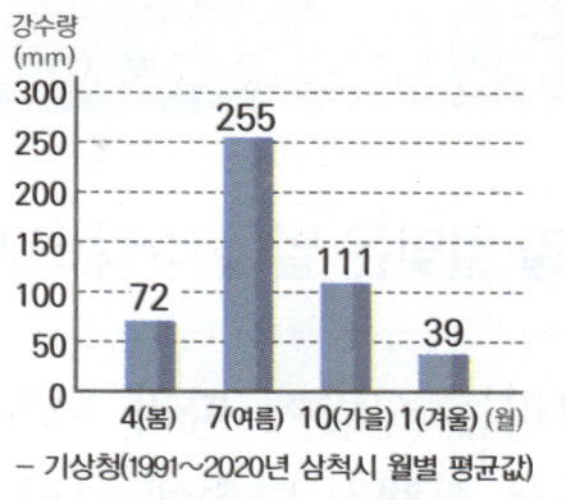

↑ 강원특별자치도 삼척시의 평균 강수량

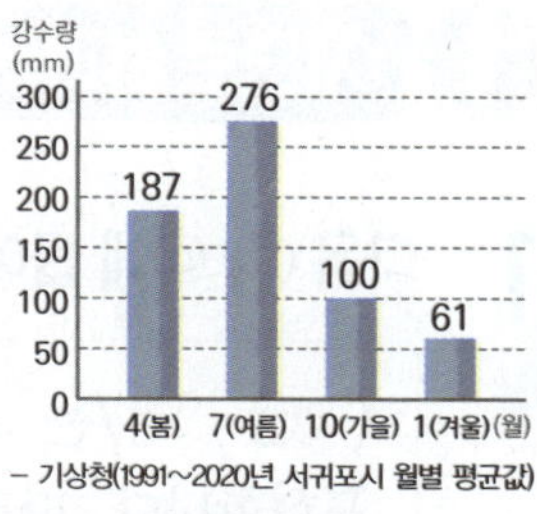

↑ 제주특별자치도 서귀포시의 평균 강수량

① 4월 강수량은 삼척시가 많다.
② 10월 강수량은 삼척시가 많다.
③ 1월 강수량은 서귀포시가 많다.
④ 두 지역 모두 여름에 강수량이 가장 많다.
⑤ 두 지역 모두 겨울에 강수량이 가장 적다.

9 다음에서 설명하는 정보를 무엇이라고 하는지 쓰시오.

> 위치, 면적, 인구, 지형, 기온, 강수량 등의 지역에 대한 여러 가지 정보를 말합니다.

(   )

10 다음 그림에 해당하는 지리 정보를 조사하는 방법은 무엇입니까? (   )

① 지도 살펴보기
② 통계 자료 살펴보기
③ 지역의 누리집 살펴보기
④ 디지털 영상지도 살펴보기
⑤ 지역에서 만든 홍보물 살펴보기

① 지도로 살펴본 우리 지역

1 다음 ㉠, ㉡에 들어갈 알맞은 말을 각각 쓰시오.

> (㉠)은/는 그리는 사람에 따라 다르게 표현합니다. 따라서 정해진 약속에 따라 그린 그림인 (㉡)(이)라고 할 수 없습니다.

㉠: ( ), ㉡: ( )

[2~3] 다음 지도를 보고 물음에 답하시오.

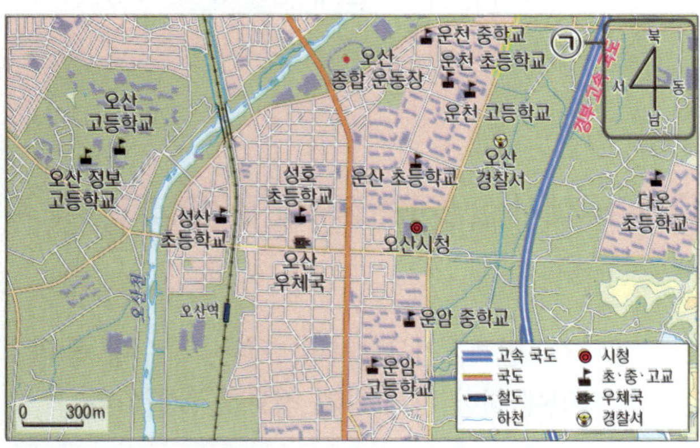

2 오산시청의 남쪽에 있는 곳은 어디입니까?
( )

① 오산 우체국
② 운암 중학교
③ 다온 초등학교
④ 성산 초등학교
⑤ 운천 고등학교

◀ 서술형

3 지도의 ㉠이 없을 때 약속된 동서남북의 방위 기준을 쓰시오.

____

____

4 학교, 우체국 등을 지도에 쉽게 나타내려고 간단히 그린 그림을 무엇이라고 하는지 쓰시오.
( )

중요
5 다음 ( ) 안에 들어갈 알맞은 말은 어느 것입니까? ( )

> 기호와 ( )을/를 사용하면 지도에서 나타내는 정보를 쉽고 정확하게 알 수 있습니다.

① 방위
② 범례
③ 축척
④ 등고선
⑤ 방위표

[6~7] 다음 (가), (나) 지도를 보고 물음에 답하시오.

(가)

(나)

6 (가), (나) 지도에 대한 설명으로 알맞지 <u>않은</u> 것은 어느 것입니까? ( )

① (가)는 넓은 지역을 간략하게 볼 수 있다.
② (나)는 좁은 지역을 자세하게 볼 수 있다.
③ (나) 지도는 (가) 지도보다 실제 거리를 많이 줄였다.
④ (가)는 실제 거리 2km를 지도에 1cm로 줄여 나타냈다.
⑤ (나)는 실제 거리 500m를 지도에 1cm로 줄여 나타냈다.

7 (가), (나) 지도 중 지역의 모습을 전체적으로 파악할 때 사용하기 알맞은 지도를 골라 기호를 쓰시오.
( )

중요

8 다음 ㉠, ㉡에 들어갈 알맞은 말을 짝 지은 것은 어느 것입니까? ( )

> 지도에서 땅의 높낮이는 (㉠)과/와 (㉡)(으)로 나타냅니다. (㉠)은/는 지도에서 높이가 같은 곳을 연결한 선입니다.

	㉠	㉡		㉠	㉡
①	색깔	등고선	②	색깔	기호
③	기호	등고선	④	등고선	색깔
⑤	등고선	기호			

9 다음 ㉠~㉢에서 땅의 높이가 가장 낮은 곳을 골라 기호를 쓰시오.

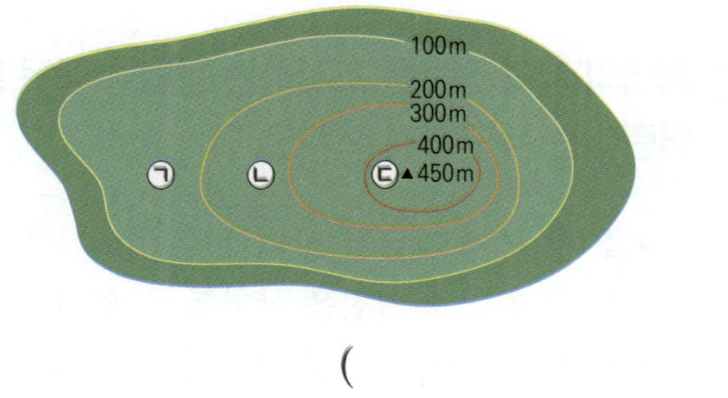

( )

10 박물관 시설과 전시실의 위치를 확인할 수 있는 지도는 무엇입니까? ( )

① 약도
② 박물관 안내도
③ 지하철 노선도
④ 길 도우미 지도
⑤ 일기 예보 지도

2 우리 지역의 위치와 특징

◀ 서술형

11 우리나라의 행정구역을 넓은 범위와 좁은 범위로 구분하여 쓰시오.

____

____

12 우리나라 여러 지역의 위치에 대한 설명으로 알맞지 <u>않은</u> 것은 어느 것입니까? ( )

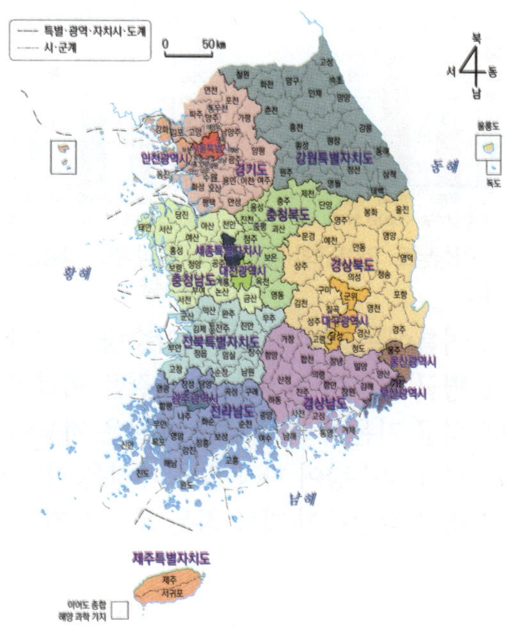

① 단양군은 충청북도 안에서 동쪽에 위치해 있다.
② 전북특별자치도의 서쪽에는 전라남도가 있다.
③ 강원특별자치도의 남쪽에는 경상북도가 있다.
④ 방위를 이용하여 지역의 위치를 설명할 수 있다.
⑤ 행정구역이 나타난 지도에서 우리나라에 있는 여러 지역의 위치를 알 수 있다.

중요

13 다음 보기 에서 지역의 면적과 인구에 대한 설명으로 알맞은 것을 골라 기호를 쓰시오.

> **보기**
> ㉠ 면적이 넓은 지역은 인구가 항상 많다.
> ㉡ 면적이 비슷한 지역은 인구도 비슷하다.
> ㉢ 우리나라 여러 지역의 면적과 인구는 다르다.

( )

14 다음 사진에 나타난 지형의 이름을 쓰시오.

( )

15 다음 그래프를 보고 알 수 있는 사실로 알맞지 <u>않은</u> 것은 어느 것입니까? ( )

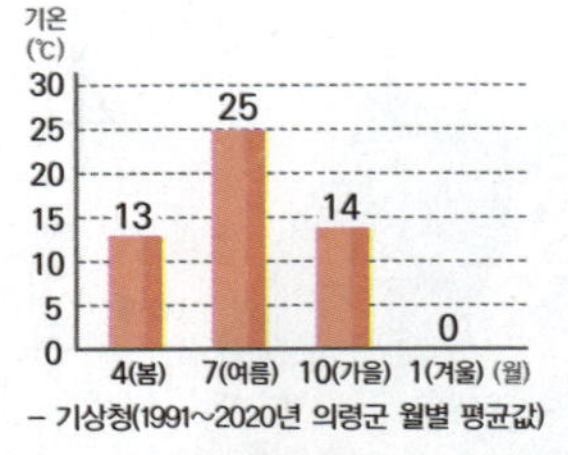

↑ 경상남도 의령군의 평균 기온

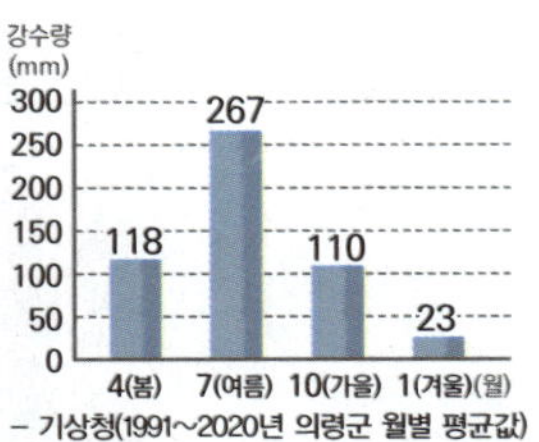

↑ 경상남도 의령군의 평균 강수량

① 여름에는 기온이 높고, 강수량이 적다.
② 평균 기온이 가장 높은 계절은 여름이다.
③ 평균 기온이 가장 낮은 계절은 겨울이다.
④ 평균 강수량이 가장 많은 계절은 여름이다.
⑤ 평균 강수량이 가장 적은 계절은 겨울이다.

16 다음 (가), (나) 그래프를 보고, 여름 기온이 더 높은 지역을 골라 기호를 쓰시오.

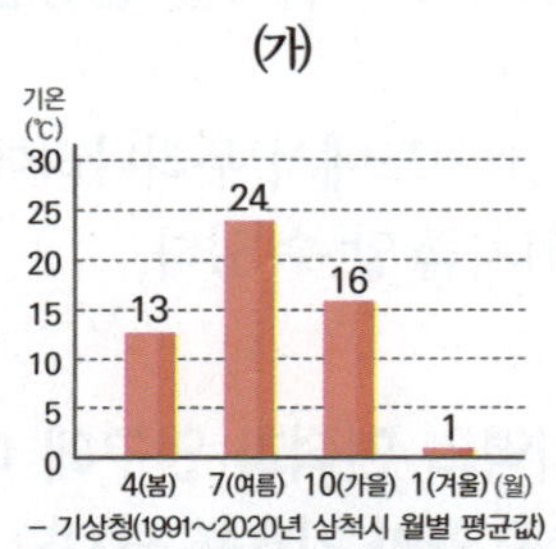

↑ 강원특별자치도 삼척시의 평균 기온 ↑ 제주특별자치도 서귀포시의 평균 기온

( )

17 다음 보기 에서 계절별, 지역별 강수량에 대한 설명으로 알맞은 것을 골라 기호를 쓰시오.

> 보기
>
> ㉠ 지역의 기온은 지역마다 모두 같다.
> ㉡ 겨울에는 기온이 낮고, 강수량이 많다.
> ㉢ 같은 계절이라도 지역에 따라 강수량이 다르다.

( )

18 다음 대화는 지역의 지리 정보를 조사하는 과정 중 어느 단계에 해당하는지 보기 에서 골라 기호를 쓰시오.

> • 지우: 우리 지역인 충청북도 단양군을 어느 지역과 비교해 볼까?
> • 세린: 경상북도 울릉군과 비교해 보자.

> 보기
>
> ㉠ 지리 정보 조사하기
> ㉡ 조사한 내용 정리하기
> ㉢ 우리 지역과 비교할 다른 지역 선택하기

( )

19 지역의 지리 정보를 조사하는 방법을 <u>잘못</u> 말한 어린이는 누구인지 쓰시오.

> • 소미: 통계 자료를 살펴볼 수 있어.
> • 윤아: 지역 누리집을 살펴볼 수 있어.
> • 지호: 지역에서 만든 홍보물을 살펴볼 수 있어.
> • 정우: 학급 친구들과 이야기하며 알아볼 수 있어.

( )

서술형

20 다음 그래프를 보고, 단양군과 울릉군의 강수량은 어떠한지 비교하여 쓰시오.

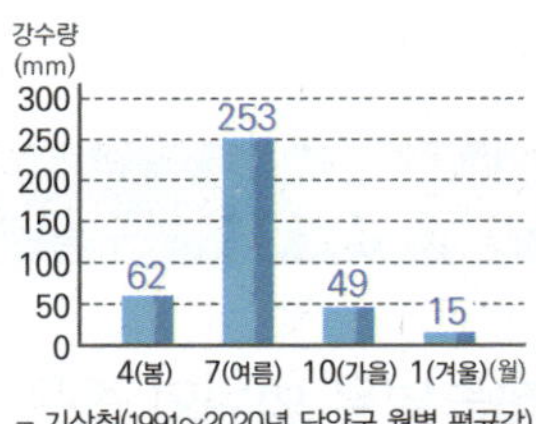

↑ 단양군의 평균 강수량

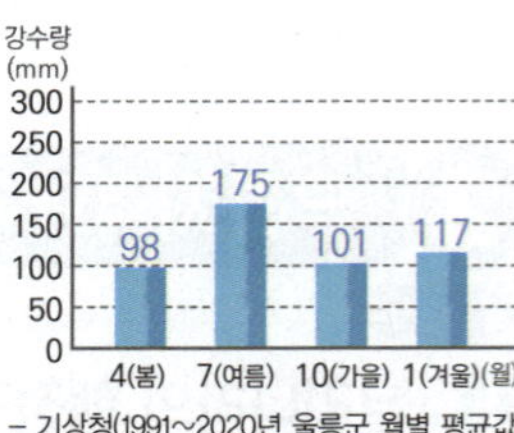

↑ 울릉군의 평균 강수량

____

____

① 지도로 살펴본 우리 지역

1 다음 ( ) 안에 들어갈 알맞은 말에 ○표를 하시오.

> • 지도는 ⊙ (위 , 옆)에서 본 땅의 모습을 나타낸 그림입니다.
> • 지역의 모습을 지도에 정확하게 표현하려면 ⓒ (마음대로 , 약속대로) 그려야 합니다.

2 〔중요〕 지도에 대한 설명으로 알맞은 것은 어느 것입니까? ( )

① 실제 땅의 모습이 나타나 있다.
② 그리는 사람에 따라 다르게 표현한다.
③ 필요한 정보만 보기 쉽게 나타나 있다.
④ 옆에서 바라본 땅의 모습을 그린 그림이다.
⑤ 건물이나 지역의 이름이 나타나 있지 않다.

3 다음 보기 에서 약도에 대한 설명으로 알맞은 것을 고르시오.

> **보기**
> ⊙ 알리려는 내용을 자세히 표시한 지도이다.
> ⓒ 운전할 때 목적지까지 가는 길을 안내해 주는 지도이다.
> ⓒ 어떤 장소를 찾아갈 때 필요한 정보만 간단하게 그린 지도이다.

( )

4 지도에서 방위표를 이용하는 까닭을 바르게 말한 어린이는 누구인지 쓰시오.

> • 현지: 땅의 높낮이를 나타내기 위해서야.
> • 지혜: 넓은 땅을 줄여서 나타내기 위해서야.
> • 성준: 사람이나 건물이 향한 방향과 관계없이 장소의 정확한 위치를 표현하기 위해서야.

( )

5 〔중요〕 지도에 방위표가 없을 때 북쪽을 나타내는 방향은 어디입니까? ( )

① 위쪽   ② 왼쪽   ③ 가운데
④ 오른쪽   ⑤ 아래쪽

〔서술형〕
6 다음 지도와 같이 지도에서 기호와 범례를 활용하면 좋은 점을 쓰시오.

____

____

7 지도에 나타내는 기호와 그 의미를 바르게 선으로 연결하시오.

(1)    • ⊙ 우체국

(2)    • ⓒ 공장

(3) 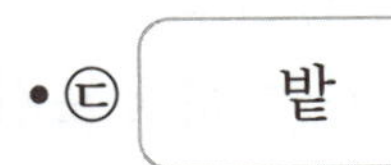   • ⓒ 밭

[8~9] 다음 지도를 보고 물음에 답하시오.

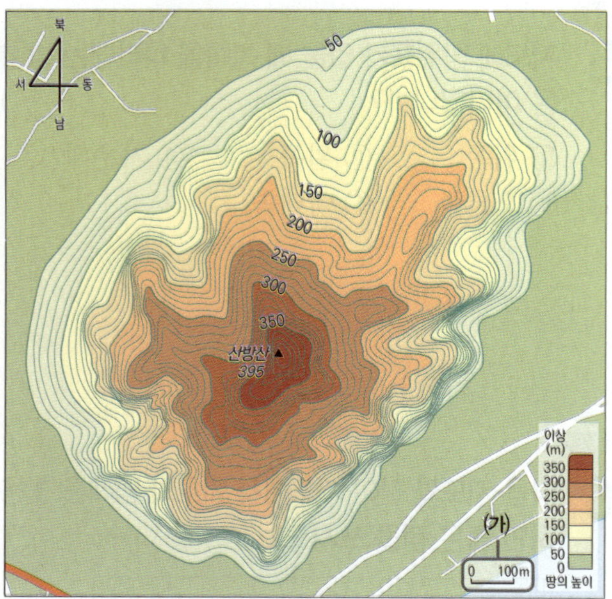

서술형

8 위 지도에서 사용하는 (가)의 이름과 의미를 쓰시오.

____

____

중요

9 위 지도를 보고 땅의 높낮이에 대해 바르게 말한 어린이는 누구인지 쓰시오.

> • 우주: 선의 간격이 좁을수록 경사가 완만해.
> • 하나: 땅의 높이가 높은 곳은 연두색으로 칠했어.
> • 소라: 산 기호와 같이 있는 숫자를 보면 산의 높이를 알 수 있어.

(   )

10 다음 상황에서 사용해야 하는 지도는 무엇입니까? (   )

> 주말에 부모님과 강원특별자치도로 등산을 가기로 했는데 그곳의 주말 날씨가 궁금해요.

① 약도　　　　　　② 박물관 안내도
③ 지하철 노선도　　④ 길 도우미 지도
⑤ 일기 예보 지도

11 다음 〔 보기 〕에서 북한 지역을 제외한 우리나라의 행정구역에 대한 설명으로 알맞은 것을 모두 고르시오.

> 〔 보기 〕
> ㉠ 도는 6곳이다.
> ㉡ 특별시는 1곳이다.
> ㉢ 특별자치도는 1곳이다.

(   )

12 충청북도에서 진천군, 음성군, 괴산군, 청주시와 맞닿아 있는 지역은 어디인지 찾아 쓰시오.

(   )

[13~14] 다음 울산광역시의 면적과 인구를 정리한 표를 보고 물음에 답하시오.

구분	면적(2022년)	인구(2022년)
남구	약 74㎢	약 31만 명
동구	약 36㎢	약 15만 명
북구	약 157㎢	약 22만 명
중구	약 37㎢	약 20만 명
울주군	약 758㎢	약 22만 명

－ 통계청, 2023

13 울산광역시에서 인구가 가장 많은 지역은 어디입니까? (   )

① 남구　　② 동구　　③ 북구
④ 중구　　⑤ 울주군

14 울산광역시의 면적과 인구의 특징으로 알맞지 <u>않은</u> 것은 어느 것입니까? (   )

① 동구의 인구가 가장 적다.
② 울주군의 면적이 가장 넓다.
③ 중구의 인구가 남구보다 많다.
④ 울주군의 인구는 중구보다 많다.
⑤ 동구와 중구의 면적은 비슷하다.

15 다음 지형과 모습을 바르게 선으로 연결하시오.

(1) 산 •

(2) 섬 •

(3) 바다 •

• ㉠

• ㉡

• ㉢

16 다음 ㉠, ㉡에 들어갈 알맞은 말을 짝 지은 것은 어느 것입니까? (   )

(㉠)은 공기의 온도이고, (㉡)은 어떤 곳에 일정 기간 내린 물(눈, 비, 우박, 안개 등)의 양입니다.

	㉠	㉡		㉠	㉡
①	기온	지형	②	기온	강수량
③	지형	기온	④	강수량	기온
⑤	강수량	지형			

서술형

17 계절별 기온과 강수량의 특징을 쓰시오.

____

____

[18~19] 다음 그래프를 보고 물음에 답하시오.

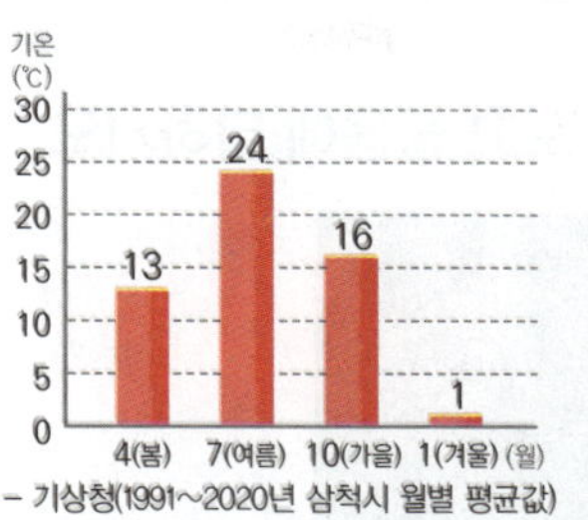

↑ 강원특별자치도 삼척시의 평균 기온

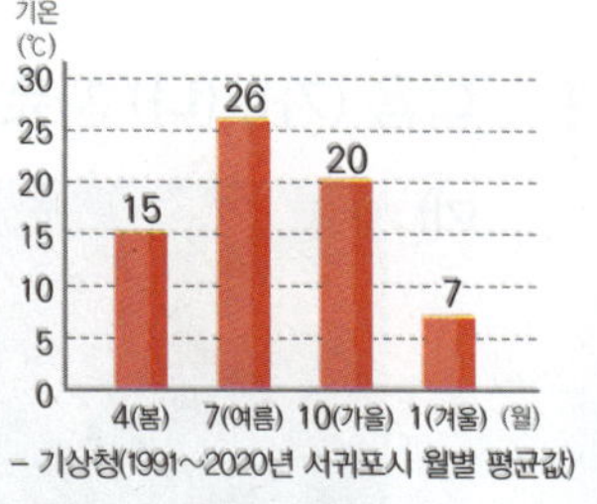

↑ 제주특별자치도 서귀포시의 평균 기온

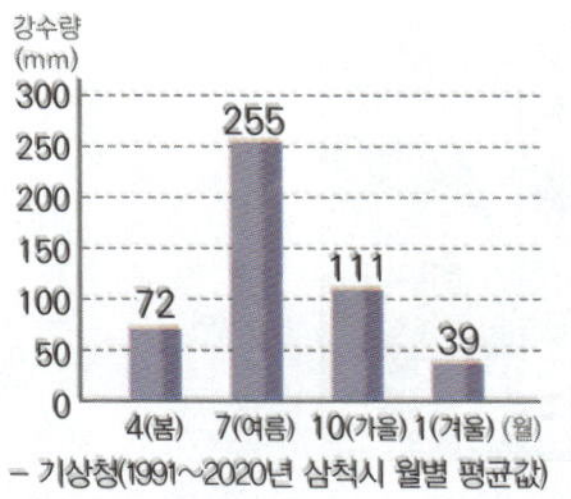

↑ 강원특별자치도 삼척시의 평균 강수량

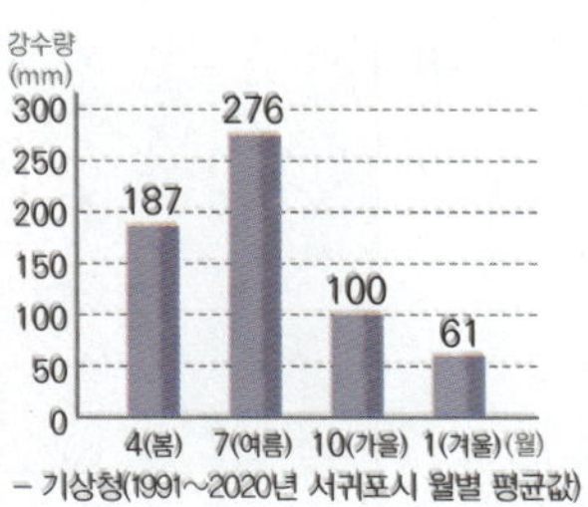

↑ 제주특별자치도 서귀포시의 평균 강수량

18 위 그래프를 보고 다음 ㉠, ㉡에 들어갈 알맞은 말을 짝 지은 것은 어느 것입니까? (   )

• 삼척시와 서귀포시의 기온이 가장 높은 달은 (㉠)입니다.
• 서귀포시의 기온이 가장 낮은 달의 기온은 (㉡)입니다.

	㉠	㉡		㉠	㉡
①	1월	1℃	②	1월	7℃
③	7월	1℃	④	7월	7℃
⑤	10월	7℃			

19 위 그래프에 나타난 두 지역의 강수량이 가장 적은 계절은 무엇인지 쓰시오.

(   )

20 다음 (   ) 안에 들어갈 알맞은 말을 쓰시오.

서로 다른 지역의 지리 정보를 (   )해 보면 각 지역의 특징이 잘 드러납니다.

(   )

서술형 평가 1회   1. 지도로 만나는 우리 지역

1 다음 (가), (나) 자료를 보고 물음에 답하시오.

(가)

(나)

(1) (가), (나)는 무엇인지 각각 쓰시오.

(가): (   ), (나): (   )

(2) (가), (나)가 어떻게 다른지 비교하여 쓰시오.

____

____

2 다음을 보고 물음에 답하시오.

(1) 위와 같은 표시를 무엇이라고 하는지 쓰시오.

(   )

(2) 위와 같은 표시가 필요한 까닭을 쓰시오.

____

____

3 우리나라의 행정구역을 나타낸 지도를 이용하면 좋은 점을 쓰시오.

____

____

4 다음 단양군과 울릉군의 면적과 인구를 나타낸 표를 보고 물음에 답하시오.

구분	단양군	울릉군
면적	약 780㎢	약 73㎢
인구	약 2만 6천 명	약 8천 명

통계청, 2023

(1) 두 지역 중 면적이 더 넓은 지역을 쓰시오.

(   )

(2) 두 지역 중 인구가 더 적은 지역을 쓰시오.

(   )

(3) 지역의 지리 정보를 비교하며 알 수 있는 점을 쓰시오.

____

____

서술형 평가 2회

1. 지도로 만나는 우리 지역

1 다음 축척이 다른 (가), (나) 지도를 보고 물음에 답하시오.

(가)

(나)
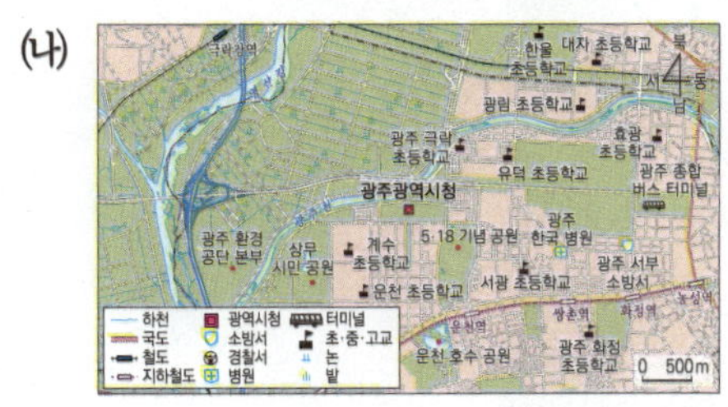

(1) 다음 ㉠, ㉡에 들어갈 알맞은 말을 각각 쓰시오.

(가) 지도	(㉠) 지역을 간략하게 볼 수 있는 지도
(나) 지도	(㉡) 지역을 자세하게 볼 수 있는 지도

㉠: (　　　　), ㉡: (　　　　)

(2) 지도의 축척에 따라 달라지는 것은 무엇인지 쓰시오.

____

____

2 생활 속에서 다음 사진과 같은 지도를 이용할 때 좋은 점을 쓰시오.

____

____

3 다음 충청북도 지도를 보고 물음에 답하시오.

(1) 충청북도에서 가장 남쪽에 있는 지역의 이름을 쓰시오.

(　　　　　　　　)

(2) 제천시를 기준으로 서쪽과 동쪽에 어떤 지역이 있는지 쓰시오.

____

____

4 지형의 의미와 종류를 쓰시오.

____

____

수행평가 1회   1. 지도로 만나는 우리 지역

평가 주제	땅의 높낮이 이해하기
목표	지도에서 땅의 높낮이를 나타내는 방법을 설명할 수 있다.

[1~3] 다음 지도를 보고 물음에 답하시오.

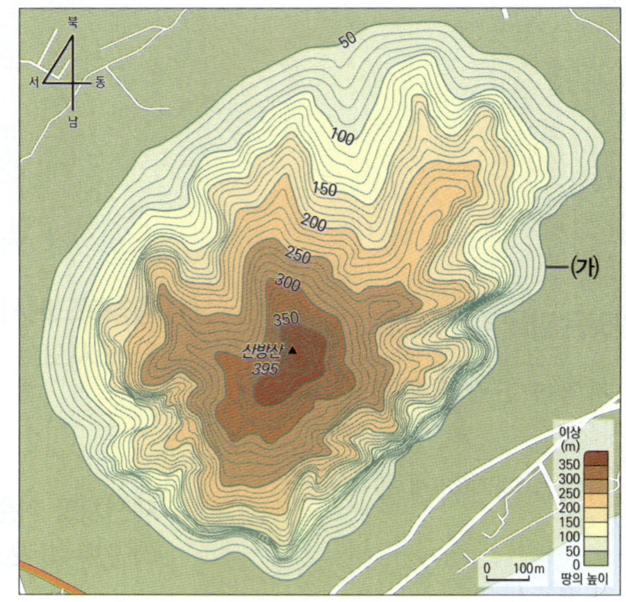

1 위 지도에 표시된 ㈎와 같은 선의 이름과 그 의미를 쓰시오.

(1) 이름	
(2) 의미	

2 위 지도에서 가장 낮은 곳과 가장 높은 곳을 색깔로 나타내려고 할 때 무슨 색깔을 사용하면 좋을지 〔 보기 〕에서 골라 쓰시오.

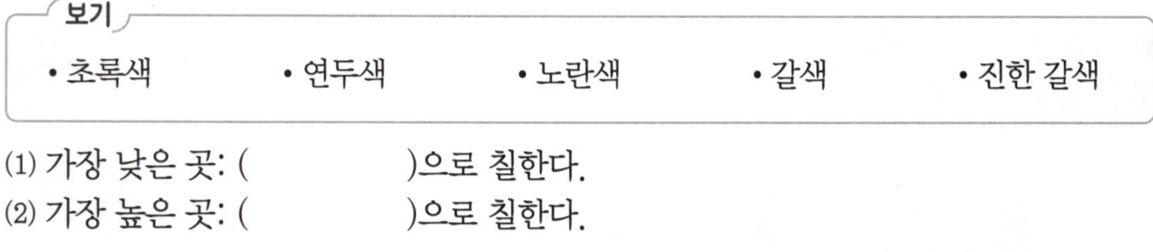

보기

• 초록색	• 연두색	• 노란색	• 갈색	• 진한 갈색

(1) 가장 낮은 곳: (　　　　　)으로 칠한다.
(2) 가장 높은 곳: (　　　　　)으로 칠한다.

3 위와 같은 지도에서 땅의 경사를 나타내는 방법을 쓰시오.

수행 평가 2회 · 1. 지도로 만나는 우리 지역

평가 주제	행정구역과 우리 지역의 위치 설명하기
목표	우리나라의 행정구역을 알고, 우리 지역의 위치를 설명할 수 있다.

[1~2] 다음 지도를 보고 물음에 답하시오.

↑ 충청북도의 행정구역

↑ 우리나라의 행정구역

1 위 지도를 보고 북한 지역을 제외한 우리나라의 행정구역이 몇 곳 있는지 쓰시오.

특별시	㉠ ( )곳	광역시	㉡ ( )곳	특별자치시	㉢ ( )곳
도	㉣ ( )곳	특별자치도	㉤ ( )곳		

2 위 지도를 보고 지역의 위치를 <u>잘못</u> 설명한 문장의 기호를 쓰고, 잘못된 내용을 바르게 고쳐 쓰시오.

> ㉠ 영동군의 남쪽에는 옥천군이 있습니다.
> ㉡ 충청북도는 경상북도의 서쪽에 있습니다.
> ㉢ 단양군은 충청북도 안에서 동쪽에 있습니다.
> ㉣ 증평군은 진천군, 음성군, 괴산군, 청주시와 맞닿아 있습니다.

(1) 잘못 설명한 문장의 기호: ( )

(2) 바르게 고친 문장: ______________________

쪽지 시험

1 옛날부터 전해 내려오는 것 중에서 후손에게 물려줄 만한 가치가 있는 것을 무엇이라고 합니까?

(   )

2 국가유산에는 자연물이나 자연환경과 상호 작용으로 만들어진 (   )도 있습니다.

3 국가유산에는 우리 지역의 역사와 특징이 담겨 있어 (   ) 가치가 있습니다.

4 경주 석빙고, 온돌 등과 같이 옛날 사람들의 지혜와 과학 기술을 담고 있는 국가유산에는 (   ) 가치가 있습니다.

5 국가유산이 있는 장소에 직접 찾아가 살펴보는 것은 어떤 조사 방법입니까?

(   )

6 지역의 국가유산을 소개할 때는 국가유산의 특징과 (   )이/가 잘 드러나도록 자료나 물건을 만들어 소개합니다.

---

1 다음 ㉠, ㉡ 안에 들어갈 알맞은 말을 각각 쓰시오.

> 국가유산에는 건축물, 그림, 책 등과 같이 형태가 있는 (㉠)유산과 음악이나 무용, 놀이, 기술 등과 같이 형태가 없는 (㉡) 유산 그리고 자연유산이 있습니다.

㉠: (   ), ㉡: (   )

2 다음 국가유산의 종류에 해당하는 것을 바르게 선으로 연결하시오.

· ㉠ 『동의보감』

(1) 문화유산 · · ㉡ 남한산성

(2) 무형유산 · · ㉢ 강강술래

· ㉣ 종묘 제례악

3 다음에서 설명하는 국가유산으로 알맞은 것을 <u>두 가지</u> 고르시오. (,   )

> 그 가치를 인정하고 보호해야 할 동물, 식물, 지형 등 자연물뿐만 아니라 자연환경과 상호 작용으로 만들어진 것입니다.

① 갯벌   ② 담양 소쇄원
③ 남한산성   ④ 창덕궁 인정전
⑤ 한산 모시 짜기

4 다음에서 설명하는 국가유산은 어느 것입니까?　　(　　　)

> 옛날 학교의 모습과 학자들의 업적, 기록물 등을 오늘날까지 이어 오고 있습니다.

① 종묘
② 조선왕조실록
③ 달성 도동 서원
④ 정선의 금강산 그림
⑤ 서울 북한산 신라 진흥왕 순수비

5 다음과 같은 가치가 있는 국가유산을 보기 에서 모두 골라 기호를 쓰시오.

> 국가유산은 옛날 사람들의 지혜와 과학 기술을 담고 있어 과학적 가치가 있습니다.

보기
> ㉠ 온돌　　　　　㉡ 해녀
> ㉢ 수원 화성　　　㉣ 경주 석빙고

(　　　　　　　)

6 다음에서 설명하는 국가유산의 가치는 무엇인지 쓰시오.

> • 금강산의 모습을 생생하게 그린 화가 정선의 그림은 아름다움이 돋보입니다.
> • 경주 성덕 대왕 신종에 새겨진 정교한 조각과 화려한 무늬에서 조상들의 예술 감각을 볼 수 있습니다.

(　　　　　　　)

7 다음에서 설명하는 지역의 국가유산 조사 방법은 무엇인지 쓰시오.

> 국가유산을 자세히 아는 사람이나 무형유산 보유자를 만나 여쭈어봅니다.

(　　　　　　　)

8 다음 보기 에서 '국가유산 조사 계획서'에 들어갈 내용으로 알맞은 것을 모두 골라 기호를 쓰시오.

> ㉠ 준비물　　　　㉡ 느낀 점
> ㉢ 조사 방법　　　㉣ 주의할 점

(　　　　　　　)

9 다음은 지역의 국가유산 조사 과정입니다. 순서대로 기호를 나열하시오.

> ㉠ 국가유산의 특징과 가치를 조사합니다.
> ㉡ 조사 계획을 세우고, 조사 방법을 정합니다.
> ㉢ 국가유산을 조사하여 알게 된 내용을 정리합니다.

(　　　→　　　→　　　)

10 지역의 국가유산을 소개하는 방법으로 알맞지 <u>않은</u> 것은 어느 것입니까?　　(　　　)

① 답사하기　　　　② 사진 전시하기
③ 포스터 그리기　　④ 기념품 만들기
⑤ 문화 관광 해설사 되어보기

쪽지 시험

1 뜻깊은 일이나 훌륭한 인물 등을 오래도록 기억하기 위해 세운 곳을 무엇이라고 합니까?

( )

2 ( )은/는 옛날 사람들이 만든 건축물이나 무덤, 싸움터 또는 역사적인 사건이 벌어졌던 곳입니다.

3 지역의 박물관, 기념관, 유적지 체험 계획을 세울 때는 체험할 ( )을/를 정하고, 체험할 내용과 방법을 정합니다.

4 ( )은/는 지역의 박물관, 기념관, 유적지를 직접 찾아가 살펴보는 체험 방법입니다.

5 박물관, 기념관, 유적지의 누리집에 접속하여 국가유산이나 유물에 관한 설명과 사진 등의 정보를 확인하는 체험 방법을 무엇이라고 합니까?

( )

6 ( ) 활동은 지역의 국가유산을 가꾸고 지키는 활동에 지역 주민이 스스로 참여하는 것입니다.

1 다음 ( ) 안에 공통으로 들어갈 알맞은 말을 쓰시오.

> 지역의 역사를 알 수 있는 장소에는 ( ), 기념관, 유적지가 있습니다. ( )은/는 옛날 사람들이 만들거나 사용했던 여러 가지 국가유산을 수집·보존·연구하고 전시하는 곳입니다.

( )

2 다음에서 설명하는 장소로 알맞은 것을 <u>두 가지</u> 고르시오. (,)

> 뜻깊은 일이나 훌륭한 인물 등을 오래도록 기억하기 위해 세운 곳입니다.

① 국립 중앙 박물관
② 수원 화성 박물관
③ 오죽헌 율곡 기념관
④ 제주 김만덕 기념관
⑤ 화순 고인돌 유적지

3 다음에서 설명하는 장소로 알맞은 것을 보기에서 모두 골라 기호를 쓰시오.

> 옛날 사람들이 만든 건축물이나 무덤, 싸움터 또는 역사적인 사건이 벌어졌던 곳입니다.

보기
㉠ 강화산성 ㉡ 김해 수로왕릉
㉢ 고려청자 박물관 ㉣ 부산 동삼동 패총

( )

4 지역의 박물관, 기념관, 유적지 체험 계획 세우기 단계에서 해야 할 일로 알맞지 <u>않은</u> 것은 어느 것입니까? ( )

① 체험 방법을 정한다.
② 체험 보고서를 작성한다.
③ 어떤 장소를 체험할지 정한다.
④ 체험으로 알고 싶은 내용을 질문으로 만든다.
⑤ 지역에 있는 박물관, 기념관, 유적지를 찾아본다.

중요
5 다음에서 설명하는 지역의 박물관, 기념관, 유적지 체험 방법을 골라 ○표를 하시오.

> 지역의 박물관, 기념관, 유적지에 직접 가지 않고도 국가유산이나 유물에 관한 설명과 사진 등의 정보를 확인할 수 있습니다.

㉠ 

㉡ 

( ) ( )

6 답사할 때 주의할 점에 대해 바르게 말한 어린이를 모두 골라 이름을 쓰시오.

> • 가윤: 조용히 질서를 지키며 답사합니다.
> • 나래: 전시물을 손으로 만지면서 관찰합니다.
> • 다솜: 촬영이 가능한 곳에서만 사진을 찍습니다.

( )

7 다음 ( ) 안에 들어갈 알맞은 말을 쓰시오.

> 지역의 박물관, 기념관, 유적지를 ( )하면 국가유산이나 유물의 실제 모습을 확인할 수 있습니다.

( )

8 박물관, 기념관, 유적지 '체험 보고서'에 들어갈 내용으로 알맞은 것을 <u>두 가지</u> 고르시오.

(,)

① 느낀 점   ② 체험 방법
③ 주의할 점   ④ 역할 나누기
⑤ 체험으로 알고 싶은 점

중요
9 지역의 역사를 보존하기 위한 노력으로 알맞지 <u>않은</u> 것은 어느 것입니까? ( )

① 국가유산 지킴이 활동에 참여한다.
② 지역의 국가유산을 발굴하여 보존한다.
③ 지역의 역사와 관련된 축제를 개최한다.
④ 지역의 역사 교육 프로그램을 운영한다.
⑤ 국가유산을 나라에서만 관리하도록 맡긴다.

10 지역의 역사를 보존하기 위해 우리가 할 수 있는 일에 대해 <u>잘못</u> 말한 어린이는 누구입니까? ( )

① 

② 

③ 

④ 

① 지역의 국가유산

1 국가유산에 대한 설명으로 알맞은 것은 어느 것입니까? ( )

① 형태가 있는 것은 무형유산이다.
② 형태가 없는 것은 자연유산이다.
③ 후손에게 물려줄 만한 가치가 있는 것이다.
④ 옛날부터 전해 내려오는 것은 모두 국가유산이다.
⑤ 형태가 없는 음악, 기술 등은 국가유산이 될 수 없다.

2 다음에서 설명하는 국가유산은 무엇입니까? ( )

음악이나 무용, 연극, 놀이, 기술 등과 같이 형태가 없는 것입니다.

① 
↑ 갯벌

②
↑ 남한산성

③ 
↑ 창덕궁 인정전

④ 
↑ 한산 모시 짜기

3 다음 ( ) 안에 들어갈 알맞은 말을 쓰시오.

국가유산 중에서 그 가치를 인정하고 보호해야 할 동물, 식물, 지형 등 자연물뿐만 아니라 자연환경과 상호 작용으로 만들어진 것을 ( )(이)라고 합니다.

( )

4 다음에서 밑줄 친 국가유산의 가치를 쓰시오.

국가유산은 옛날부터 전해 내려오는 것 중에서 후손에게 물려줄 만한 <u>가치</u>가 있는 것입니다.

____

____

5 (중요) 다음과 같은 가치가 있는 국가유산을 <u>두 가지</u> 고르시오. (,)

국가유산에는 옛날 사람들의 지혜와 우수한 과학 기술이 담겨 있습니다.

① 온돌
② 해녀
③ 경주 석빙고
④ 달성 도동 서원
⑤ 정선의 금강산 그림

6 다음과 같은 가치가 있는 국가유산은 무엇입니까? ( )

조선의 역대 왕별로 일어난 일을 기록한 역사책으로, 과거에 있었던 일을 알려 주는 자료로서 의미가 있습니다.

① 금관
② 수원 화성
③ 남원 광한루
④『조선왕조실록』
⑤ 서울 북한산 신라 진흥왕 순수비

7 다음에서 설명하는 국가유산은 무엇인지 쓰시오.

• 생태적 가치가 담긴 국가유산입니다.
• 바다 환경을 보호하기 위해 노력하면서 자연 친화적인 방법으로 해산물을 얻습니다.

( )

8 다음 그림과 같이 지역의 국가유산을 조사하는 방법은 무엇입니까? (　　)

① 답사하기
② 면담하기
③ 기록물 찾아보기
④ 누리집에서 검색하기
⑤ 지역의 문화원 찾아가기

◀ 서술형

9 다음은 국가유산 조사 계획서의 일부입니다. ㉠에 들어갈 내용을 <u>두 가지</u> 쓰시오.

조사 대상	남한산성
조사 방법	어린이·청소년 국가유산청 누리집 검색
주의할 점	㉠

____

____

10 지역의 국가유산을 소개하는 방법으로 알맞지 <u>않은</u> 것은 어느 것입니까? (　　)

① 
↑ 사진 전시하기

② 

↑ 포스터 그리기

③ 
↑ 책이나 기록물 찾아 보기

④ 
↑ 문화 관광 해설사 되어 보기

[11~12] 다음 글을 읽고, 물음에 답하시오.

> ㈎ 뜻깊은 일이나 훌륭한 인물 등을 오래도록 기억하기 위해 세운 곳입니다.
> ㈏ 옛날 사람들이 만들거나 사용했던 여러 가지 국가유산을 수집·보존·연구하고 전시하는 곳입니다.

11 위 ㈎, ㈏에 해당하는 장소 이름을 각각 쓰시오.

㈎: (　　　　　　), ㈏: (　　　　　　)

12 위 ㈏에 해당하는 곳을 다음 보기 에서 모두 골라 기호를 쓰시오.

(　　　　　　　　　)

13 다음에서 설명하는 장소로 알맞은 것은 어느 것입니까? (　　)

> 아주 먼 옛날 사람들이 먹고 버린 조개껍데기가 쌓여 무덤처럼 만들어진 곳입니다.

① 김해 수로왕릉
② 부산 동삼동 패총
③ 수원 화성 박물관
④ 오죽헌 율곡 기념관
⑤ 화순 고인돌 유적지

14 다음은 지역의 박물관, 기념관, 유적지를 체험하는 과정입니다. ㉠ 단계에서 해야 할 일을 쓰시오.

㉠ → 체험하기 → 체험 결과 정리하기

____

____

15 다음에서 설명하는 지역의 박물관, 기념관, 유적지 체험 방법은 무엇인지 쓰시오.

> 박물관, 기념관, 유적지의 누리집에 접속하여 국가유산이나 유물에 관한 정보를 확인합니다.

( )

16 다음 보기 에서 답사 과정에 대한 설명으로 알맞은 것을 모두 골라 기호를 쓰시오.

> **보기**
> ㉠ 궁금한 점은 친구에게 질문한다.
> ㉡ 답사가 끝나면 체험 보고서를 작성한다.
> ㉢ 답사 장소에 도착하면 안내도를 살펴보고 답사 순서를 정한다.

( )

17 '부여 정림사지 체험 보고서'에서 다음과 같은 내용이 들어갈 곳은 어디입니까? ( )

> 우리 지역에 부여 정림사지와 같은 유적지가 있다는 점이 자랑스러웠습니다.

① 느낀 점 ② 체험 장소
③ 체험 방법 ④ 체험 내용
⑤ 체험으로 알게 된 지역의 역사

18 지역의 박물관, 기념관, 유적지를 답사할 때 주의할 점으로 알맞지 <u>않은</u> 것은 어느 것입니까?

( )

① 관람이 허락된 곳에만 들어간다.
② 조용히 질서를 지키며 답사한다.
③ 국가유산을 손으로 만지며 관찰한다.
④ 촬영이 가능한 곳에서만 사진을 찍는다.
⑤ 답사 장소에서 지켜야 할 관람 규칙을 확인한다.

19 지역의 역사를 보존하기 위한 노력에 대해 바르게 말한 어린이를 모두 골라 이름을 쓰시오.

> • 가인: 지역의 역사와 관련된 체험 프로그램을 만듭니다.
> • 나율: 축제나 행사를 열어 지역의 역사를 널리 알립니다.
> • 다혜: 지역의 국가유산을 가꾸고 지키는 일은 전문가에게 맡깁니다.

( )

20 다음 질문에 대한 답으로 알맞지 <u>않은</u> 것은 어느 것입니까? ( )

> 선생님: 지역의 역사를 보존하기 위해 우리가 할 수 있는 일은 무엇일까요?

① 지역의 역사를 알리는 일에 참여한다.
② 지역의 국가유산을 아끼고 소중히 여긴다.
③ 답사할 때만 지역의 역사에 관심을 갖는다.
④ 지역의 역사와 국가유산을 자세히 공부한다.
⑤ 지역의 박물관, 기념관, 유적지에 자주 찾아간다.

2단원

① 지역의 국가유산

1 다음 ㉠, ㉡에 들어갈 알맞은 말을 각각 쓰시오.

> 국가유산은 옛날부터 전해 내려오는 것 중에서 후손에게 물려줄 만한 (㉠)이/가 있는 것입니다. 국가유산에는 문화유산과 무형유산, (㉡)유산이 있습니다.

㉠: (   ), ㉡: (   )

중요

2 국가유산의 종류가 나머지와 다른 하나는 어느 것입니까? (   )

① 
↑ 남한산성

② 
↑ 한산 모시 짜기

③ 
↑ 청자 상감 운학문 매병

④ 
↑ 부여 정림사지 오층 석탑

3 다음에서 설명하는 국가유산은 무엇입니까? (   )

> • 우리나라의 서·남해안에 위치한 지형입니다.
> • 철새를 포함한 다양한 생물이 살고 있습니다.

① 온돌   ② 갯벌
③ 담양 소쇄원   ④ 달성 도동 서원
⑤ 제주 화산섬과 용암 동굴

4 다음과 같은 가치가 있는 국가유산을 보기에서 모두 골라 기호를 쓰시오.

> 국가유산에는 지역의 역사와 특징이 담겨 있어, 과거와 현재를 이어 주는 귀중한 자료가 됩니다.

보기

㉠ 종묘   ㉡ 가족 연표
㉢ 달성 도동 서원   ㉣『조선왕조실록』

(   )

5 다음과 같은 가치가 있는 국가유산은 무엇입니까? (   )

> • 얼음을 저장하려고 만든 창고입니다.
> • 얼음을 오랫동안 차갑게 보관할 수 있었던 구조에는 옛날 사람들의 지혜가 담겨 있습니다.

① 온돌   ② 수원 화성
③ 경주 석빙고   ④ 달성 도동 서원
⑤ 합천 해인사 장경판전

서술형

6 다음 국가유산에 담긴 가치를 쓰시오.

> • 정선의 금강산 그림   • 경주 성덕 대왕 신종

____

____

7 다음 ( ) 안에 들어갈 알맞은 말에 ○표를 하시오.

> 남원 광한루는 전북특별자치도 남원시에 있는 국가유산으로, 정원과 주변 환경이 잘 어우러지는 특징이 있어 (과학적 , 생태적) 가치가 있습니다.

8 다음 그림과 같이 지역의 국가유산을 조사하는 방법은 무엇입니까? (　　)

① 답사하기
② 면담하기
③ 기록물 찾아보기
④ 누리집에서 검색하기
⑤ 지역의 문화원 찾아가기

9 다음은 국가유산 조사 계획서의 일부입니다. ㉠에 들어갈 내용으로 알맞은 것은 어느 것입니까? (　　)

조사 대상	남한산성
㉠	어린이·청소년 국가유산청 누리집 검색

① 조사 기간
② 조사 방법
③ 조사 내용
④ 주의할 점
⑤ 역할 나누기

서술형

10 지역의 국가유산을 조사하는 과정을 세 단계로 나누어 쓰시오.

____

____

11 다음 보기 에서 지역의 국가유산 소개 방법으로 알맞은 것을 모두 골라 기호를 쓰시오.

보기
㉠ 면담하기　　㉡ 사진 전시하기
㉢ 기념품 만들기　　㉣ 포스터 그리기

(　　　　　　　)

---

2 **지역의 박물관, 기념관, 유적지**

12 다음 ㉠, ㉡에 들어갈 알맞은 말을 각각 쓰시오.

박물관은 여러 가지 (　㉠　)을/를 수집·보존·연구하고 전시하는 곳입니다. 그리고 기념관은 뜻깊은 일이나 훌륭한 (　㉡　) 등을 오래도록 기억하기 위해 세운 곳입니다.

㉠: (　　　　　　), ㉡: (　　　　　　)

13 다음에서 설명하는 장소로 알맞은 것은 어느 것입니까? (　　)

우리나라 최대 규모의 대표적인 박물관으로, 다양한 국가유산을 전시하고 있습니다.

① 
↑ 고려청자 박물관

② 
↑ 수원 화성 박물관

③ 
↑ 국립 중앙 박물관

④ 
↑ 국립 경주 박물관

14 다음에서 설명하는 장소로 알맞은 것을 <u>두</u> 가지 고르시오. (　　,　　)

옛날 사람들이 만든 건축물이나 무덤, 싸움터 또는 역사적인 사건이 벌어졌던 곳입니다.

① 강화산성
② 고려청자 박물관
③ 부산 동삼동 패총
④ 제주 김만덕 기념관
⑤ 안성 3·1 운동 기념관

15 지역의 박물관, 기념관, 유적지 체험 계획 세우기 단계에서 해야 할 일로 알맞은 것은 어느 것입니까? (　　)

① 체험 장소를 답사한다.
② 체험 보고서를 작성한다.
③ 어떤 장소를 체험할지 정한다.
④ 체험하고 알게 된 내용을 정리한다.
⑤ 체험하면서 든 생각이나 느낌을 기록한다.

[16~17] 다음은 지역의 박물관, 기념관, 유적지를 체험하는 방법입니다. 물음에 답하시오.

(가)

↑ 지역의 박물관, 기념관, 유적지를 직접 찾아갑니다.

(나)

↑ 지역의 박물관, 기념관, 유적지 누리집을 방문합니다.

16 위 (가)와 같이 지역의 역사를 알아보는 체험 방법을 쓰시오.

(　　　　　　　　　)

17 위 (나)의 방법으로 지역의 박물관, 기념관, 유적지를 체험하면 좋은 점은 무엇입니까? (　　)

① 국가유산을 직접 관찰할 수 있다.
② 언제든지 필요한 정보를 얻을 수 있다.
③ 다양한 체험 프로그램에 참여할 수 있다.
④ 궁금한 점은 문화 관광 해설사에게 여쭈어 볼 수 있다.
⑤ 박물관, 기념관, 유적지의 실제 모습을 확인할 수 있다.

18 다음은 지역의 박물관, 기념관, 유적지 체험 보고서의 일부입니다. 들어갈 내용이 잘못된 것은 어느 것입니까? (　　)

① 체험 주제	지역의 역사 알아보기
② 체험 장소	부여 정림사지
③ 체험 날짜	20○○년 □□월 △△일
④ 체험 방법	답사하기
⑤ 주의할 점	우리 지역에 부여 정림사지와 같은 유적지가 있다는 점이 자랑스러웠습니다.

19 지역의 역사를 보존해야 하는 까닭을 잘못 말한 어린이는 누구입니까? (　　)

▶ 서술형
20 다음 질문에 대한 답을 두 가지 쓰시오.

선생님: 지역의 역사를 보존하기 위해 우리가 할 수 있는 일은 무엇일까요?

____

____

서술형 평가 ①회　2. 우리 지역의 국가유산

1 다음 국가유산을 보고, 물음에 답하시오.

종류	국가유산
㉠	창덕궁 인정전, 청자 상감 운학문 매병, 『동의보감』, 부여 정림사지 오층 석탑
㉡	종묘 제례악, 강강술래, 한산 모시 짜기, 김장 문화
㉢	담양 소쇄원, 제주 화산섬과 용암 동굴, 부안 채석강과 적벽강

(1) 위 ㉠~㉢에 들어갈 알맞은 말을 쓰시오.

㉠: (　　　　　　　　)
㉡: (　　　　　　　　)
㉢: (　　　　　　　　)

(2) 위의 국가유산을 ㉠~㉢으로 나눈 기준은 무엇인지 쓰시오.

____

____

2 다음 국가유산에 공통적으로 담긴 가치를 쓰시오.

↑ 달성 도동 서원

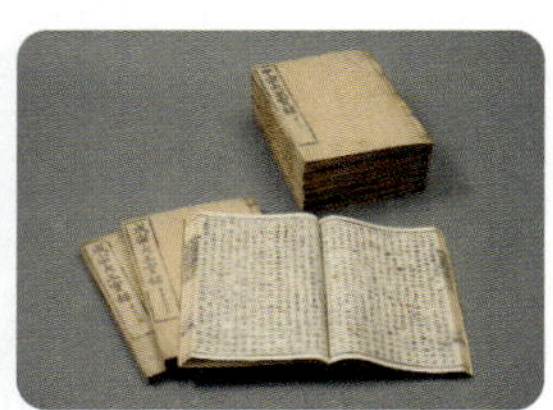

↑ 『조선왕조실록』

____

____

3 다음 설명에서 ㉠에 들어갈 알맞은 말을 쓰시오.

> 박물관, 기념관, 유적지는 _______㉠_______ 등을 간직하고 있습니다. 지역의 박물관, 기념관, 유적지를 체험하면 지역의 역사를 알 수 있습니다.

____

____

4 다음은 지역의 박물관, 기념관, 유적지를 체험하는 방법입니다. 물음에 답하시오.

지역의 박물관, 기념관, 유적지를 직접 찾아가 실제 모습을 살펴보고, 생생함을 느낄 수 있습니다.

(1) 위와 같은 체험 방법은 무엇인지 쓰시오.

(　　　　　　　　　　)

(2) 위의 방법으로 지역의 박물관, 기념관, 유적지를 체험할 때 주의할 점을 두 가지 쓰시오.

____

____

서술형 평가 2회

2. 우리 지역의 국가유산

1 다음 국가유산을 보고, 물음에 답하시오.

(가)

↑ 제주 화산섬과 용암 동굴

(나)

↑ 남한산성

(다)

↑ 김장 문화

(라)

↑ 종묘 제례악

(1) 위 국가유산을 다음 기준에 따라 구분하여 기호를 쓰시오.

① 문화유산: (　　　　　　　)
② 무형유산: (　　　　　　　)
③ 자연유산: (　　　　　　　)

(2) 위 (가)와 같은 국가유산의 의미를 쓰시오.

____

____

2 다음은 국가유산 조사 계획서의 일부입니다. ㉠에 들어갈 내용을 **두 가지** 쓰시오.

조사 대상	부여 정림사지 오층 석탑
조사 방법	㉠

____

____

3 다음은 지역의 역사를 알 수 있는 장소입니다. 물음에 답하시오.

구분	의미
박물관	옛날 사람들이 만들거나 사용했던 여러 가지 국가유산을 수집·보존·연구하고 전시하는 곳
기념관	㉠
㉡	옛날 사람들이 만든 건축물이나 무덤, 싸움터 또는 역사적인 사건이 벌어졌던 곳

(1) 위 ㉠에 들어갈 기념관의 의미를 보기에 제시된 내용을 포함하여 쓰시오.

보기
• 기억　　• 뜻깊은 일　　• 훌륭한 인물

____

____

(2) 위 ㉡에 해당하는 장소를 **두 가지** 쓰시오.

____

____

4 다음 글을 읽고, 지역의 역사를 보존하려는 노력을 **두 가지** 쓰시오.

각 지역에서는 유물이나 유적, 역사적 사건 등을 보존하고 널리 알리기 위해 박물관과 기념관을 세우고, 유적지를 지정합니다.

____

____

수행 평가 1회

2. 우리 지역의 국가유산

평가 주제	국가유산에 담긴 가치 파악하기
목표	국가유산에 담긴 가치를 설명할 수 있다.

[1~2] 다음 국가유산을 보고, 물음에 답하시오.

(가)

↑ 해녀

(나)

↑ 경주 석빙고

(다)

↑ 달성 도동 서원

(라)

↑ 경주 성덕 대왕 신종

1 다음에서 설명하는 국가유산을 골라 기호를 쓰시오.

(1) 조선 시대의 교육 기관으로, 옛날 학교의 모습과 학자들의 업적, 기록물 등을 오늘날까지 이어 오고 있습니다.

( )

(2) 얼음을 오랫동안 차갑게 보관할 수 있었던 그 구조에는 옛날 사람들의 지혜가 담겨 있습니다.

( )

(3) 바다 환경을 보호하기 위해 노력하면서 자연 친화적인 방법으로 해산물을 얻습니다.

( )

(4) 종에 새겨진 정교한 조각과 화려한 무늬에서 조상들의 예술 감각을 볼 수 있습니다.

( )

2 (가)~(라) 각 국가유산의 가치를 보기 의 내용을 포함하여 쓰시오.

보기
- 역사적 가치
- 과학적 가치
- 예술적 가치
- 생태적 가치

수행 평가 2회   2. 우리 지역의 국가유산

평가 주제	지역의 박물관, 기념관, 유적지의 의미 파악하기
목표	지역의 박물관, 기념관, 유적지의 의미를 알고, 박물관, 기념관, 유적지를 구분할 수 있다.

1 다음은 박물관, 기념관, 유적지의 의미를 정리한 것입니다. ㉠~㉢에 들어갈 알맞은 말을 〔보기〕에서 찾아 쓰시오.

〔보기〕
- 건축물
- 국가유산
- 훌륭한 인물

박물관	옛날 사람들이 만들거나 사용했던 여러 가지 (㉠)을 수집·보존·연구하고 전시하는 곳입니다.
기념관	뜻깊은 일이나 (㉡) 등을 오래도록 기억하기 위해 세운 곳입니다.
유적지	옛날 사람들이 만든 (㉢)이나 무덤, 싸움터 또는 역사적인 사건이 벌어졌던 곳입니다.

2 다음 박물관, 기념관, 유적지의 이름을 쓰시오.

(1) ( ) 박물관	(2) ( ) 기념관	(3) ( ) 유적지
↑ 경주 성덕 대왕 신종을 비롯한 신라 시대의 다양한 국가유산을 전시하고 있습니다.	↑ 어려운 이웃에게 나눔을 실천한 김만덕의 일생과 업적을 기념하는 곳입니다.	↑ 고려 시대에 몽골군이 쳐들어오자 방어하려고 강화도에 지은 산성입니다.

3 1, 2의 내용을 바탕으로 우리 지역의 박물관, 기념관, 유적지를 찾아 쓰시오.

(1) 내가 사는 지역	
(2) 박물관	
(3) 기념관	
(4) 유적지	

 **주제 평가**

① **경제활동과 합리적 선택** 

📋 쪽지 시험

1 사람들이 생활에 필요한 여러 가지를 만들고 사용하는 것과 관련된 모든 활동을 무엇이라고 합니까?

( )

2 사람들의 필요나 욕구에 비하여 자원의 양이 상대적으로 부족한 상태를 무엇이라고 합니까?

( )

3 ( )(이)란 적은 비용과 노력으로 가장 큰 만족감을 얻을 수 있는 선택입니다.

4 합리적 선택을 하려면 사고 싶은 물건 중에서 한 가지를 고르기 위한 ( )을/를 세웁니다.

5 합리적 선택을 하려면 사고 싶은 물건과 관련된 여러 가지 ( )을/를 수집하고 분석합니다.

6 신문, 라디오, 텔레비전 ( ) 등에서 물건의 모양, 특징 등 다양한 정보를 얻을 수 있습니다.

---

1 경제활동에 대해 바르게 이야기한 어린이는 누구인지 쓰시오.

> • 세정: 사람들이 물건을 사용하는 것만 경제활동이야.
> • 유하: 시장에서 물건을 판매하는 것도 경제 활동이야.
> • 태연: 사람들이 생활에 필요한 여러 가지를 만드는 것만 경제활동이야.

( )

2 선택의 문제를 겪는 모습으로 알맞지 <u>않은</u> 것은 어느 것입니까? ( )

① 영화관에서 보고 싶은 영화를 보았다.
② 용돈 중에 얼마를 쓰고, 얼마를 모을지 고민하였다.
③ 친구 선물로 인형을 살지, 축구공을 살지 고민하였다.
④ 분식집에서 떡볶이를 먹을지, 어묵을 먹을지 고민하였다.
⑤ 회사에 버스를 타고 갈지, 지하철을 타고 갈지 고민하였다.

3 (중요) 경제활동에서 선택의 문제가 일어나는 까닭으로 알맞은 것은 어느 것입니까? ( )

① 사람들이 원하는 것이 없기 때문이다.
② 사람들이 원하는 것을 모두 가질 수 있기 때문이다.
③ 사람들이 원하는 것을 사기에 돈이 충분하기 때문이다.
④ 사람들이 원하는 것을 사기에 자원이 풍부하기 때문이다.
⑤ 사람들이 원하는 것은 많지만 그것을 모두 가질 수 없기 때문이다.

4 희소성에 대한 설명으로 알맞은 것을 〔보기〕에서 모두 골라 기호를 쓰시오.

〔보기〕
㉠ 희소성은 시대에 따라 달라진다.
㉡ 희소성 때문에 선택의 문제가 일어난다.
㉢ 희소성은 자원이 얼마나 적은지에 따라서만 결정된다.
㉣ 희소성은 사람들의 필요나 욕구에 비하여 자원의 양이 풍부한 상태를 말한다.

(   )

5 경제활동에서 합리적 선택을 하지 못한 경우는 어느 것입니까? (   )

① 책이 잘 들어가는 가방을 샀다.
② 가격 비교를 해서 필통을 저렴하게 샀다.
③ 디자인이 예쁘고 품질이 좋은 옷을 샀다.
④ 신발을 신어 보지 않고 사서 발이 불편하다.
⑤ 떡볶이를 먹을 양 만큼 사서 남김없이 먹었다.

중요
6 물건을 살 때 합리적 선택을 하기 위해 고려해야 할 점으로 알맞은 것을 <u>두 가지</u> 고르시오.
(,   )

① 튼튼한가?
② 꼭 필요한 것인가?
③ 유명 상표의 것인가?
④ 자랑할 만한 것인가?
⑤ 요즘 유행하고 있는 것인가?

7 합리적 선택에 대한 설명으로 알맞지 <u>않은</u> 것은 어느 것입니까? (   )

① 합리적 선택을 하면 자원을 절약할 수 있다.
② 합리적 선택을 하면 큰 만족을 얻을 수 있다.
③ 합리적 선택을 하면 나에게 가장 알맞은 것을 고를 수 있다.
④ 합리적 선택을 하려면 중요하게 생각하는 한 가지만 고려해야 한다.
⑤ 합리적 선택을 하면 돈을 낭비하지 않고 알뜰하게 생활할 수 있다.

8 다음은 합리적 선택을 하는 과정입니다. (   ) 안에 공통으로 들어갈 알맞은 말을 쓰시오.

• 합리적 선택을 하려면 사고 싶은 물건 중에서 한 가지를 고르기 위한 (   )을/를 세웁니다.
• (   )에 따라 각 물건들의 특징을 꼼꼼하게 살펴본 후 자신에게 가장 알맞은 것을 선택해야 합니다.

(   )

9 합리적 선택의 과정 중 '정보 조사하기'에서 해야 할 일로 알맞은 것은 어느 것입니까? (   )

① 선택 기준을 세운다.
② 필요한 물건을 고른다.
③ 가진 돈이 얼마인지 확인한다.
④ 선택 기준에 따라 물건의 특징을 살펴본다.
⑤ 사고 싶은 물건과 관련된 여러 가지 정보를 수집하고 분석한다.

10 정보를 얻는 방법 중 신문, 라디오, 텔레비전 등에서 물건의 모양, 특징 등 다양한 정보를 얻을 수 있는 방법은 어느 것입니까? (   )

① 
↑ 인터넷 검색하기

② 
↑ 광고 보기

③ 
↑ 상점 방문하기

④ 
↑ 주변 사람의 경험 듣기

주제 평가
② 지역 간 교류와 상호 의존

쪽지 시험

1 생활에 필요한 물건이나 서비스를 만들어 내는 활동을 무엇이라고 합니까?

(   )

2 생활에 필요한 물건이나 서비스를 대가를 지불하고 사용하는 활동을 무엇이라고 합니까?

(   )

3 농사짓기, 염전에서 소금 얻기는 생활에 필요한 것을 (   )에서 얻는 활동입니다.

4 사람들은 다양한 (   )에 따라 경제 교류를 하면서 서로 도움을 주고받습니다.

5 각 지역의 자원, 생산 기술, 자연환경 등에 따라 지역의 (   )이/가 달라집니다.

6 각 지역은 경제 교류로 서로 부족한 것이나 필요한 부분을 채워 주는 등 (   )하며 함께 성장하고 발전해 나갑니다.

---

1 다음 〔보기〕에서 소비 활동으로 알맞은 것을 골라 기호를 쓰시오.

〔보기〕
ㄱ 신발 가게에서 신발을 산다.
ㄴ 과일 가게에 물건을 배달한다.
ㄷ 분식집에서 떡볶이를 사 먹는다.
ㄹ 미용실에서 손님의 머리를 손질한다.

(   )

중요

2 생활을 편리하고 즐겁게 해 주는 활동으로 알맞은 것을 <u>두 가지</u> 고르시오. (,   )

① 공연을 한다.
② 건물을 짓는다.
③ 물건을 판매한다.
④ 아이스크림을 만든다.
⑤ 염전에서 소금을 얻는다.

3 다음 〔보기〕에서 물건의 생산지를 조사하는 방법을 모두 골라 기호를 쓰시오.

〔보기〕
ㄱ 상품의 인증 마크 확인하기
ㄴ 누리집에서 상품 소개 찾아보기
ㄷ 지도로 할인 매장의 위치 알아보기
ㄹ 상품 포장지의 큐알(QR) 코드 찍어 보기

(   )

4 우리 지역에서 판매되는 물건들의 생산지를 보고 알 수 있는 사실로 알맞은 것은 어느 것입니까? (   )

우리 지역에서 생산된 물건		우리나라의 다른 지역에서 생산된 물건	
물건	생산지	물건	생산지
사과	충주시	선풍기	천안시
복숭아	충주시	대게	울진군

① 우리 지역에서는 다른 지역의 물건을 사용하지 않는다.
② 우리 지역에서 판매되는 물건들은 모두 우리 지역에서 생산된다.
③ 우리 지역에서 판매되는 물건들은 모두 다른 나라에서 생산된다.
④ 우리 지역에서 판매되는 물건들은 모두 다른 지역에서 생산된다.
⑤ 우리 지역에서 판매되는 물건 중에는 다른 지역에서 생산된 물건도 있다.

5 다음 글에서 설명하는 것은 무엇인지 쓰시오.

> 각 지역이 경제적 이익을 얻으려고 서로 물건이나 자원, 기술, 정보, 문화 등을 주고받는 것입니다.

(   )

6 경제 교류가 일어나는 까닭으로 알맞은 것은 어느 것입니까? (   )

① 지역마다 문화가 같기 때문에
② 지역마다 생산 기술이 다르기 때문에
③ 지역마다 보유한 자원이 같기 때문에
④ 지역마다 자연환경이 비슷하기 때문에
⑤ 지역마다 생산하는 물건이 같기 때문에

7 각 지역이 경제 교류하는 것으로 알맞지 <u>않은</u> 것은 어느 것입니까? (   )

① 관광　　② 날씨　　③ 문화
④ 생산물　　⑤ 인적 자원

8 경제 교류에 대해 바르게 이야기한 어린이는 누구인지 쓰시오.

> • 재연: 경제 교류를 하면 한 지역만 경제적 이익을 얻어.
> • 세희: 경제 교류로 각 지역의 부족한 점을 보완할 수 있어.
> • 지원: 지역 간 경제 교류는 두 지역 사이에서만 이루어져.

(   )

9 지역 간 경제 교류 조사 보고서에 들어갈 내용으로 알맞지 <u>않은</u> 것은 어느 것입니까? (   )

① 조사 주제
② 조사 방법
③ 조사한 내용
④ 조사한 사람의 나이
⑤ 조사를 하면서 알게된 점과 느낀 점

10 경제 교류가 우리 지역에 미치는 영향으로 알맞은 것은 어느 것입니까? (   )

① 경제활동이 위축될 수 있다.
② 지역끼리 힘을 합해 서로 도울 수 있다.
③ 우리 지역을 찾는 사람이 줄어들 수 있다.
④ 지역끼리 경쟁해서 더 많은 경제적 이익을 얻을 수 있다.
⑤ 우리 지역에 없는 것을 이용할 수 있어 생활이 불편해진다.

① 경제활동과 합리적 선택

1 다음에서 설명하는 것은 무엇인지 쓰시오.

> 사람들이 생활에 필요한 여러 가지를 만들고 사용하는 것과 관련된 모든 활동을 말합니다.

(　　　　)

중요

2 선택의 문제를 겪는 모습으로 알맞은 것을 보기 에서 모두 골라 기호를 쓰시오.

> **보기**
> ㉠ 집에서 사회 숙제를 한다.
> ㉡ 영화관에서 어떤 영화를 볼지 고민한다.
> ㉢ 빵집 주인이 빵을 몇 개나 만들지 고민한다.
> ㉣ 방과 후에 친구들과 축구를 하기로 약속한다.

(　　　　)

서술형

3 희소성의 의미를 쓰시오.

____

____

4 다음 ( ) 안에 들어갈 알맞은 말을 쓰시오.

> (　　)(이)란 적은 비용과 노력으로 가장 큰 만족감을 얻을 수 있는 선택을 말합니다.

(　　　　)

5 다음 중 합리적 선택을 한 어린이는 누구인지 쓰시오.

(　　　　)

[6~7] 다음은 합리적 선택을 하는 과정입니다. 물음에 답하시오.

> 필요한 물건과 가진 돈 확인하기 → ㉠ 선택 기준 세우기 → (㉡) 조사하기 → 선택 기준에 따라 평가하기 → 선택하기 → 선택 되돌아보기

6 위 과정 중 밑줄 친 ㉠ 단계에서 고려해야 할 점으로 알맞지 <u>않은</u> 것은 어느 것입니까?

(　　)

① 유행
② 가격
③ 품질
④ 모양
⑤ 서비스

7 위 과정의 ㉡에 들어갈 알맞은 말을 쓰시오.

(　　　　)

8 정보를 얻는 방법 중 물건을 직접 사용한 사람에게 물건의 특징이나 장단점을 물어볼 수 있는 방법은 어느 것입니까? (　　)

① 
↑ 상점 방문하기

②
↑ 주변 사람의 경험 듣기

③ 
↑ 인터넷 검색하기

④ 
↑ 광고 보기

---

2 지역 간 교류와 상호 의존

9 다음을 생산 활동과 소비 활동으로 구분하여 바르게 선으로 연결하시오.

	㉠ 분식집에서 떡볶이 만들기
(1) 생산 활동 •	㉡ 신발 가게에서 신발 사기
(2) 소비 활동 •	㉢ 과일 가게에 물건 배달하기
	㉣ 미용실에서 머리 손질받기

⭐ 중요

10 생활에 필요한 것을 자연에서 얻는 활동을 두 가지 고르시오. (　,　)

① 공연을 한다.　　② 과일을 딴다.
③ 농사를 짓는다.　④ 물건을 판매한다.
⑤ 스마트폰을 만든다.

11 다음과 같은 우리 주변의 다양한 물건들의 생산지를 보고 알 수 있는 사실을 보기 에서 모두 골라 기호를 쓰시오.

보기
㉠ 우리가 사용하는 물건들은 모두 다른 나라에서 들여온다.
㉡ 우리가 사용하는 물건들은 모두 우리 지역에서 만들어졌다.
㉢ 우리가 사용하는 물건들은 여러 지역에서 생산되어 우리 지역으로 온다.

(　　　　　　)

12 오른쪽과 같이 컴퓨터를 이용하여 물건의 생산지를 조사하는 방법은 어느 것입니까? (　　)

색상	상세 페이지 참고
제조국	중국
품명 및 모델명	○○ 장난감

① 상품 안내문 확인하기
② 상품의 인증 마크 확인하기
③ 대형 할인점의 광고지 확인하기
④ 누리집에서 상품 소개 찾아보기
⑤ 상품 포장지의 큐알(QR) 코드 찍어 보기

◀ 서술형

13 오른쪽은 우리 지역에서 판매되는 물건의 생산지를 지도에 표시한 것입니다. 이를 통해 알 수 있는 사실을 쓰시오.

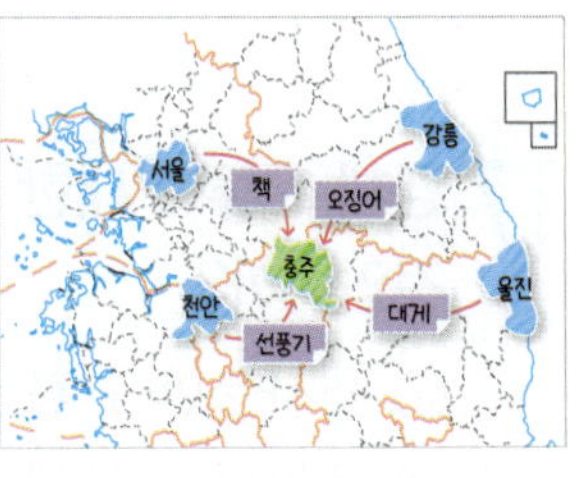

____

____

14 다음을 읽고 ㉠, ㉡에 들어갈 두 지역이 서로 주고받으면 좋을 물건을 각각 쓰시오.

> • ㈎ 지역은 넓은 논과 밭에서 기른 곡식이 많지만, 곡식을 운반할 자동차가 필요합니다.
> • ㈏ 지역은 자동차 만드는 기술이 뛰어나지만, 사람들이 먹을 곡식은 부족합니다.

㉠: (　　　　　), ㉡: (　　　　　)

15 경제 교류가 이루어지는 까닭으로 알맞은 것을 <u>두 가지</u> 고르시오. (　　, 　　)

① 지역마다 자원이 달라서
② 지역마다 인구수가 달라서
③ 지역마다 자연환경이 달라서
④ 지역마다 사람들의 취미가 달라서
⑤ 지역마다 사람들의 생김새가 달라서

16 각 지역이 경제 교류하는 것으로 알맞지 <u>않은</u> 것은 어느 것입니까? (　　　)

① 언어　　　② 문화　　　③ 기술
④ 관광　　　⑤ 생산물

17 경제 교류에 대한 설명으로 알맞은 것은 어느 것입니까? (　　　)

① 생산물만 교류한다.
② 우리나라 안에서만 교류한다.
③ 두 지역 사이에서만 이루어진다.
④ 각 지역은 경제 교류로 서로 경쟁한다.
⑤ 지역들은 서로 협력해서 경제적 이익을 얻는다.

18 다음 사례에 나타난 경제 교류 모습으로 알맞은 것은 어느 것입니까? (　　　)

> 경기도 수원시와 프랑스 투르시가 국제 자매결연을 체결하고, 투르시에서 수원의 전통문화를 선보이기로 하였습니다.

① 지역 간 기술 교류
② 지역 간 자원 교류
③ 지역 간 생산물 교류
④ 지역 간 인적 자원 교류
⑤ 다른 나라와의 문화 교류

19 오른쪽과 같이 지역 간 경제 교류 모습을 조사하는 방법은 어느 것입니까? (　　　)

① 시장 방문하기
② 인터넷 기사 보기
③ 지역 신문 살펴보기
④ 지역 누리집 방문하기
⑤ 지역 홍보 책자 살펴보기

서술형

20 다음과 같은 경제 교류가 지역에 미치는 영향을 쓰시오.

↑ 직거래 장터

____

____

1 경제활동과 합리적 선택

1 다음은 경제활동을 하는 사람들이 겪는 일입니다. ( ) 안에 공통으로 들어갈 알맞은 말을 쓰시오.

> 사람들이 쓸 수 있는 돈이나 시간 등 자원이 한정되어 있기 때문에 사람들은 경제활동을 하면서 여러 가지 ( )의 문제를 겪게 되고, 어떻게 하면 합리적으로 ( )할 수 있을지 고민합니다.

( )

2 선택의 문제에 대한 설명으로 알맞은 것은 어느 것입니까? ( )

① 사람들은 모두 똑같은 선택을 한다.
② 선택의 문제는 어른들에게만 일어난다.
③ 어떤 선택을 하는지는 사람마다 다를 수 있다.
④ 사람들이 원하는 것을 모두 가질 수 있어서 선택의 문제가 일어난다.
⑤ 쓸 수 있는 자원의 양이 풍부하기 때문에 선택의 문제는 자주 일어나지 않는다.

3 희소성에 대한 설명으로 알맞은 것은 어느 것입니까? ( )

① 시대와 상관없이 같다.
② 장소와 상관없이 같다.
③ 선택의 문제를 일으킨다.
④ 자원이 얼마나 적은지에 따라서만 결정된다.
⑤ 사람들의 필요나 욕구에 비하여 자원의 양이 상대적으로 풍부한 상태를 말한다.

4 다음 그림의 어린이가 선택을 후회한 까닭을 쓰시오.

____

____

5 합리적 선택을 하기 위해 고려해야 할 점으로 알맞지 <u>않은</u> 것은 어느 것입니까? ( )

① 즐거움이나 편리함을 생각한다.
② 나에게 꼭 필요한 것인지 생각한다.
③ 가격, 모양, 기능, 품질 등을 따져 본다.
④ 친구에게 자랑할 만한 것인지 생각한다.
⑤ 나의 선택이 환경에 미치는 영향을 생각한다.

6 합리적 선택으로 만족을 얻은 어린이는 누구인지 쓰시오.

> • 하린: 집에 있는 것과 똑같은 책을 샀어.
> • 유하: 디자인만 보고 산 신발이 맞지 않아서 후회했어.
> • 수아: 음식점의 음식이 인터넷에서 찾아본 것과 똑같고, 음식점도 깨끗해서 좋았어.

( )

7 합리적 선택을 하는 과정 중 다음 내용에 해당하는 것은 어느 것입니까? (　　)

> 나에게 필요한 물건을 고르고, 가진 돈이 얼마인지 확인합니다.

① 정보 조사하기
② 선택 되돌아보기
③ 선택 기준 세우기
④ 필요한 물건과 가진 돈 확인하기
⑤ 선택 기준에 따라 평가하고, 선택하기

② 지역 간 교류와 상호 의존

8 소비 활동을 하는 모습으로 알맞은 것은 어느 것입니까? (　　)

① 벼농사를 짓는다.
② 신발 가게에서 신발을 산다.
③ 과일 가게에 물건을 배달한다.
④ 미용사가 손님의 머리를 손질한다.
⑤ 자동차 공장에서 자동차를 만든다.

9 쌀이 우리 손에 오기까지의 과정 중 생산 활동에 속하지 <u>않는</u> 것은 어느 것입니까? (　　)

① 쌀가게에서 쌀을 판다.
② 쌀가게에서 쌀을 산다.
③ 농부가 벼농사를 짓는다.
④ 정미소에서 쌀로 만든 후 포장한다.
⑤ 트럭을 이용해 시장으로 쌀을 운반한다.

10 생활에 필요한 것을 만드는 활동을 보기 에서 모두 골라 기호를 쓰시오.

> **보기**
> ㉠ 건물 짓기　　　㉡ 물고기 잡기
> ㉢ 환자 진료하기　㉣ 자동차 만들기

(　　　　　　)

11 생활을 편리하고 즐겁게 해 주는 활동은 어느 것입니까? (　　)

① 
↑ 농사짓기

② 
↑ 과일 따기

③ 
↑ 아이스크림 만들기

④ 
↑ 공연하기

12 다음 우리 주변 다양한 물건의 생산지를 조사한 내용을 보고 알 수 있는 사실을 쓰시오.

____

____

13 다음 (　　) 안에 들어갈 내용으로 알맞지 <u>않</u>은 것은 어느 것입니까? (　　)

> 우리 주변의 물건이 어디에서 왔는지 알기 위한 방법에는 (　　) 등이 있다.

① 길 도우미 검색하기
② 누리집에서 상품 소개 찾아보기
③ 대형 할인점의 광고지 확인하기
④ 상품 포장지의 큐알(QR) 코드 찍어 보기
⑤ 상품에 표시된 정보에서 제조 지역 확인하기

14 다음을 읽고 각 지역에서 생산하는 다양한 물건을 우리 주변에서 볼 수 있는 까닭을 쓰시오.

> • 석회석이 풍부한 지역에서는 시멘트를 생산하여 다른 지역에 판매합니다.
> • 연구 단지가 있는 지역에서는 새로운 기술로 상품을 만들어 다른 지역에 판매합니다.

____

____

15 다음 (   ) 안에 들어갈 알맞은 말을 쓰시오.

> 각 지역이 경제적 이익을 얻으려고 서로 물건이나 자원, 기술, 정보, 문화 등을 주고받는 것을 (   )(이)라고 합니다.

(   )

16 다음은 경제 교류를 하는 까닭입니다. (   ) 안에 들어갈 말을 <u>두 가지</u> 이상 쓰시오.

> 지역마다 (   ) 등이 달라 생산되는 물건이 다르기 때문에 우리 지역에서 생산되지 않는 물건을 얻으려면 다른 지역과 교류해야 합니다.

(   )

17 지역 간 경제 교류에 대해 바르게 말한 어린이는 누구인지 쓰시오.

> • 주하: 경제 교류는 우리나라 안에서만 이루어져.
> • 하민: 경제 교류는 두 지역 사이에서만 이루어져.
> • 영우: 경제 교류로 각 지역의 부족한 점을 보완할 수 있어.

(   )

18 다음 사례에 나타난 경제 교류 모습으로 알맞은 것은 어느 것입니까?   (   )

> 충청남도 금산군과 충청북도 영동군, 전북특별자치도 무주군이 각 지역의 관광 자원을 활용하여 관광 상품을 개발합니다.

① 지역 간 기술 교류
② 지역 간 관광 교류
③ 지역 간 인적 교류
④ 다른 나라와의 문화 교류
⑤ 다른 나라와의 생산물 교류

19 다음과 같은 경제 교류가 지역에 미치는 영향으로 알맞은 것은 어느 것입니까?   (   )

① 생활이 편리해질 수 있다.
② 우리 지역의 인구가 줄어들 수 있다.
③ 우리 지역의 생산물을 싼값에 팔 수 있다.
④ 우리 지역의 자연환경이 깨끗해질 수 있다.
⑤ 우리 지역의 문화유산을 다른 지역에 알릴 수 있다.

중요
20 지역 간 경제 교류 모습을 조사하는 방법으로 알맞지 <u>않은</u> 것은 어느 것입니까?   (   )

① ↑ 지역 신문이나 홍보 책자 확인하기

② ↑ 현장 방문하기

③ ↑ 인터넷 검색하기

④ ↑ 광고 보기

서술형 평가  1회   3. 경제활동과 지역 간 교류

1 다음 그림과 같이 경제활동에서 선택의 문제가 일어나는 까닭을 쓰시오.

____

____

2 다음은 합리적 선택을 하는 방법입니다. 물음에 답하시오.

> 필요한 물건과 가진 돈 확인하기 → (㉠) 세우기 → 정보 조사하기 → 선택 기준에 따라 평가하기 → 선택하기 → 선택 되돌아보기

(1) 위의 ㉠에 들어갈 알맞은 말을 쓰시오.

(   )

(2) 위와 같이 합리적 선택으로 물건을 사면 좋은 점을 <u>두 가지</u> 쓰시오.

____

____

3 다음과 같은 생산 활동의 공통점을 쓰시오.

↑ 아이스크림 만들기   ↑ 건물 짓기

4 다음 대화에서 세영이가 할 수 있는 대답을 쓰시오.

> • 선생님: 경제 교류의 의미를 말해 볼까요?
> • 세영: _______________________

____

____

5 다음은 지역 간 경제 교류의 모습을 조사한 보고서입니다. ㉠에 들어갈 내용을 경제 교류의 영향과 관련지어 쓰시오.

조사 주제	우리 지역의 경제 교류 모습 조사하기
조사 날짜	20〇〇년 △△월 △△일
조사 방법	인터넷 기사 검색하기
조사 내용	• 전라남도 〇〇군은 서울특별시 △△초등학교에 벼 체험포를 설치했다. • 서울특별시는 친환경 쌀을 먹을 수 있게 되었고, 전라남도 〇〇군은 친환경 쌀을 홍보할 수 있게 되었다.
알게 된 점	㉠

____

____

서술형 평가 2회 · 3. 경제활동과 지역 간 교류

1 다음 그림과 같이 잘못된 선택을 했을 때 일어날 수 있는 일을 쓰시오.

____

____

2 오른쪽 그림과 같은 방법으로 정보를 얻을 때의 좋은 점을 <u>두 가지</u> 쓰시오.

↑ 인터넷 검색하기

____

____

3 다음은 쌀이 생산되어 우리 손에 오기까지의 과정입니다. 이를 통해 알 수 있는 사실을 쓰시오.

농부가 벼농사를 짓습니다.	→	정미소에서 벼의 껍질을 벗겨 쌀로 만든 후 포장합니다.	→	트럭을 이용해 쌀가게로 쌀을 운반합니다.

→ 쌀가게에서 쌀을 팝니다. → 쌀가게에서 쌀을 삽니다.

____

____

4 다음 사례를 읽고, 물음에 답하시오.

> 경기도 수원시와 프랑스 투르시가 국제 자매결연을 체결하고, 투르시에서 수원의 전통문화를 선보이기로 하였다. 수원시는 지난 2014년부터 해외 전시회를 열어 우리나라의 전통 공예를 알려 왔다.

(1) 위 사례에서 지역 간 경제 교류하는 것은 무엇인지 쓰시오.

(   )

(2) 위 사례에 나타난 경제 교류를 통해 알 수 있는 점을 쓰시오.

____

____

5 다음과 같은 경제 교류가 우리 지역에 미치는 영향을 쓰시오.

↑ 공장이 많아지고 우리 지역에서 일하는 사람이 늘어남.　↑ 지역의 자연환경이나 문화유산을 보러 오는 사람이 늘어남.

____

____

수행 평가 1회

3. 경제활동과 지역 간 교류

평가 주제	선택의 문제가 일어나는 까닭과 합리적 선택 알아보기
목표	선택의 문제가 일어나는 까닭을 알고, 합리적 선택의 필요성과 합리적 선택 시 고려해야 할 점을 설명할 수 있다.

[1~3] 다음 그림을 보고, 물음에 답하시오.

1 다음은 위 그림과 같이 선택의 문제가 일어나는 까닭입니다. 빈칸에 들어갈 알맞은 말을 쓰시오.

> 선택의 문제가 일어나는 까닭은 사람들의 필요나 욕구에 비하여 자원의 양이 상대적으로 부족한 상태인 자원의 (   ) 때문입니다.

2 위 그림과 같은 상황에서 합리적 선택이 필요한 까닭을 쓰시오.

____

____

3 위와 같은 선택의 상황에서 합리적 선택을 하기 위해 고려해야 할 점을 쓰시오.

____

____

3. 경제활동과 지역 간 교류

| **평가 주제** | 경제 교류가 일어나는 까닭 알아보기 |
| **목표** | 경제 교류로 얻는 이점과 경제 교류가 일어나는 까닭을 설명할 수 있다. |

3 단원

[1~3] 다음 그림을 보고, 물음에 답하시오.

1 위 그림과 같이 지역이 경제적 이익을 얻으려고 서로 물건, 기술, 정보, 자원, 문화 등을 주고받는 것을 무엇이라고 하는지 쓰시오.

(   )

2 위 그림의 두 지역이 **1**의 답을 하며 얻는 것은 무엇인지 각각 찾아 쓰시오.

| (가) **지역** | (㉠   ) |
| (나) **지역** | (㉡   ) |

3 위 **1**의 답과 같은 일이 이루어지는 까닭을 쓰시오.

____

____

MEMO

주소 경기도 과천시 과천대로2길 54(갈현동, 그라운드브이)
협의 없는 무단 복제는 법으로 금지되어 있습니다.

한·끝·시·리·즈   교과서 학습부터 평가 대비까지 한 권으로 끝! 사회 공부의 진리입니다.

대표전화 1544-0554
주소 경기도 과천시 과천대로2길 54(갈현동, 그라운드브이)
협의 없는 무단 복제는 법으로 금지되어 있습니다.